2023
中国城市轨道交通工程建设发展报告

● 赵一新　主编

中国建筑工业出版社

图书在版编目（CIP）数据

2023 中国城市轨道交通工程建设发展报告 / 赵一新
主编 . —北京：中国建筑工业出版社，2023.11
ISBN 978-7-112-29341-4

Ⅰ . ①2… Ⅱ . ①赵… Ⅲ . ①城市铁路—轨道交通—
交通运输管理—研究报告—中国— 2023 Ⅳ . ①U239.5

中国国家版本馆 CIP 数据核字（2023）第 205011 号

　　《2023 中国城市轨道交通工程建设发展报告》由综述篇、标准篇、新技术篇、勘测
篇、规划篇、设计篇、施工篇、竣工验收篇、上盖物业开发篇组成。大部分篇章都包括
概述、政策标准、最新建设情况，问题与建议、进展与动向等部分或分类型进行专题介
绍。报告立足于城市轨道的建设与发展，从政府、行业、企业角度出发，选用2023年最
新数据，客观反映城市轨道交通的政策环境，以及我国城轨交通建设的各个方面情况，
并从行业角度阐述我国城轨交通发展中的热点与焦点问题。

责任编辑：毕凤鸣
责任校对：党　蕾
校对整理：董　楠

2023 中国城市轨道交通工程建设发展报告

赵一新　主编

*

中国建筑工业出版社出版、发行（北京海淀三里河路 9 号）

各地新华书店、建筑书店经销

华之逸品书装设计制版

北京云浩印刷有限责任公司印刷

*

开本：787 毫米 ×1092 毫米　1/16　印张：20¼　字数：362 千字
2023 年 11 月第一版　　2023 年 11 月第一次印刷
定价：**188.00** 元
ISBN 978-7-112-29341-4
（42104）

参编人员名单

主编：赵一新

编委会委员（按章节顺序）

一、综述篇

　　　　数据来源：城市轨道交通2022年度统计和分析报告
　　　　来源单位：中国城市轨道交通协会

二、标准篇

　　　　参编人员：贺　旭　韩慧敏　叶　敏　陈燕申
　　　　参编单位：中国城市规划设计研究院

三、新技术篇

（一）参编人员：廖　景　吴殿华　刘丽萍　刘增华　龙丽姮　张立杰
　　　　　　　　　何冠鸿　胡丽君　冯　超　罗　慧　朱云冲　鲍淑红
　　　　　　　　　刘鑫美　李　平　邓澄远　卢小莉
　　　　参编单位：广州地铁设计研究院股份有限公司

（二）参编人员：兰　塔　汪钦生　王俊凌　陈楷青　付　珍　林建明
　　　　参编单位：比亚迪汽车工业有限公司

（三）部分数据来源：摘自《中国城市轨道交通暖通空调行业发展研究
　　　　　　　　　　　报告》
　　　　参编单位：中国勘察设计协会建筑环境与能源应用分会
　　　　　　　　　中国城市轨道交通协会工程建设专业委员会
　　　　　　　　　《暖通空调》杂志社
　　　　　　　　　亚太建设科技信息研究院有限公司

四、勘测篇

参编人员：黄伏莲　张建全　李　响　余永明　李芳凝　陆鹏宇
　　　　　高　燕　刘力丹　颜　威　徐鹏宇　张　磊　于　龙

参编单位：北京城建勘测设计研究院有限责任公司

五、规划篇

（一）参编人员：谢昭瑞　卞长志　刘乃钰

　　　参编单位：中国城市规划设计研究院

（二）参编人员：周　勇　周明亮　徐吉庆　张　超　李可意　陈明亮
　　　　　　　张倩璐

　　　参编单位：中铁二院工程集团有限责任公司

六、设计篇

参编人员：刘增华　郑　翔　孙　菁　卢小莉

参编单位：广州地铁设计研究院股份有限公司

七、施工篇

参编人员：应伯宣　徐　瑾　忻剑鸣

参编单位：上海申通地铁建设集团有限公司

八、竣工验收篇

参编人员：罗淑仪　陈丹莲

参编单位：广州轨道交通建设监理有限公司

九、上盖物业开发篇

参编人员：石晓伟

参编单位：深圳地铁置业集团有限公司

前言

近年来，我国城市轨道交通飞速发展，在满足人民群众出行需求、促进经济发展、优化城市布局、缓解交通压力等方面发挥了越来越重要的作用。随着国家出台了"十四五"规划、交通强国战略等政策，以及中国城市轨道交通协会提出《中国城市轨道交通智慧城轨发展纲要》《中国城市轨道交通绿色城轨发展行动方案》等行业文件，我国城市轨道交通正在向智慧化、绿色化、自主化方向转型。

为了适应城市发展需要，针对中国城市轨道交通工程建设领域的实际情况，开展深度调研，通过了解各地轨道交通工程项目推进情况，从轨道交通工程项目的主要建设阶段进行全面的研究。以工程建设不同阶段存在的主要问题作为突破口，深度分析原因并给出意见和建议。

《2023中国城市轨道交通工程建设发展报告》是由中国城市轨道交通协会工程建设专委会组织编制，本报告由综述篇，五个工程阶段专题篇包括勘测、规划、设计、施工和竣工验收篇，三个特别专题篇包括标准、新技术和上盖物业开发篇组成。本报告将持续关注和记录我国城市轨道交通工程建设领域的发展情况，为我国城市轨道交通工程建设的发展贡献力量。

目录

1 综述篇

1.1 概述

1.1.1 发展趋势

1.1.1.1 绿色城轨，任重道远

为贯彻落实国家双碳发展战略，2022年8月中国城市轨道交通协会（以下简称"协会"）发布了《中国城市轨道交通绿色城轨发展行动方案》（以下简称《行动方案》）。《行动方案》结合城轨交通行业特点和发展态势，统筹碳达峰碳中和行动和绿色城轨发展，以指导城轨交通行业绿色转型工作。旨在引导城轨企业因地制宜编制实施"企业绿色城轨发展实施方案"，确保如期实现碳达峰碳中和目标，建成绿色城轨。《行动方案》是正在实施中的智慧城轨发展纲要的姐妹篇，共同指导构建既智慧化又绿色化的新时代中国特色城市轨道交通。

《行动方案》提出了绿色城轨建设的指导思想，阐述了绿色城轨的内涵标志，描绘了绿色城轨的发展蓝图，明确了"三步走"的发展战略，提出了重点实施"绿色规划先行行动、节能降碳增效行动、出行占比提升行动、绿色能源替代行动、绿色装备制造行动、全面绿色转型行动"六大绿色城轨行动，制定了六项保障措施，并同时提出建设绿色城轨示范工程和绿色城轨标准化体系。《行动方案》发布后引发了行业积极反响。发布后不久，北京市基础设施投资有限公司、深圳市地铁集团有限公司、南京地铁集团有限公司、青岛地铁集团有限公司、哈尔滨地铁集团有限公司等都制定或发布了各自的绿色低碳发展行动方案，形成了良好开局。

1.1.1.2 智慧城轨，成效初显

2020年3月《中国城市轨道交通智慧城轨发展纲要》（以下简称《纲要》）发布以来，在两年多的时间里，《纲要》提出的创新理念、技术路径不断落地见效，生根发芽，2022年又取得了新的进展。

1.智慧城轨重点体系深化研究圆满完成

为充分发挥全行业的积极性和创造性，聚拢创新资源，联合攻关，扎实有序推进智慧城轨建设，在对135个申报的深化研究项目筛选的基础上，确定列入智慧城轨建设重点体系深化项目研究的50个项目经过全行业近一年努力全部通过结题验收，其中44个项目评得A类研究成果，占比88%。研究结果表明，研究项目目标清晰明确，内容完整全面，技术储备和研究基础良好，用产学研密切结合，研究的关键核心技术创新性强。首批研究项目为智慧城轨建设储备了雄厚的技术力量，奠定了良好的技术基础。

2.示范工程引领，建设成效显现

重庆依托自主化城轨交通互联互通CBTC系统标准体系和关键技术装备，实现"地铁4号线-环线-5号线"互联互通直快列车上线运行，在全国首次实现三线互联互通跨线运营。这是继2020年两线互联互通跨线运营后的新突破，是对国家发展改革委和协会互联互通示范工程成果的深化应用。北京新一代网络化智能调度和智能列车运控系统示范工程经协会推荐，升列为国家级示范工程，上升为国家增强核心竞争力攻关计划，已在北京冬奥会轨道交通体系中一展身手。南京都市圈智慧市域快轨示范工程，在线网协同电力调度、5G公专网专题研究等方面取得关键成果。跨省市线网级智能电力调度系统，解决了都市圈跨省市运营带来的跨线支援供电、故障联合处置的问题，实现了都市圈线路运营节能降损的目标。5G公专网专题研究则实现5G技术在城轨交通行业工程应用的实质性进展。

3.城轨云数平台建设夯实"智慧底座"

继2019年呼和浩特城轨云试点工程投入运营、2020年太原承载全自动运行系统的城轨云投产后。2022年，北京、武汉、深圳、西安等20多个城市已经建立或正在建立城轨云平台，研究开发了覆盖《纲要》10个重点体系的诸多应用系统。随着"1-3-5-2"城轨云相关技术标准体系的发布实施，城轨云建设范围的日愈扩大和应用技术的日愈成熟，其先进、可靠、高效、经济、绿色以及开创性、示范性和引领性优势显著，为智慧城轨建设提供强有力的基础设施支撑。

智慧城轨建设要与时俱进，不断善于创新、主动创新、积极创新。①强力推进示范工程建设，积蓄扎实的经验和工程实践；全面推广智慧城轨建设项目，实现预期的目标和建设成果。②继续深化智慧城轨体系研究，奠定科学的理论和技术基础，开展第二批智慧城轨重点体系深化研究项目的研究工作。③继续建立智慧城轨评价指标体系，并跟踪分析和督促指导。④继续推进智慧城轨标准体系建设，完成中国智慧城轨技术标准体系建设研究报告。建立智能运输组织体系—"四网融合"系列标准体系，由40多项基础标准构成，逐步启动各部分标准研编工作。

1.1.1.3 自主可控，强本固基

近年，国内外形势发生复杂深刻变化，受新冠疫情和中美贸易摩擦影响，我国制造业发展面临重要关口，为保证行业可持续发展，大部分城轨业主和制造企业自发启动了装备国产化、自主化替代工作。根据协会统计，城轨单条线路车辆和机电设备的国产化率，在国家2015年起不再核查的情况下，不降反升，从之前的75%提升至90%以上。

2019年3月，国家发展改革委召开轨道交通装备产业创新会议，标志着中国轨道交通迈入自主化装备为主导的发展新阶段。同年，中国城市轨道交通协会在业主领导人峰会上，围绕装备自主化发展提出十项主要任务，其中一项重点任务是"制定城轨交通自主化装备推荐清单"。经行业专家和第三方机构评价，2022年8月，协会发布《城市轨道交通第一批自主化装备推荐清单》，推荐行业应用。

由协会装备自主化办公室组织的自主化装备评价，从企业实际控制权、产品品牌、试验验证、核心技术及对应的知识产权、关键零部件应用等六个维度对产品进行评价。采用行业专家和第三方机构结合的方式，不仅复核了产品的各项权利归属，同时将试验验证作为符合性检查内容，2022年城轨自主化装备评价的申报量是2021年的三倍。

制造业是我国经济发展的根基，在国内外环境影响下，目前，实现城轨装备自主可控，从行业协会、到业主单位、到制造企业，具有高度共识。

1.1.2 数据概况

截至2022年底，中国大陆地区（以下文中涉及全国数据均指中国大陆地区，不含港澳台地区）共有55个城市开通城市轨道交通（以下简称城轨交通）运营线路308条，运营线路总长度10287.45km。其中，地铁运营线路8008.17km，占比77.84%；其他制式城轨交通运营线路2279.28km，占比22.16%。当年新增运营线路长度1080.63km。

拥有4条及以上运营线路，且换乘站3座及以上的城市26个，占已开通城轨交通运营城市总数的47.27%。2022年全年累计完成客运量193.02亿人次，同比下降18.54%；总进站量为116.56亿人次，同比下降20.35%；总客运周转量为1584.37亿人次km，同比下降20.05%；与上年同期相比全年客运水平整体下降。

2022年城轨交通客运量占公共交通客运总量的分担比率为45.82%，比上年提升2.45个百分点，其中上海、深圳、广州、杭州、成都、南京、南宁、南昌、北京、武汉10个城市城轨交通客运量占公共交通的分担比率均超过50%。

2022年全年共完成建设投资5443.97亿元，年度完成建设投资额同比略有下降，在建项目的可研批复投资累计46208.39亿元，在建线路总长6350.55km，其中市域快轨线路占比明显增加。

截至2022年底，城轨交通线网建设规划在实施的城市共计50个，在实施的建设规划线路总长6675.57km（不含统计期末已开通运营线路）；可统计的在实施建设规划项目可研批复总投资额合计为41688.79亿元。2022年当年，共有2个城市新一轮城轨交通建设规划和3个城市的城市轨道交通建设规划调整方案获国家发改委批复，获批项目中涉及新增线路长度约330km，新增计划投资额约2600亿元。

2022年，中国内地城轨交通运营线路规模迈进10000km大关，运营城市达到55个，城市轨道交通规模持续扩大。已投运城轨交通线路系统制式达到9种，其中，地铁占比略有下降，市域快轨增长较快，中运能城轨交通系统稳步发展，新型低运能城轨交通系统研制成功并开工建设，城轨交通多制式协调发展。

预计"十四五"后三年城轨交通仍处于比较稳定的快速发展期，根据现有数据推算，"十四五"期末城轨交通运营线路规模将接近13000km，运营城市有望超过60座，城市轨道交通运营规模持续扩大，在公共交通中发挥的骨干作用更加明显。

1.2　建设情况

1.2.1　在建规模稳中有升，中心城市持续发力

截至2022年底，中国大陆地区共有51个城市（个别由地方政府批复项目未纳入统计）有城轨交通项目在建，在建线路总规模6350.55km（含个别2022年当年仍有建设进展和投资发生的已运营项目和2022年当年建成投运项目）。2022年各城市城轨交通在建线路规模情况见表1.2.1和图1.2.1。

从在建线路的条数来看，2022年在建城轨交通线路共计243条。共有29个城市在建线路为3条及以上，其中，在建线路5条及以上的城市22个，在建线路10条及以上的城市7个。

从在建线路的规模来看，共有25个城市的在建城轨交通线路长度超过

表1.2.1

2022年各城市城轨交通在建线路规模统计汇总表

序号	城市	线路长度（公里）	各系统制式线路长度（公里）					各敷设方式线路长度（公里）			车站（座）	
			地铁	轻轨	市域快轨	有轨电车	悬挂式单轨	地下线	地面线	高架线	车站	其中：换乘站
1	北京	289.59	288.39	/	/	1.20	/	260.89	1.20	27.50	145	82
2	上海	149.18	106.88	/	42.30	/	/	142.59	/	6.59	74	23
3	天津	232.11	232.11	/	/	/	/	195.39	4.27	32.45	162	60
4	重庆	233.31	233.31	/	/	/	/	216.80	/	16.51	140	65
5	广州	293.98	218.28	/	61.30	14.40	/	279.58	14.40	/	160	/
6	深圳	431.60	228.54	/	203.06	/	/	428.62	0.51	2.47	176	88
7	武汉	177.86	133.16	/	34.20	/	10.50	149.56	/	28.30	86	41
8	南京	239.80	186.90	/	52.90	/	/	205.10	4.18	30.52	154	68
9	沈阳	166.87	166.87	/	/	/	/	150.37	/	16.50	120	48
10	长春	125.34	90.16	7.18	28.00	/	/	107.11	12.93	5.30	86	28
11	大连	47.49	47.49	/	/	/	/	47.49	/	/	35	13
12	成都	296.55	178.24	/	98.02	20.30	/	191.00	71.86	33.70	271	96
13	西安	155.72	155.72	/	/	/	/	133.52	/	22.20	103	25
14	哈尔滨	32.18	32.18	/	/	/	/	32.18	/	/	30	8
15	苏州	164.04	162.16	/	/	1.88	/	162.16	1.88	/	127	44
16	郑州	332.64	299.21	/	33.43	/	/	324.56	0.32	7.76	224	102
17	昆明	48.36	48.36	/	/	/	/	48.36	/	/	40	14

续表

序号	城市	线路长度（公里）	各系统制式线路长度（公里）					各敷设方式线路长度（公里）			车站（座）	
			地铁	轻轨	市域快轨	有轨电车	悬挂式单轨	地下线	地面线	高架线	车站	其中：换乘站
18	杭州	220.24	220.24	/	/	/	/	208.19	/	12.05	103	53
19	佛山	208.63	195.00	/	/	13.63	/	173.89	10.86	23.88	124	46
20	长沙	88.78	88.78	/	/	/	/	84.57	0.21	4.00	66	22
21	宁波	278.92	153.47	/	125.45	/	/	176.67	/	102.25	125	46
22	无锡	114.78	58.24	/	56.54	/	/	83.93	0.20	30.65	61	16
23	南昌	31.75	31.75	/	/	/	/	28.30	/	3.45	19	3
24	兰州	9.06	9.06	/	/	/	/	9.06	/	/	9	2
25	青岛	308.19	185.25	/	122.94	/	/	262.52	0.53	45.14	220	79
26	福州	169.95	107.55	/	62.40	/	/	145.64	1.27	23.04	88	28
27	东莞	75.29	75.29	/	/	/	/	52.29	2.48	20.52	30	9
28	南宁	79.00	79.00	/	/	/	/	79.00	/	/	62	22
29	合肥	200.83	200.83	/	/	/	/	169.01	0.31	31.51	122	36
30	石家庄	138.29	138.29	/	/	/	/	138.29	/	/	/	/
31	济南	153.91	118.91	/	/	35.00	/	99.03	35.00	19.88	102	35
32	太原	28.58	28.58	/	/	/	/	28.58	/	/	24	7
33	贵阳	149.06	149.06	/	/	/	/	130.75	/	18.31	99	24
34	乌鲁木齐	19.35	19.35	/	/	/	/	19.35	/	/	16	4

续表

序号	城市	线路长度（公里）	各系统制式线路长度（公里）					各敷设方式线路长度（公里）			车站（座）	
			地铁	轻轨	市域快轨	有轨电车	悬挂式单轨	地下线	地面线	高架线	车站	其中：换乘站
35	厦门	180.49	180.49	/	/	/	/	150.80	2.13	27.56	106	37
36	徐州	55.61	55.61	/	/	/	/	55.61	/	/	22	8
37	温州	63.63	/	/	63.63	/	/	9.51	1.51	52.61	20	2
38	洛阳	42.46	42.46	/	/	/	/	40.78	0.31	1.36	34	2
39	南通	60.03	60.03	/	/	/	/	/	60.03	/	45	12
40	绍兴	44.90	44.90	/	/	/	/	44.90	/	/	32	5
41	嘉兴	13.80	/	/	/	13.80	/	0.90	12.90	/	21	4
42	红河州	13.30	/	/	/	13.30	/	/	13.30	/	15	/
43	文山州	7.14	/	/	/	7.14	/	/	7.14	/	7	/
44	德宏州	35.50	/	/	/	35.50	/	/	35.50	/	39	/
45	德令哈	15.00	/	/	/	15.00	/	/	15.00	/	20	/
46	天水	21.60	/	/	/	21.60	/	/	21.60	/	19	/
47	黔南州	22.00	/	/	/	22.00	/	/	22.00	/	18	/
48	保山	20.90	/	/	/	20.90	/	/	20.90	/	19	/
49	张掖	15.60	/	/	/	15.60	/	/	15.60	/	6	/
50	黄石	26.88	/	/	/	26.88	/	/	26.88	/	29	/
51	丽江	20.50	/	/	/	20.50	/	/	20.50	/	5	/

续表

序号	城市	线路长度（公里）	各系统制式线路长度（公里）					各敷设方式线路长度（公里）				车站（座）	
			地铁	轻轨	市域快轨	有轨电车	悬挂式单轨	地下线	地面线	高架线	车站	其中：换乘站
	合计	6350.55	5050.07	7.18	984.17	298.63	10.50	5326.88	377.67	646.00	3860	1307

注：1.表中1-40项为国家发改委审批项目，1-40项中的有轨电车、悬挂式单轨线路和41项以后均为地方政府审批项目。经国家发改委审批项目中的地铁、轻轨、市域快轨项目规模总计6041.41公里，占比95.13%，由地方政府审批的在建项目规模总计309.13公里，占比4.87%；

2.表中含部分2022年当年仍有建设进展和投资发生的当年新投运项目和既有运营者项目；

3.表中车站总数及换乘站数量均按照线路数量累计计入；

4.景区园区内旅游观光线、工业园区内仅供员工使用和呼和浩特、科研试验线等不承担城市公共交通职能的线路不计入；

5.所有建设规划项目均在2022年前已完成的城市如呼和浩特、常州、芜湖、三亚等城市不再计入；2022年当年工程暂停无进展的项目不计入；

6.2022年无跨座式单轨、磁浮交通、自导向轨道系统、导轨式胶轮系统、电子导向胶轮系统5种制式在建。

2022年各城市城轨交通在建线路规模（公里）

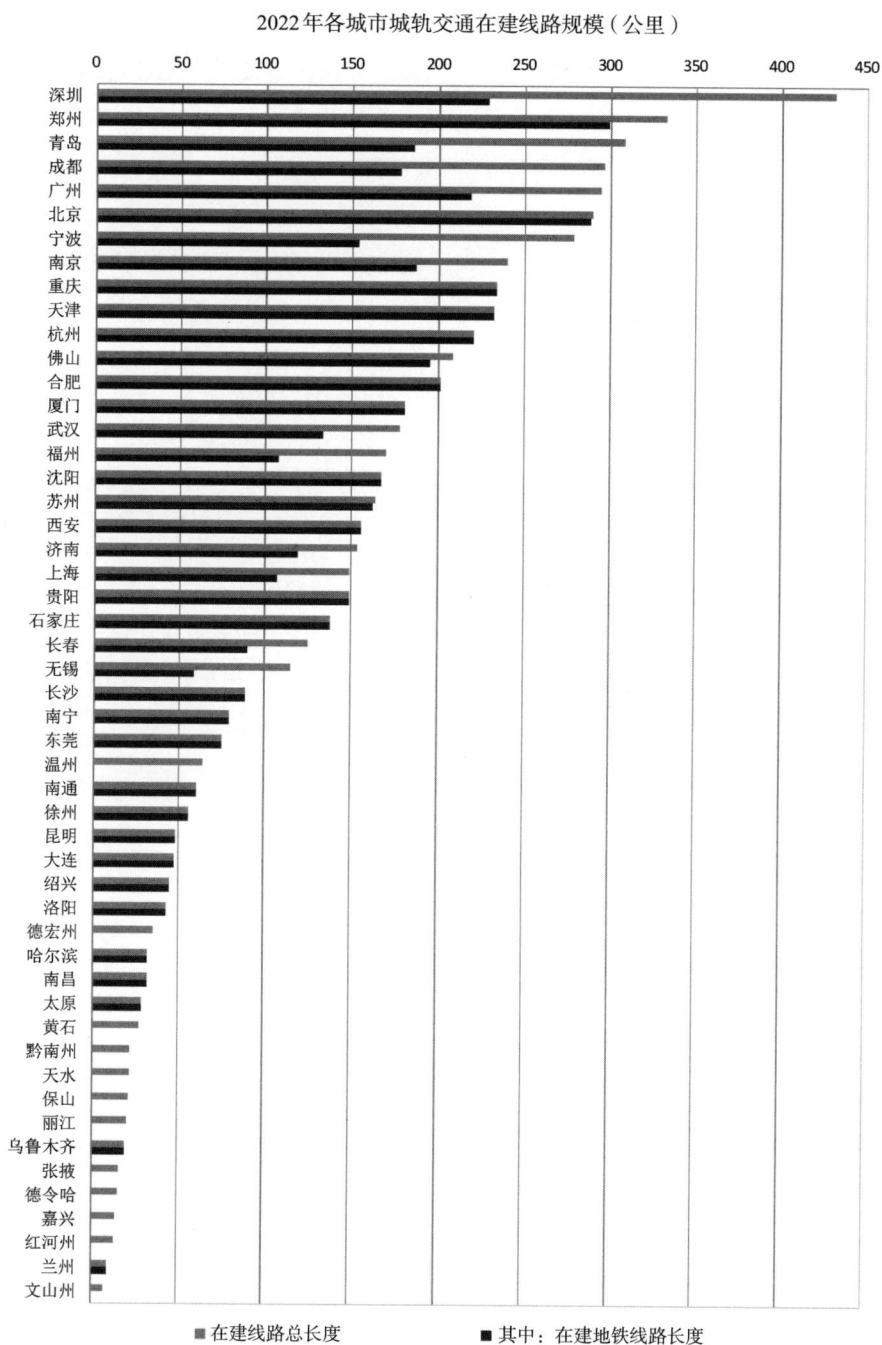

■ 在建线路总长度　　　■ 其中：在建地铁线路长度

图1.2.1　2022年各城市城轨交通在建线路规模

100km。其中，深圳市建设规模超过400km；郑州、青岛两市建设规模超过300km；成都、广州、北京、宁波、南京、重庆、天津、杭州、佛山、合肥10个城市建设规模均在200km以上；建设规模在150～200km之间的有厦门、武汉、福州、沈阳、苏州、西安、济南7市；建设规模超过100km的有上海、贵阳、石家庄、长春、无锡5个城市。中心城市的城轨交通建设持续发力。

从在建线路的敷设方式来看，在6350.55km的在建城轨交通线路中，地下线5326.88km，占比83.88%，同比增加2.33个百分点；地面线377.67km，占比5.95%，同比下降2.90个百分点；高架线646km，占比10.17%，同比增加0.57个百分点。同比来看，地下线和高架线占比略有增加。

从在建线路的车站规模来看，据不完全统计，全国在建线路车站总数共计3860座（按线路累计计算），其中换乘站1307座（按线路累计计算），换乘站计算占比为33.86%，同比略有增加。近年来在建项目的换乘站占比持续上升，从一定程度上反映出了城轨交通总体网络化程度的持续提升。

1.2.2 5种系统制式在建，市域快轨增长明显

从在建线路的系统制式来看，在6350.55km的在建线路中，共涉及5种制式。其中，地铁5050.07km，占比79.52%，同比下降4.02个百分点；轻轨7.18km，占比0.11%，同比增加0.02个百分点；市域快轨984.17km，占比15.50%，同比增加5.38个百分点；有轨电车298.63km，占比4.70%，同比下降0.77个百分点；悬挂式单轨10.5km，占比0.17%。

2022年全国城轨交通在建线路整体制式结构情况见图1.2.2。

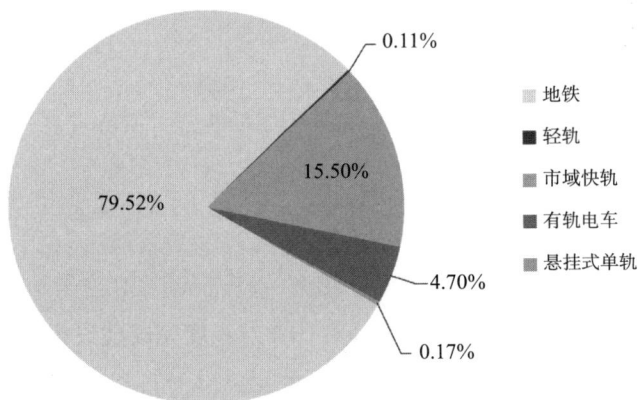

图1.2.2　2022年全国城轨交通在建线路整体制式结构

得益于几大都市圈、城市群多层级交通规划的落地实施，市郊（域）线路的建设陆续启动，在建线路中市域快轨占比在2021年稳中略升的基础上，2022年占比增加明显。如随着《长江三角洲地区多层次轨道交通规划》的推进，上海、南京、宁波、嘉兴等城市的市域快轨项目陆续开工建设；《成渝地区双城经济圈综合交通运输发展规划》的全面启动实施，重庆、成都两市及周边经济圈的城际线路、市域线路也进入建设期。未来几年，随着几大都市圈、

城市群多层级交通规划的全面实施，市域快轨系统将迎来稳中有升的持续发展阶段。

市域快轨系统近5年来的在建线路长度和占比情况见图1.2.3。

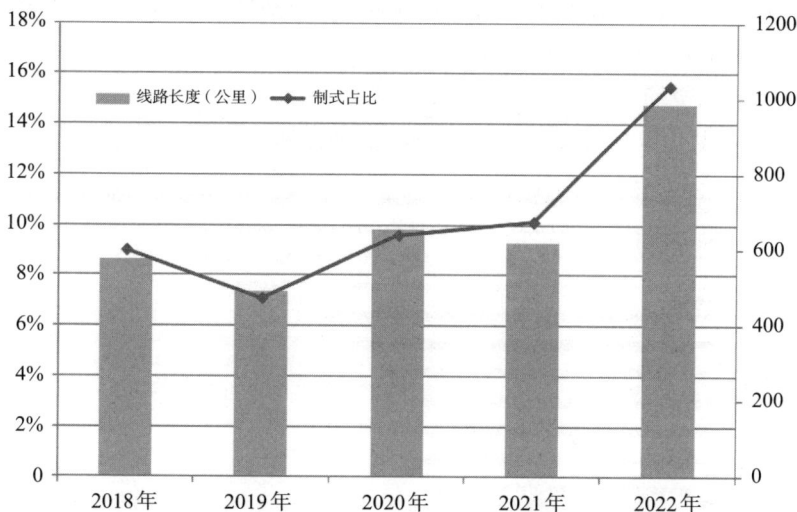

图1.2.3 市域快轨系统近5年来的在建线路长度和占比情况

2022年，随着武汉光谷空轨专线项目的建设，承担公共交通职能的悬挂式单轨系统首次进入城轨交通在建行列。低运能城轨交通系统的在建制式得以进一步丰富。

1.2.3 全年完成建设投资超5400亿元，同比略有下降

据不完全统计（不含部分地方政府批复项目和个别数据填报不完整的项目资金情况），截至2022年底，中国内地在建城轨交通线路可研批复投资累计46208.39亿元，初设批复投资累计39669.35亿元。2022当年共完成城轨交通建设投资5443.97亿元，同比下降7.10%，年度完成建设投资额连续两年回落。2022年当年完成建设投资约占可研批复总投资的11.78%，占初设批复投资额的13.72%。

2022年城轨交通车辆购置共计518列（不完全统计），完成车辆购置投资共251.17亿元，同比下降11.28%。2022年完成车辆购置投资额约占年度完成建设投资总额的4.61%。车辆投资额在年度总建设投资额中的占比同比下降0.22个百分点。

2022年共有11个城市全年完成建设投资超过200亿元，11市完成建设投资合计3215.95亿元，占全国完成建设投资总额的59.07%。其中，深圳、成都两市全年完成建设投资均超过400亿元，两市合计完成建设投资额占全国完

成建设投资总额的16.70%；武汉、杭州两市全年完成建设投资均超过300亿元；广州、北京、西安、南京、重庆、郑州、苏州7市全年完成建设投资均超过200亿元；另有青岛、福州、上海、宁波、合肥、天津、厦门、长沙、沈阳、贵阳、长春11市全年完成建设投资均超过100亿元。各城市2022年全年完成城轨交通建设投资情况见图1.2.4。

2022年各城市城轨交通全年完成城轨交通建设投资（亿元）

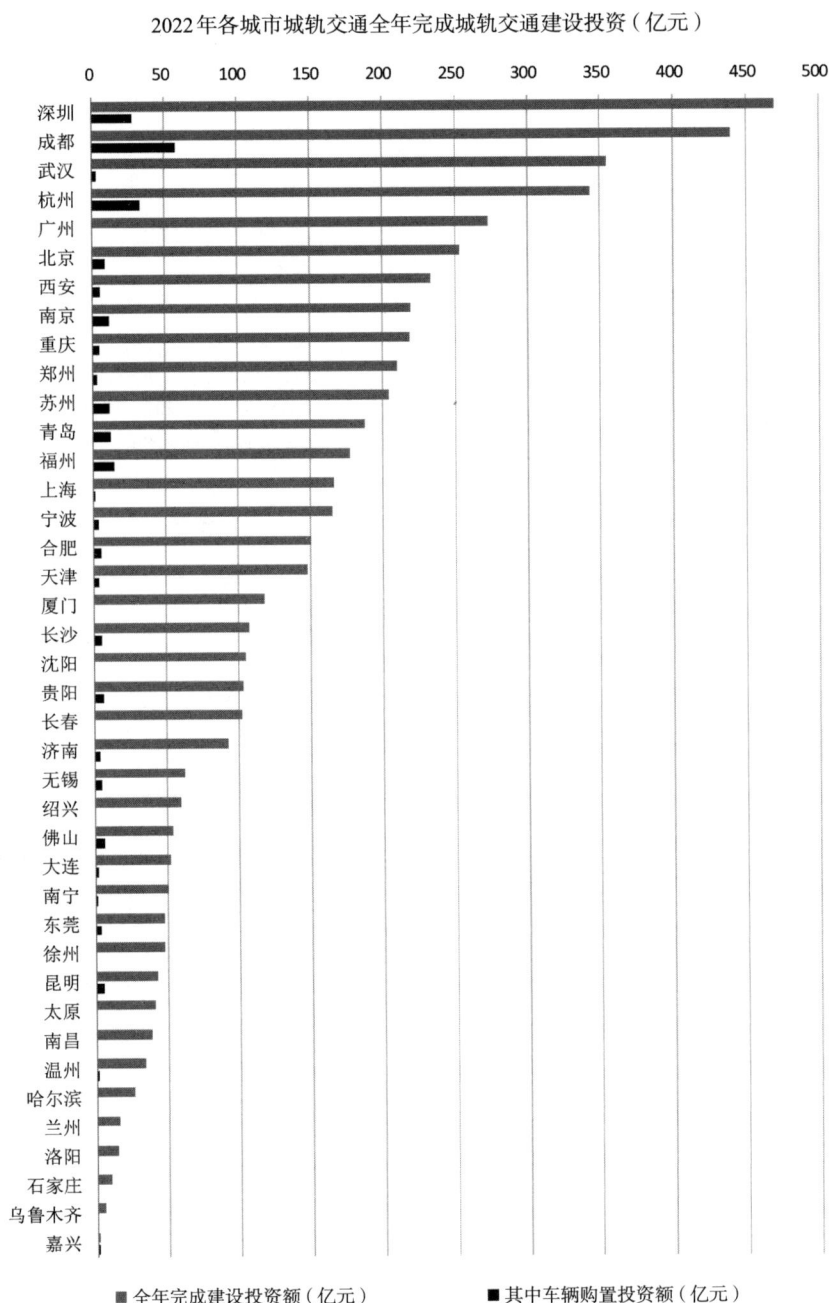

图1.2.4　2022年各城市全年完成城轨交通建设投资

另据可统计的40个城市下一年计划完成投资数据预计，2023年40个可统计城市的计划完成投资额合计约为4358亿元。其中，预计车辆购置投资合计约190亿元，下一年车辆购置计划投资额约占年度计划完成建设投资总额的4.36%。

1.3 规划情况

1.3.1 在实施规划稳中略降，部分城市规划项目已全部建成

截至2022年底，扣除统计期末已建成投运的城轨交通建设规划线路以及已调整的项目后，2022年底仍有城轨交通建设规划项目并在实施的城市共计50个。在实施的建设规划线路总长6675.57km，与2021年末相比略有下降。部分城市2022年前已获批的建设规划项目已全部建成投运，如杭州、呼和浩特、洛阳、常州、芜湖等城市；个别城市原有规划调整，如渭南、泸州等城市。2022年各城市城轨交通在实施建设规划情况具体见表1.3.1和图1.3.1。

2022年各城市城轨交通规划线路规模统计汇总表　　　　表1.3.1

序号	城市	线路长度（公里）	各系统制式线路长度（公里）						车站数（座）	
			地铁	轻轨	市域快轨	有轨电车	导轨式胶轮系统	悬挂式单轨	车站	其中：换乘站
1	北京	285.90	203.80	/	82.10	/	/	/	132	78
2	上海	358.71	203.91	/	154.80	/	/	/	155	51
3	天津	241.50	241.50	/	/	/	/	/	143	13
4	重庆	779.54	252.76	/	526.78	/	/	/	147	66
5	广州	338.58	277.28	/	61.30	/	/	/	166	/
6	深圳	303.60	101.16	/	202.44	/	/	/	101	52
7	武汉	234.09	171.39	/	52.20	/	/	10.50	60	29
8	南京	233.90	178.30	/	55.60	/	/	/	148	67
9	沈阳	163.43	163.43	/	/	/	/	/	99	38
10	长春	125.34	90.16	7.18	28.00	/	/	/	86	28
11	大连	84.40	84.40	/	/	/	/	/	35	13
12	成都	272.24	176.87	/	95.37	/	/	/	135	80
13	西安	155.79	155.79	/	/	/	/	/	103	36
14	哈尔滨	13.46	13.46	/	/	/	/	/	7	/
15	苏州	163.26	161.38	/	/	1.88	/	/	127	44
16	郑州	167.10	133.67	/	33.43	/	/	/	107	51

续表

序号	城市	线路长度（公里）	各系统制式线路长度（公里）						车站数（座）	
			地铁	轻轨	市域快轨	有轨电车	导轨式胶轮系统	悬挂式单轨	车站	其中：换乘站
17	昆明	17.10	17.10	/	/	/	/	/	17	6
18	佛山	154.32	144.49	/	/	9.83	/	/	89	38
19	长沙	72.59	72.59	/	/	/	/	/	50	15
20	宁波	297.20	152.20	/	145.00	/	/	/	126	46
21	无锡	153.70	61.70	/	92.00	/	/	/	61	18
22	合肥	168.31	168.31	/	/	/	/	/	89	25
23	南昌	31.50	31.50	/	/	/	/	/	19	4
24	青岛	218.94	154.34	/	64.60	/	/	/	132	51
25	福州	107.57	49.57	/	58.00	/	/	/	55	25
26	南宁	102.80	70.30	/	/	/	32.50	/	21	11
27	石家庄	63.10	63.10	/	/	/	/	/	52	14
28	济南	194.90	159.90	/	/	35.00	/	/	134	49
29	太原	24.10	24.10	/	/	/	/	/	24	7
30	兰州	9.40	9.40	/	/	/	/	/	9	5
31	贵阳	101.30	101.30	/	/	/	/	/	59	17
32	乌鲁木齐	63.20	63.20	/	/	/	/	/	51	14
33	厦门	167.45	167.45	/	/	/	/	/	57	23
34	徐州	79.70	79.70	/	/	/	/	/	61	24
35	东莞	127.10	127.10	/	/	/	/	/	50	19
36	南通	101.40	20.40	/	81.00	/	/	/	17	5
37	温州	104.60	/	/	104.60	/	/	/	31	4
38	包头	42.10	42.10	/	/	/	/	/	32	1
39	绍兴	18.10	18.10	/	/	/	/	/	14	/
40	嘉兴	76.90	/	/	55.00	21.90	/	/	22	4
41	黄石	26.88	/	/	/	26.88	/	/	30	/
42	红河州	62.27	/	/	/	62.27	/	/	83	18
43	文山州	17.20	/	/	/	17.20	/	/	18	/
44	德令哈	14.80	/	/	/	14.80	/	/	20	/
45	天水	21.60	/	/	/	21.60	/	/	19	/
46	黔南州	22.00	/	/	/	22.00	/	/	18	/
47	德宏州	35.50	/	/	/	35.50	/	/	39	/
48	保山	21.00	/	/	/	21.00	/	/	23	/

序号	城市	线路长度（公里）	各系统制式线路长度（公里）						车站数（座）	
			地铁	轻轨	市域快轨	有轨电车	导轨式胶轮系统	悬挂式单轨	车站	其中：换乘站
49	张掖	15.60	/	/	/	15.60	/	/	6	/
50	丽江	20.50	/	/	/	20.50	/	/	5	/
	总计	6675.57	4407.20	7.18	1892.22	325.97	32.50	10.50	3284	1089

注：1.表中1-40项中地铁、轻轨、市域快轨线路为国家发改委批复项目，1-40项中的有轨电车线路和40项以后项目均为地方政府批复项目。国家发改委审批项目总计6306.60公里，占比94.47%，地方政府审批项目总计368.97公里，占比5.53%；

2.表中车站总数及换乘站数量均按照线路累计计入；

3.截至统计期末，已开通运营的线路不再计入此统计表内；

4.截至统计期末，获批情况未公示的项目未计入此统计表内；

5.景区内旅游线路、工业园区内仅供员工使用的通勤线路、科研项目或试验线等不承担城市公共交通职能的线路不计入在内；

6.截至2022年末无跨座式单轨、磁浮交通、自导向轨道系统、电子导向胶轮系统4种制式建设规划在实施。

从在实施规划线路的条数来看，扣除统计期末已开通运营的线路，32个城市有3条及以上的线路建设规划在实施。其中，24个城市有5条及以上的线路建设规划在实施，8个城市有10条及以上线路建设规划在实施。

从在实施规划线路的规模来看，27个城市建设规划在实施规模超100km。其中，重庆市由于市域快轨项目的连续启动，在实施规划线路长度达到779.54km；上海、广州、深圳3市在实施规划线路长度均超300km；宁波、北京、成都、天津、武汉、南京、青岛7市实施规划线路长度均超200km；济南、合肥、厦门、郑州、沈阳、苏州、西安、佛山、无锡9市在实施规划线路长度均超150km；另有东莞、长春、福州、温州、南宁、南通、贵阳7市在实施规划线路长度均超100km。

从在实施规划的车站数量来看，据不完全统计，截至2022年底，在实施规划车站总计3284座（按线路累计计算），其中，换乘站1089座（按线路累计计算），换乘站计算占比约为33.16%，同比增加2.67个百分点，换乘站占比持续增长。

从在实施规划线路的敷设方式来看，地下线占比78.48%，地面线占比7.5%，高架线占比14.02%。随着市域快轨线路的增多，城轨交通总体敷设方式上地下线占比下降，地面线和高架线占比均有上升。

1.3.2　地铁制式占比下降，市域快轨持续增长

从在实施规划线路的系统制式来看，6675.57km的在实施规划线路包

图 1.3.1 2022年各城市城轨交通在实施建设规划线路规模（公里）

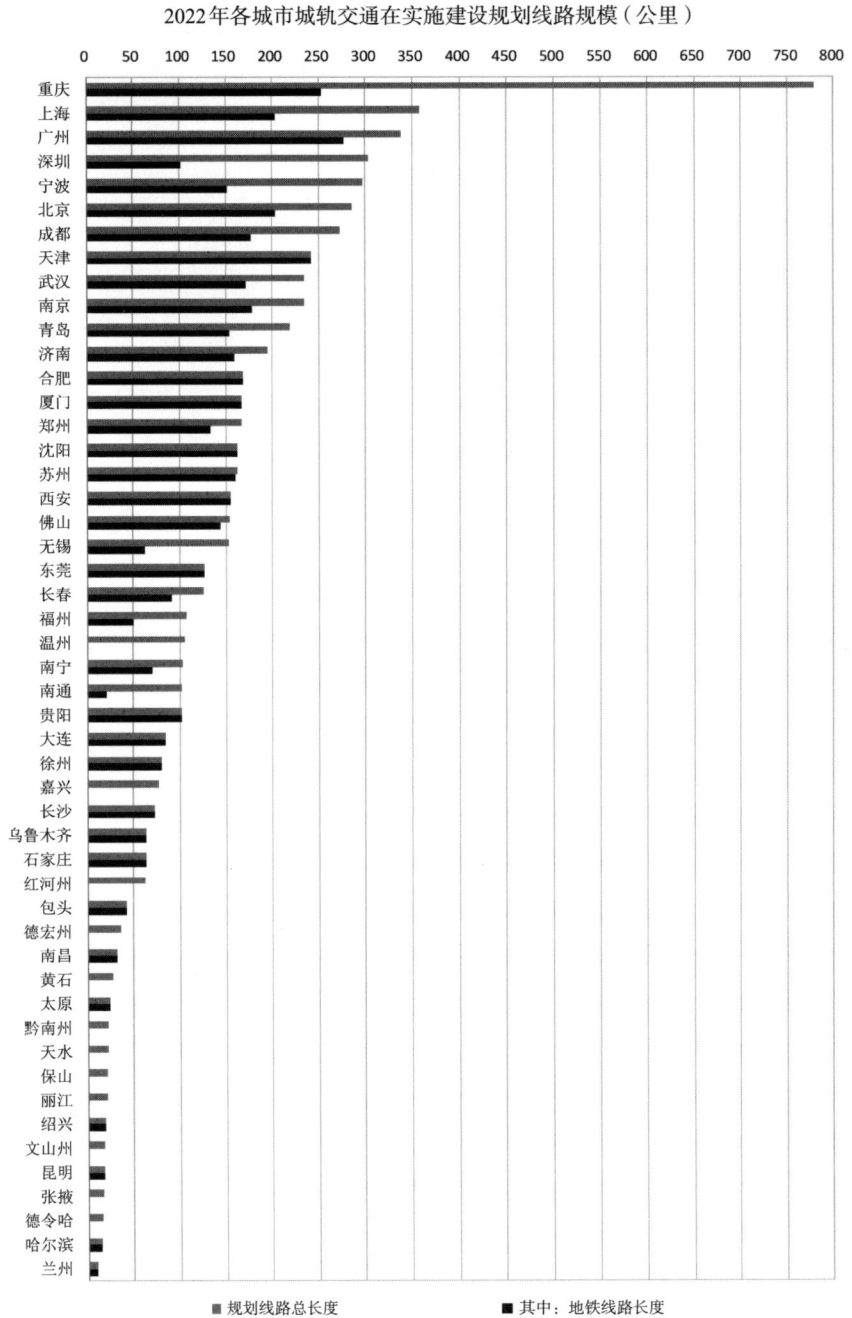

图 1.3.1　2022年各城市城轨交通在实施建设规划线路规模

含地铁、轻轨、市域快轨、有轨电车、导轨式胶轮系统、悬挂式单轨6种制式。其中，地铁4407.20km，占比66.02%，同比下降4.62个百分点；轻轨7.18km，占比0.11%，同比上升0.03个百分点；市域快轨1892.22km，占比28.35%，同比上升8.72个百分点；有轨电车325.97km，占比4.88%，同比下降4.76个百分点；导轨式胶轮系统32.5km，占比0.48%；悬挂式单轨10.5km，占比0.16%。

2022年城轨交通已获批在实施规划线路系统制式结构见图1.3.2。

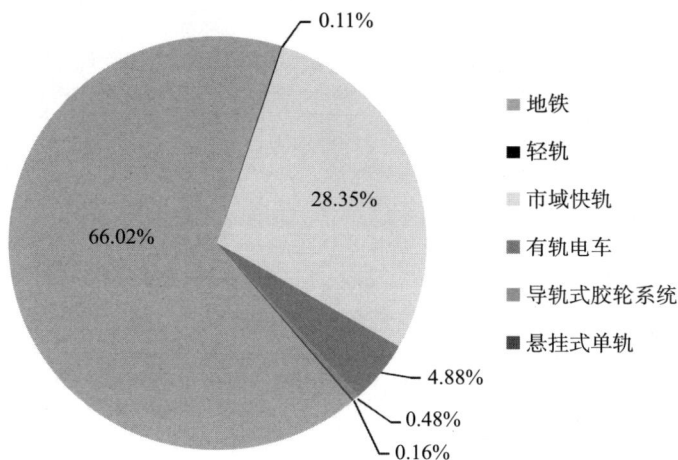

图1.3.2 2022年城轨交通已获批在实施规划线路系统制式结构

市域快轨系统总体占比增长明显，2022年达到了28.35%。从单个城市来看，扣除统计期末已建成投运的线路，温州市在实施规划线路共计104.60km，全部为市域快轨系统制式；南通市在实施规划线路总长度101.40km，其中市域快轨线路81km，占比79.88%；重庆在实施规划线路总长度779.54km，其中市域快轨线路526.78km，占比67.58%；深圳在实施规划线路总长度303.60km，其中市域快轨线路202.44km，占比66.68%；无锡、福州两市在实施规划线路中市域快轨系统占比也均超过50%，分别达到59.86%和53.92%；另有宁波、上海两市在实施规划线路中市域快轨线路的占比也分别达到了48.79%和43.15%。

近5年来市域快轨系统在实施规划线路的长度和制式占比情况见图1.3.3。市域快轨规划线路长度和占比近5年来持续增加，尤其是近3年来增速明显加快。

新型低运能城轨交通系统也开始发展，南宁市新规划了2条导轨式胶轮系统线路，悬挂式单轨系统在武汉光谷空轨专线项目中落地实施。多制式的城轨交通系统为不同的城市公共交通定位提供了多样性的选择。

1.3.3 可研批复总投资同比持平，一线城市投资仍处高位

截至2022年底，国家发展改革委共批复44个城市城轨交通建设规划。其中，呼和浩特、杭州、常州、洛阳、芜湖5市2022年前已获批城轨交通建设规划项目已全部建成投运，其余39个城市可统计的城轨交通建设规划在实施

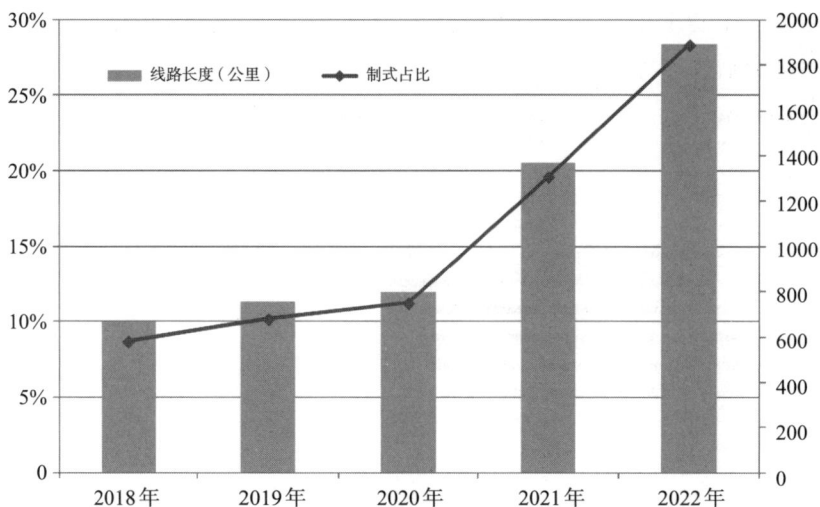

图1.3.3　近5年来市域快轨系统在实施规划线路的长度和制式占比情况

项目的可研批复总投资额合计约为41688.79亿元。

从可研批复总投资规模来看，18个城市的建设规划在实施项目的可研批复总投资均超过1000亿元。其中，广州、上海两市建设规划在实施项目的可研批复总投资均超过3000亿元，两市总投资合计超6000亿元，占全国建设规划在实施项目可研批复总投资额的14.97%；深圳、北京两市建设规划在实施项目的可研批复总投资均在2000亿元以上，两市总投资合计超5000亿元，占全国建设规划在实施项目可研批复总投资额的12.44%；北上广深4市可研批复总投资额占全国建设规划在实施项目可研批复总投资额的近3成。一线城市的城轨交通投资计划仍处于高位。

青岛、南京、宁波、成都、天津、重庆6市建设规划在实施项目的可研批复总投资均超过1500亿元；武汉、济南、郑州、沈阳、西安、苏州、厦门、合肥8市建设规划在实施项目的可研批复总投资均超过1000亿元；另有福州、长春、佛山、无锡、贵阳、徐州、石家庄、乌鲁木齐8市建设规划在实施项目的可研批复总投资均超过500亿元。中心城市的城轨交通投资计划持续发力。

2022年各城市城轨交通在实施建设规划可研批复总投资额情况见图1.3.4。

1.3.4　5市建设规划获批，新增总投资额近2600亿元

2022年当年，石家庄、杭州2市的新一轮城市轨道交通建设规划获国家发展改革委批复；苏州、东莞、广州3市的城市轨道交通建设规划调整方案获国家发展改革委批复。5市城轨交通建设规划（或调整方案）中共涉及新增建设规划线路长度近330km，新获批建设规划所涉及新增项目的系统制式全部

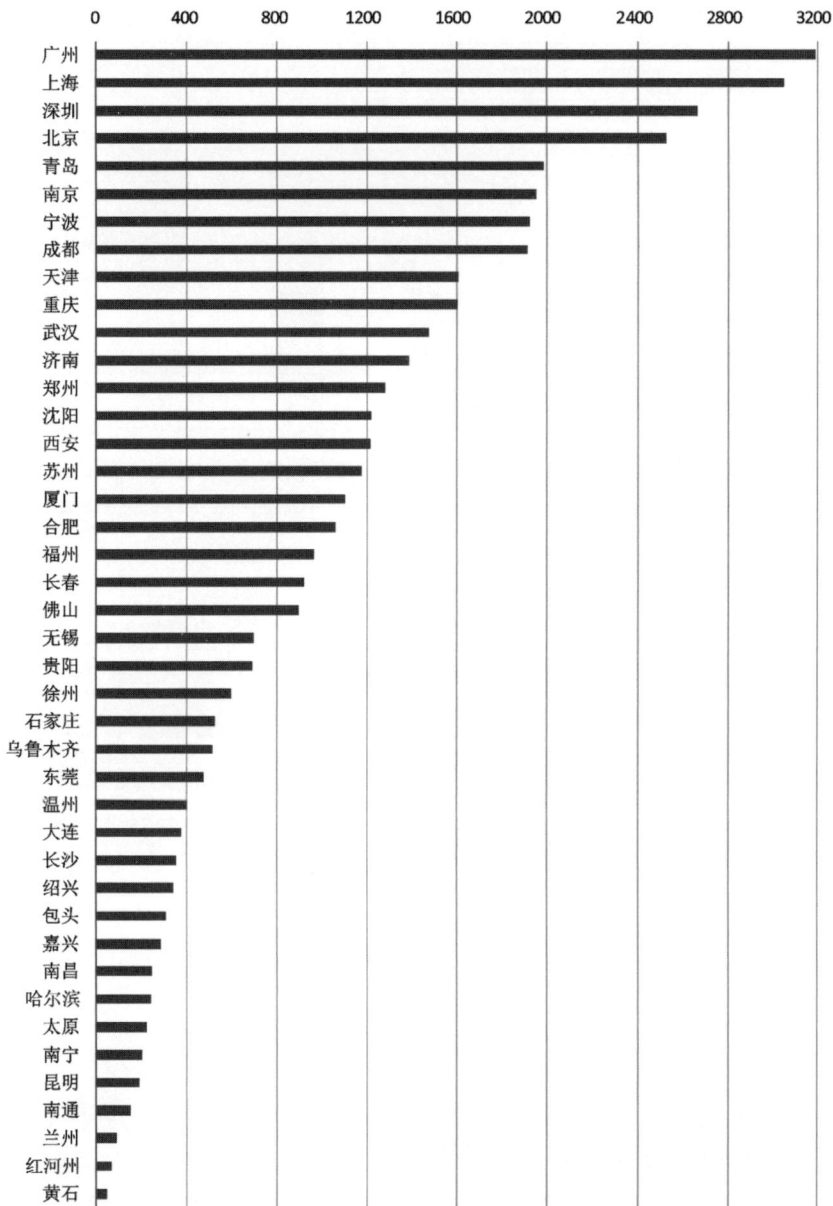

图1.3.4　2022年各城市城轨交通在实施建设规划可研批复总投资额（亿元）

为地铁。新增项目计划总投资额近2600亿元。新获批建设规划线路的长度和计划投资额相比2021年略有增加。

2 标准篇

2.1 城市轨道交通工程建设国家、行业标准

截至2023年2月，现行城市轨道交通工程建设国家标准29项，行业标准29项（见表2.1.1）。

现行城市轨道交通工程建设国家标准、行业标准信息表　　表2.1.1

序号	标准名称	标准编号
1	盾构法隧道施工及验收规范	GB 50446—2017
2	跨座式单轨交通设计规范	GB 50458—2008
3	城市轨道交通技术规范	GB 50490—2009
4	跨座式单轨交通施工及验收规范	GB 50614—2010
5	城市轨道交通地下工程建设风险管理规范	GB 50652—2011
6	地铁工程施工安全评价标准	GB 50715—2011
7	城市轨道交通建设项目管理规范	GB 50722—2011
8	城市轨道交通工程安全控制技术规范	GB/T 50839—2013
9	城市轨道交通工程监测技术规范	GB 50911—2013
10	地铁设计规范	GB 50157—2013
11	城市轨道交通结构抗震设计规范	GB 50909—2014
12	城市轨道交通公共安全防范系统工程技术规范	GB 51151—2016
13	城市轨道交通客流预测规范	GB/T 51150—2016
14	城市轨道交通通信工程质量验收规范	GB 50382—2016
15	城市轨道交通无线局域网宽带工程技术规范	GB/T 51211—2016
16	城市轨道交通工程测量规范	GB/T 50308—2017
17	城市轨道交通桥梁设计规范	GB/T 51234—2017

续表

序号	标准名称	标准编号
18	轻轨交通设计标准	GB/T 51263—2017
19	城市轨道交通综合监控系统工程技术标准	GB/T 50636—2018
20	城市轨道交通信号工程施工质量验收标准	GB/T 50578—2018
21	城市轨道交通自动售检票系统工程质量验收标准	GB/T 50381—2018
22	地铁设计防火标准	GB 51298—2018
23	地下铁道工程施工标准	GB/T 51310—2018
24	地下铁道工程施工质量验收标准	GB/T 50299—2018
25	城市轨道交通给水排水系统技术标准	GB/T 51293—2018
26	城市轨道交通通风空气调节与供暖设计标准	GB/T 51357—2019
27	盾构隧道工程设计标准	GB/T 51438—2021
28	城市轨道交通工程项目规范	GB 55033—2022
29	跨座式单轨交通设计标准	GB/T 50458—2022
30	城市轨道交通自动售检票系统检测技术规程	CJJ/T 162—2011
31	盾构隧道管片质量检测技术标准	CJJ/T 164—2011
32	城市轨道交通直线电机牵引系统设计规范	CJJ 167—2012
33	城市轨道交通站台屏蔽门系统技术规范	CJJ 183—2012
34	浮置板轨道技术规范	CJJ/T 191—2012
35	盾构可切削混凝土配筋技术规程	CJJ/T 192—2012
36	城市轨道交通接触轨供电系统技术规范	CJJ/T 198—2013
37	直线电机轨道交通施工及验收规范	CJJ 201—2013
38	城市轨道交通结构安全保护技术规范	CJJ/T 202—2013
39	盾构法开仓及气压作业技术规范	CJJ 217—2014
40	中低速磁浮交通供电技术规范	CJJ/T 256—2016
41	城市轨道交通梯形轨枕轨道工程施工及质量验收规范	CJJ 266—2017
42	中低速磁浮交通运行控制技术规范	CJJ/T 255—2017
43	中低速磁浮交通设计规范	CJJ/T 262—2017
44	城市轨道交通工程远程监控系统技术标准	CJJ/T 278—2017
45	自动导向轨道交通设计标准	CJJ/T 277—2018
46	地铁限界标准	CJJ/T 96—2018
47	城市轨道交通隧道结构养护技术标准	CJJ/T 289—2018
48	城市轨道交通架空接触网技术标准	CJJ/T 288—2018
49	城市轨道交通预应力混凝土节段预制桥梁技术标准	CJJ/T 293—2019
50	城市有轨电车工程设计标准	CJJ/T 295—2019
51	地铁快线设计标准	CJJ/T 298—2019

续表

序号	标准名称	标准编号
52	中低速磁浮交通工程施工及验收标准	CJJ/T 303—2020
53	地铁杂散电流腐蚀防护技术标准	CJJ/T 49—2020
54	城市轨道交通高架结构设计荷载标准	CJJ/T 301—2020
55	跨座式单轨交通限界标准	CJJ/T 305—2020
56	城市轨道交通车辆基地工程技术标准	CJJ/T 306—2020
57	直线电机轨道交通限界标准	CJJ/T 309—2020
58	高速磁浮交通设计标准	CJJ/T 310—2021

2.2 城市轨道交通产品国家标准、行业标准

截至2023年2月，现行城市轨道交通产品国家标准28项，行业标准35项（见表2.2.1）。

现行城市轨道交通产品国家标准，行业标准信息表　　表2.2.1

序号	标准名称	标准编号
1	城市公共交通标志 地下铁道标志	GB 5845.5—86
2	地铁车辆通用技术条件	GB/T 7928—2003
3	城市轨道交通信号系统通用技术条件	GB/T 12758—2004
4	城市轨道交通车辆组装后的检查与试验规则	GB/T 14894—2005
5	城市轨道交通直流牵引供电系统	GB/T 10411—2005
6	城市轨道交通列车噪声限值和测量方法	GB 14892—2006
7	城市轨道交通车站站台声学要求和测量方法	GB/T 14227—2006
8	城市轨道交通自动售检票系统技术条件	GB/T 20907—2007
9	城市轨道交通接触网检测车通用技术条件	GB/T 20908—2007
10	城市轨道交通照明	GB/T 16275—2008
11	城市轨道交通客运服务标志	GB/T 18574—2008
12	城市轨道交通内燃调车机车通用技术条件	GB/T 23430—2009
13	城市轻轨交通铰接车辆通用技术条件	GB/T 23431—2009
14	城市轨道交通安全防范系统技术要求	GB/T 26718—2011
15	城市轨道车辆客室侧门	GB/T 30489—2014
16	城市轨道交道通机电设备节能要求	GB/T 35553—2017
17	城市轨道交通用电综合评定指标	GB/T 35554—2017
18	城市轨道交通安全防范通信协议与接口	GB/T 38311—2019

续表

序号	标准名称	标准编号
19	城市轨道交通能源消耗与排放指标评价方法	GB/T 37420—2019
20	城市轨道交通再生制动能量吸收逆变装置	GB/T 37423—2019
21	跨座式单轨交通单开道岔	GB/T 37531—2019
22	城市轨道交通市域快线120 km/h ～ 160 km/h车辆通用技术条件	GB/T 37532—2019
23	城市轨道交通无砟轨道技术条件	GB/T 38695—2020
24	城市轨道交通直线电机车辆通用技术条件	GB/T 32383—2020
25	城市轨道交通永磁直驱车辆通用技术条件	GB/T 39426—2020
26	城市轨道交通车辆永磁直驱转向架通用技术条件	GB/T 39425—2020
27	城市轨道交通中低速磁浮车辆悬浮控制系统技术条件	GB/T 39902—2021
28	城市轨道交通六轴铰接转向架轻轨车辆通用技术条件	GB/T 40075—2021
29	城市公共交通主要经济技术指标综合统计报表 地铁	CJ/T 3046.4—1995
30	城市公共交通经济技术指标计算方法 地铁	CJ/T 8—1999
31	城市轨道交通站台屏蔽门	CJ/T 236—2006
32	φ5.5m～φ7m土压平衡盾构机（软土）	CJ/T 284—2008
33	城市轨道交通浮置板橡胶隔振器	CJ/T 285—2008
34	城市轨道交通轨道橡胶减振器	CJ/T 286—2008
35	跨座式单轨交通车辆通用技术条件	CJ/T 287—2008
36	城市轨道交通直线感应牵引电机技术条件	CJ/T 311—2009
37	城市轨道交通车辆贯通道技术条件	CJ/T 353—2010
38	城市轨道交通车辆空调、采暖及通风装置技术条件	CJ/T 354—2010
39	自导向轮胎式车辆通用技术条件	CJ/T 366—2011
40	高速磁浮交通车辆通用技术条件	CJ/T 367—2011
41	中低速磁浮交通车辆通用技术条件	CJ/T 375—2011
42	地铁与轻轨车辆转向架技术条件	CJ/T 365—2011
43	城市轨道交通直流牵引供电整流机组技术条件	CJ/T 370—2011
44	城市轨道交通设备房标识	CJ/T 387—2012
45	聚氨酯泡沫合成轨枕	CJ/T 399—2012
46	梯形轨枕技术条件	CJ/T 401—2012
47	城市轨道交通基于通信的列车自动控制系统技术要求	CJ/T 407—2012
48	中低速磁浮交通车辆电气系统技术条件	CJ/T 411—2012
49	中低速磁浮交通道岔系统设备技术条件	CJ/T 412—2012
50	中低速磁浮交通轨排通用技术条件	CJ/T 413—2012
51	城市轨道交通钢铝复合导电轨技术要求	CJ/T 414—2012

续表

序号	标准名称	标准编号
52	城市轨道交通车辆防火要求	CJ/T 416—2012
53	低地板有轨电车车辆通用技术条件	CJ/T 417—2012
54	泥水平衡盾构机	CJ/T 446—2014
55	地铁隧道防淹门	CJ/T 453—2014
56	中低速磁浮交通车辆悬浮控制系统技术条件	CJ/T 458—2014
57	城市轨道交通桥梁盆式支座	CJ/T464—2014
58	城市轨道交通桥梁球型钢支座	CJ/T 482—2015
59	城市轨道交通桥梁伸缩装置	CJ/T 497—2016
60	城市轨道交通车地实时视频传输系统	CJ/T 500—2016
61	城市轨道交通车辆车体技术条件	CJ/T 533—2018
62	有轨电车信号系统通用技术条件	CJ/T 539—2019
63	城市轨道交通计轴设备技术条件	CJ/T 543—2022

2.3 《城市轨道交通工程项目规范》

2022年8月，住房和城乡建设部以公告2022年第110号发布国家标准《城市轨道交通工程项目规范》(GB 55033—2022，简称《规范》)，自2023年3月1日起实施。《规范》由中国城市规划设计研究院为主编单位，组织20余家权威业内单位数十位专家，历时7年完成。

《规范》根据国家工程建设标准化改革的要求，按照适应国际技术法规与技术标准通行规则，逐步形成由法律、行政法规、部门规章中的技术性规定与全文强制性工程建设规范构成"技术法规"体系的目标制订。建设部公告明确表述《规范》为强制性工程建设规范，全部条文必须严格执行；现行工程建设标准中有关规定与《规范》不一致的，以《规范》的规定为准。同时废止现行国家标准《城市轨道交通技术规范》GB 50490—2009和全部现行城市轨道交通工程建设标准相关强制性条文。从而使《规范》在城市轨道交通工程建设中具有了强制执行的法规属性地位。

《规范》规定了工程项目保障人民生命财产安全、人身健康、工程安全、生态环境安全、公众权益和公共利益，以及促进能源资源节约利用、满足社会经济管理等方面的控制性底线要求；以总量规模、规划布局、项目功能、性能和关键技术措施等五大要素为主要内容；对标国际发达国家技术法规，规定了规划、环保与资源节约应急和公共安全等内容强制性要求；覆盖了城市轨道交通的地铁系统、轻轨系统、单轨系统、有轨电车、磁浮系统、自动导向轨道系统和市域快速轨道系统全部7种制式（表2.3.1）。

城市轨道交通工程项目规范章节名   表2.3.1

章 名	节 名
1 总则	
2 基本规定	2.1 一般要求
	2.2 规划
	2.3 杂散电流防护
	2.4 环境保护与资源节约
	2.5 应急设施
3 限界	
4 车辆	4.1 一般规定
	4.2 车体及内装
	4.3 牵引和制动
	4.4 车载设备和设施
	4.5 安全与应急
5 土建工程	5.1 一般规定
	5.2 线路工程
	5.3 轨道与路基工程
	5.4 车站建筑
	5.5 结构工程
	5.6 车辆基地与其他设施
6 机电设备系统	6.1 供电系统
	6.2 通信系统
	6.3 信号系统
	6.4 通风、空调与供暖系统
	6.5 给水、排水系统
	6.6 环境与设备监控系统
	6.7 综合监控系统
	6.8 自动售检票系统
	6.9 自动扶梯、电梯系统
	6.10 站台屏蔽门系统
	6.11 乘客信息系统
	6.12 公共安全设施

　　《规范》是城市轨道交通行业唯一一本强制性标准，是参与城市轨道交通建设与运营的各方主体必须遵守的准则，是管理者对城市轨道交通建设依法履行监督和管理职能的基本技术依据，特别是作为住建部在城市轨道交通工程建设标准领域的标准化顶层设计的根本依据，包括城市轨道交通团体标准化必须遵循的最高上位标准。

　　《规范》的实施必将有力地推动城市轨道交通项目建设和管理的规范化与标准化，使中国城市轨道交通监管向符合国际规则和惯例、建立"技术法规"迈出了重要的一步。并为城市轨道交通协会标准化建设明确了基本内容，建立了基本规则和依据。

3 新技术篇

3.1 概述

随着迈进"十四五"时期，建设现代化都市圈成为我国新型城镇化发展的必然要求，轨道交通是都市圈空间拓展和结构优化的重要支撑与抓手。大力发展都市圈轨道交通，以更好地适应都市圈发展要求、满足人民出行需求，意义重大。工程建设、装备制造、运营服务与安全保障、绿色低碳与环保等新技术的发展与应用仍然是轨道交通技术创新的热点。

智能轨道交通已逐渐成为城市轨道交通建设争先上马的新风口，实现列车灵活编组，提升运力－运量匹配度的需求已成为行业重大关注和研究课题。研究基于客流全息感知、列车运行图自动编制、运行计划动态调整的智能行车调度系统是新基建＋发展纲要的共同倡议。在"双碳"和"高质量发展"的战略背景下，一方面通过先进的新型设备制造技术手段不断提升城市轨道交通供电的安全性和可靠性，另一方面通过日益发展的绿色低碳与环保技术，降低损耗，体现节能性。围绕可持续发展的核心理念，车辆近年致力于推广永磁电机、氢能列车等新技术。直接面向乘客的智能化服务系统和设备着力于提高系统安全性、可靠性、可用性，提升服务水平，向智慧化、智能化方向发展。土建建设新技术方面，各地响应住房和城乡建设部发布《"十四五"建筑业发展规划》中大力发展装配式建筑和推广绿色建造方式的要求，主要聚焦在装配式和机械法技术，研发了装配式车站、机械法实施配线、垂直机械法实施竖井、顶管暗挖车站等新技术。

3.2 新技术应用

3.2.1 工程建设新技术

3.2.1.1 土建装配式技术

1.装配式车站技术

2022年1月住房和城乡建设部发布《"十四五"建筑业发展规划》(以下简称《规划》)。《规划》明确,到2035年,建筑业发展质量和效益大幅提升,建筑工业化全面实现,建筑品质显著提升,企业创新能力大幅提高,高素质人才队伍全面建立,产业整体优势明显增强,"中国建造"核心竞争力世界领先,迈入智能建造世界强国行列,全面服务社会主义现代化强国建设。《规划》要求,大力发展装配式建筑。构建装配式建筑标准化设计和生产体系,推动生产和施工智能化升级,扩大标准化构件和部品部件使用规模,提高装配式建筑综合效益。《规划》提出,推广绿色建造方式。持续深化绿色建造试点工作,提炼可复制推广经验。开展绿色建造示范工程创建行动,提升工程建设集约化水平,实现精细化设计和施工。

装配式车站是将车站主体结构划分为很多模块,在工厂预制,然后运到施工现场,像"搭积木"一样进行车站施工。据报道,与传统现浇施工方法比较,一座全预制装配式车站可以节约工期4~6个月,施工工人数量减少80%,节省钢材800t、木材800m³,建筑垃圾减量60%,减少碳排放20%,对"碳达峰、碳中和"有着直接贡献。

为响应国家大力发展装配式建筑号召和住建部的最新规划,据不完全统计,深圳、青岛、长春、广州等地正在采用装配式车站技术。

(1)深圳坪西站

深圳坪西站为地下两层岛式车站,长222m,标准段宽20.84m,深19.2m,是国内首个内支撑体系全装配式车站。坪西站采用形状为"C型+H型+C型"钢构件环向连接锁定,纵向环与环采用球头锁(类"螺帽与螺杆")连接件锁定。

该套装配式车站施工装备首创3个作业面阶梯分布、3台拼装机同步施工的模式,可大幅提高施工效率;首次将整环型腔设计为顶、中、底3层模块化预制件,降低了单件构件重量,适应城市内部灵活运输;依托GPS高精度定位系统,实现了预制构件拼装调整过程的精准、灵活、高效、安全,革新了地铁车站施工工法(见图3.2.1)。

图3.2.1 深圳坪西站装配式施工现场图

（2）深圳沙浦站

沙浦站是深圳地铁首批装配式试点应用的7座车站之一。全长235m，装配段长164m，由762块预制构件组成，整体装配率达到了70%。顶板首次采用单块的坦顶结构，重达128.8t，为全国地铁装配式车站单块构件重量之最。外框结构由四块环宽为1.994m的预制构件采用"乐高积木"的方式进行组拼，大大减少了防水接缝数量，采用"两垫一注一嵌"的防水体系，取消了全外包防水。首次提出了包括外框主体结构及内部支撑结构的全断面装配方案，后期内部结构也将采取预制拼装（见图3.2.2）。

图3.2.2 深圳沙浦站装配式施工现场封顶图

（3）青岛可洛石站

青岛地铁6号线整体位于青岛市西海岸新区，一期线路全长30.8km，共设地下车站21座，其中6座为装配式车站。可洛石站为地下两层车站，装配构件共计512块，拼装总重达2.3万吨，

项目部研发的智能门吊不仅有着160t的超大提升力，还具备旋转、精确自动定位、防摇摆、姿态微调、纠偏等多项智能化功能，有效保证了构件拼装精度及大型构件的吊装安全，拼装误差能够控制在2mm以内（见图3.2.3）。

图3.2.3　青岛可洛石站装配式施工现场图

（4）长春吉大四院站

长春轨道交通7号线起始站为汽车公园站，终到东环城路站，全长23.16km，设19座车站。线路建成后，将加强西南部汽开区与中心城区的联络，有效缓解东风大街、南湖大路、东环城路等地段的交通拥堵情况。

吉大四院站是7号线三座装配式车站之一，为地下二层岛式车站，全长204m，其中现浇段位于车站两端，总长60m；预制装配段位于车站中部，总长144m，装配构件共计72环504块，最重的顶板构件长度超过10m，重达54t，拼装总重1.8万吨（见图3.2.4）。

2.装配式车站内部结构技术

传统的车站内部结构施工采用的施工工艺需投入较多的人力、物力，施工工序繁多，所有结构构件均需等待混凝土龄期，存在建设效率低、施工周期长、资源消耗大，且存在车站与区间、轨排交叉施工，施工工期彼此制约等问题。

为解决施工过程中存在的问题，响应国家提出的"碳达峰、碳中和"目标，广州地铁和施工单位广东华隧、总体设计单位广州地铁设计研究院股份有

图3.2.4　长春吉大四院站施工现场图

限公司、设计单位中铁二院的地铁建设者们积极开展技术攻关，创新性地在采用了UHPC预制的车站内部结构进行预制拼装，这也是国内首次在地铁车站采用UHPC预制拼装工艺。UHPC是一种高强、高韧性、高耐久性的装配式建筑材料，具有低水胶比、低孔隙率、高致密度的特性，相较传统混凝土，其抗压、抗折性能更好，防渗透能力强、可塑性强、耐久性高等优点突出，适用于制备轻薄构件。

在广州14号线二期彭边站采用UHPC预制拼装工艺，与原有的现浇混凝土方案相比，工期较传统施工方法缩短50%，大大提高了施工工效。同时，制作的轨顶风道、站台板、楼梯重量减轻80%、50%、55%，大幅节省施工的材料消耗，提高了车站内部作业人员的作业环境，减少了生产过程中产生的碳排放。彭边站除车站首尾两端及部分异形结构外，车站中部的大部分站台板及轨顶风道，以及附属C1、C2出入口楼梯均采用UHPC预制构件进行拼装。此次UHPC预制拼装工艺的使用，为大规模城市轨道交通建设预制装配式结构施工提供了可参考的"模板"，也为广州地铁实现"双碳"目标提供了更多可能（见图3.2.5）。

彭边站的预制拼装面临预制难度大、场地限制多、保护要求高、借鉴经验少等难点，对此，施工单位成立专项课题小组对预制构件结构的形式、厚度及固定方法进行创新性地设计优化，并邀请高校团队针对性开展建模验算、破坏性试验、疲劳试验和抗震试验等，验证了设计的合理性和施工的安全性。

为同时满足车站内部结构站台板及轨顶风道的拼装施工，地铁建设者们联合专业机构，研制了步履式移动拼装设备。该设备包含步履式移动支架、吊臂及拼装机构，适用于地铁站台地面预制件、地铁通道两侧风道合围的底板和侧板的铺设，可一体式完成安装作业。步履式移动拼装设备只需遥控即可操控，设备采用液压系统，实现步履式前后左右移动及转向，前后移动距离1m/步，左右移动距离0.5m/步，最大起吊高度达7m，前后方向及左右方向均可起吊负载。设备配备的风道安装设施，可满足站台板的吊装、调节及轨顶风道的吊起、顶升、调节等，同时实现风道竖板、底板的安装（见图3.2.6）。

图3.2.5　现场施工图

图3.2.6　步履式移动拼装设备图

此外，在广州地铁18号线万顷沙站，应用装配式轨顶风道，长115m，由U形风道板（4.4t）和L形风道板（3.8t）组成，用设备顶升后通过螺栓穿过预留套筒固定于中板，最后安装纵向对拉螺栓。实际工期32天，对比现浇节省60天，目前已开通运营（见图3.2.7）。

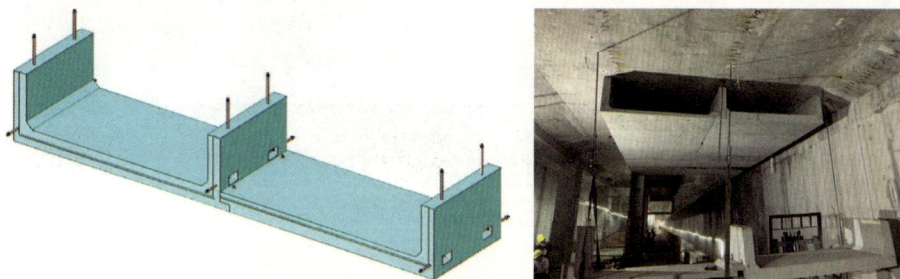

图3.2.7　18号线万顷沙站装配式轨顶风道

在广州地铁10号线中大南门站，应用装配式轨顶风道，由U型支撑构件、风道侧壁和风道板组成。预制方案2.5m长的风管节总重量为1.34t，单个构件最重400kg，最轻260kg。每节轨顶风道安装的时间为5个h，工期16天，较现浇节省约40天。总造价较现浇方案减少约40%（见图3.2.8）。

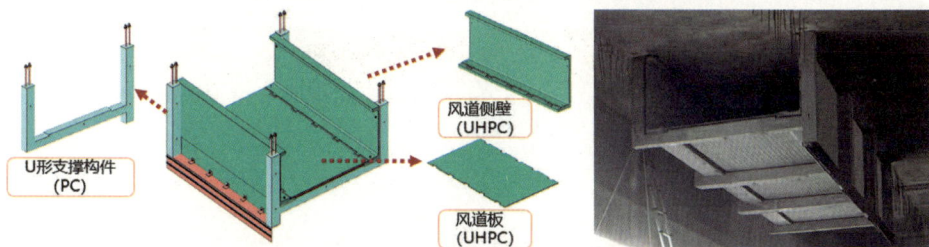

图3.2.8　10号线中大南门站装配式轨顶风道

3.装配式配线技术

广州市轨道交通5号线东延段黄埔客运港站是5号线东延段工程第六座车站，根据相关要求，在车站配线段设置一段长度46.5m的预制装配式主体结构，该结构为单层结构，整体分为上下2节，单节尺寸为11.2×1.5×4.05m，通过在地面预制加工场进行加工、成型、养护等工序，达到设计强度后进行吊装施工（见图3.2.9）。

主体结构顶、底板厚度800mm；主体结构侧墙厚度700mm；主体结构中隔墙厚度400mm；主体结构混凝土材料：C50 P10。上下构件通过挤压机械套筒连接钢筋，湿浇节点连接。研发了专门的构件拼装台车，实现构件在基坑内的运输与拼装。

图3.2.9 构件示意图

经该项目验证，预制装配式结构技术在建筑功能、结构安全、施工拼装、防水等方面均成效显著，对提高施工效率，加快工程进度，降低施工风险，减少环境污染和碳排放，节约资源能源作用明显。

4.装配式混凝土声屏障技术

2023年3月，广州地铁5号线坦尾站东侧出口开展了装配式混凝土声屏障加装项目。该项目是广州地铁运营线路正线范围首次应用装配式PC构件施工，其中声屏障构件创新性采用全预制混凝土板，使用预埋锚栓将构件与基础设施连接，实现零现浇节点。

本次装配式混凝土声屏障加装工程是在5号线坦尾——中山八区间敞开段洞口外约110m范围，左、右线安装272块装配式PC构件，形成封闭式声屏障结构，单块构件最重约7t。根据现场结构现状及施工限界，声屏障共分为5个断面，分别为ABCDE段（见图3.2.10）。

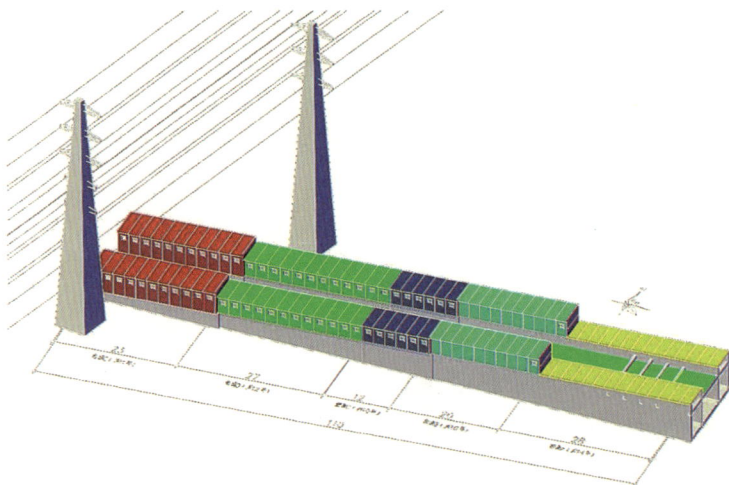

图3.2.10 声屏障示意图

相对于传统的声屏障，混凝土声屏障具有隔声效果好、耐久性好、免更换等优点。本项目对于解决地铁运营线路周边声噪影响具有积极的、开创性的意义，充分证明了装配式技术在轨道交通建设及运营改造中的重要作用，也为有需要的地铁运营线路提供参考。

3.2.1.2 机械法技术

1.类矩形盾构无柱化隧道整体推进工法

2022年初，由隧道股份上海隧道工程有限公司承建的杭州地铁9号线一期四季青站折返线项目贯通，项目中的类矩形盾构"一机双模"满足折返线的衬砌无立柱要求。

作为线路的最末端车站，四季青站紧邻杭州市政府，该站折返线全长231.1m，其中交叉渡线段长67.2m，渡线后折返线段长163.9m，地面的解放东路与秋石高架交通繁忙，地下的轨交7号线与市政管线盘根错节，无法实施明挖方案（见图3.2.11）。

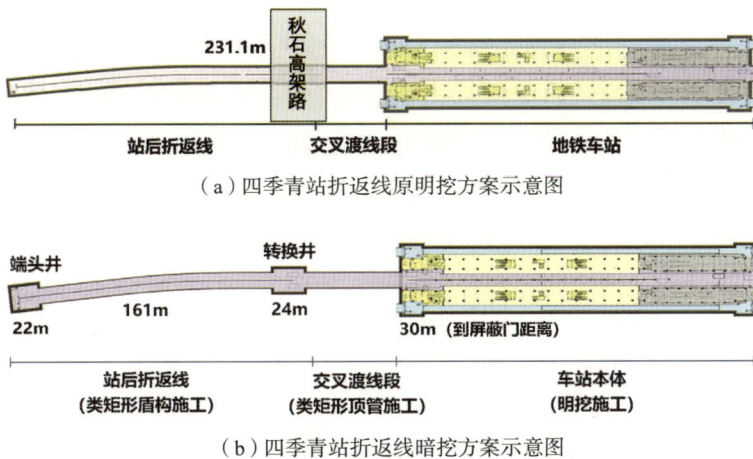

（a）四季青站折返线原明挖方案示意图

（b）四季青站折返线暗挖方案示意图

图3.2.11　四季青站折返线挖掘方案示意图

项目首次将类矩形隧道技术拓展至折返线施工中，兼顾了地下空间的高度集约化利用与苛刻的环境保护要求。交叉渡线段隧道采用类矩形顶管顶进，顶管可占用盾尾间隙和盾壳厚度，实现无立柱结构，满足交叉渡线要求；之后在既有活塞风井内完成"变身"，转换为普通含中立柱的类矩形盾构模式完成折返线段掘进，我们形象地将其称为0-θ工法（Zero-Sita工法）（见图3.2.12）。

建设团队针对管片设计与结构性能、装备模式转换、穿越施工中关键技术等进行了研发与应用，最终成型隧道质量良好，周边环境安全可控，验证了这种适合于临时末端车站折返线的特殊非开挖工艺。

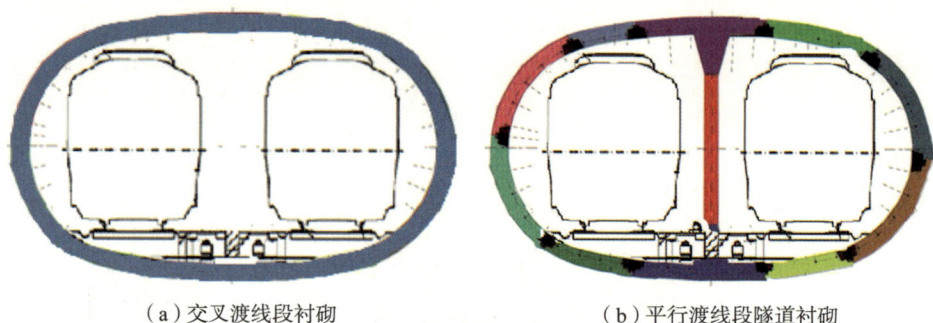

（a）交叉渡线段衬砌　　　　　　　　　（b）平行渡线段隧道衬砌

图3.2.12　类矩形隧道示意图

2.垂直机械法实施竖井工法

2022年12月20日，"未来号"沉井式竖井掘进机在广州东至花都天贵城际铁路（以下简称"广花城际"）京溪路至白云东平区间2号盾构井（以下简称"京白2号井"）施工现场成功试掘进，标志着垂直机械法竖井这一新技术首次在国内轨道交通建设领域实践运用。

京白2号井位于白云区同和路西侧，包含1个明挖法竖井和2个机械法竖井。由于施工区域内有中风化、微风化花岗岩，基岩裂隙水发育、岩石强度高，开挖难度大、施工风险高。此外，施工区域周边临近密集房屋建筑群和交通繁忙的市政道路，对施工控制提出了极高的要求。

在京白2号井首次投入使用的竖井掘进机，开挖直径达14.2m，重约120t，采用截削式刀头和环形刀盘两种开挖模式，并集合了泥浆环流出渣系统、中心高压冲刷系统、掘进参数在线实时监测系统等先进技术，能有效确保施工安全、质量及效率。由于竖井掘进机采用截削式刀头直接开挖，无需施作围护结构，克服了传统沉井式施工期较长、施工精度控制难等问题，具有准备周期短、施工速度快、安全性好、节约投资等优点（见图3.2.13）。

项目组充分地做了前期策划方案，并积极调配多方资源，克服了地层岩性起伏大、周边沉降控制要求高等技术难题，采用竖井掘进机设备进行施工运用，利用泥水平衡严控周边沉降。"未来号"的成功应用，将为国内轨道交通建设领域应用垂直机械法竖井技术积累丰富经验。

3.矩形顶管法实施车站站台

广州地铁海傍站是3号线东延段的最后一个地下车站，受制于复杂的地面条件和地下管线分布状况及较厚的淤泥地质条件，创新性应用矩形顶管法进行主体结构施工。

顶管方案选用"中心大刀盘＋两边矩形刀盘式"矩形泥水平衡式顶管机，顶管左线长度为48.5m，右线长度为52.5m，左右线顶管净距为1.5m，顶管截面为11.1m×8.1m，单节管片重量达108t。本次采用的顶管机适应现场复合地层掘进，开挖面积高达95%，有效减少了对周边土体的扰动，更好地控制顶进时的管线和地面沉降，使得施工全过程更高效和安全（见图3.2.14）。

图3.2.13　垂直机械法竖井图

图3.2.14　矩形顶管法站台

2023年7月1日，在3号线东延段海傍站地下施工现场，随着顶管机刀盘转动，"盾顶壹号"顶管机破土而出，车站主体结构顶管段右线顺利贯通。

4.世界最大断面组合式矩形顶管机在深圳始发

2023年4月18日世界最大断面组合式矩形顶管机"大禹掘进号"在深圳

地铁12号线二期工程沙三站顺利始发。这标志着国内首个超大断面矩形顶管暗挖车站正式进入施工阶段，实现了地铁车站施工工法的重大创新，填补了我国在机械化地铁暗挖车站施工方面的空白（见图3.2.15）。

图3.2.15　组合式矩形顶管机示意图

沙三站位于帝堂路与沙井路交叉路口，为地下二层岛式车站，总长208.4m，标准段宽22.7m，有效站台宽13m。该站地处城市繁华城区，周边建筑物多、地下水充沛、地质条件复杂，且站址有一处埋深4.2m的新建暗涵。

深铁集团联合深圳大学、中铁装备和中国电建等单位组建科研团队，由中国工程院院士陈湘生担任团队负责人，开展了广东省重点领域研发计划"现代工程技术"重点专项《繁华城区地铁暗挖车站关键技术》项目研究工作。针对沙三站研制了新型暗挖施工装备——世界上开挖面积最大的（宽11.29m、高13.55m）矩形顶管机"大禹掘进号"。装备由两台设备上下组合而成，采用多刀盘多螺机协同工作的姿态控制技术，实现了超高掌子面水土压力平衡和左右两次零间隙施工装备技术的重大突破。

在揭示空间变位规律，建立暗挖地铁车站施工风险综合评估体系的基础上，创造性地采用组合式矩形顶管机分左右两次顶推施作车站主体结构，提出了地铁机械化暗挖车站设计理论和方法，开发了装配式车站结构，解决了多洞组合顶管管片及车站结构体系转换等设计难题。同时基于深铁集团安全监测管理平台和大数据分析平台，开发建设了滨海繁华城区暗挖地铁车站建设信息化智能管理平台，搭建具备工程信息化管理、风险评估与预警等关键功能，实现车站建设过程实时信息化智能管控。

建设者们通过攻克超大断面组合顶管暗挖车站管片井下拼装、始发接收、左右线密贴顶进、近距离下穿箱涵变形控制、结构体系转换等技术难题，形成了繁华城区地铁暗挖车站施工成套技术。

该技术在示范工程沙三站的成功应用，解决了制约区域地下轨道交通大规模快速建设与区域内繁华城区城市环境、经济发展、社会和谐的矛盾。采用机械法暗挖车站，减少了劳动力投入，减少安全风险，提升了工程质量和工效，缩短了工期，降低综合成本，实现了地铁车站建筑工业化。

5.微型"竖向盾构"成功应用于北京地铁17号北段

2023年，北京地铁17号线05标段望京西站—勇士营站右线区间泵房完成水下混凝土浇筑与机头回退施工。作为地铁17号线北段"最难施工段"，创新采用隧道泵房机械法，该技术完全采用机械化作业，特制的大型设备直接深入地铁隧道，在道床下方掘进出直径3.1m、深度5.5m的泵房。传统施工方法需要先对地层进行长时间的冷冻加固止水才能开挖泵房，该技术可避免地层中的水土流失，既保障了安全，也大幅提升了施工效率（见图3.2.16）。

图3.2.16　竖向盾构设备示意图

3.2.1.3　模块化装配式站台门技术

1.技术原理

近年来，随着装配式技术在建筑领域的不断渗透和发展，装配式地铁车站也以其绿色高效、利于全寿命周期管理等优势逐渐被国内越来越多的地铁建设部门采纳接受。装配式地铁车站是今后设计、施工的重要发展趋势，同时装配式地铁车站也对站台门系统的运输安装等提出了新的要求。

传统的站台门安装主要是将各零部件运至现场后再拼装，此方式工业化程度低、施工效率低、劳动力需求量大、材料损耗和垃圾量大、资源和能源消耗较大，一定程度上已无法满足绿色、低碳、节能、环保的要求。

针对传统站台门安装方式所存在的问题，结合装配式车站对机电设备安装的总体要求，基于装配式地铁车站的站台门模块化装配式技术孕育而生。其技术原理是将整侧站台门以模块为单元进行划分，分为若干个模块，每个模块均在工厂进行安装、调试、检测，模块运输到工地后，通过特殊的工装及运装设备在现场采用类似"搭积木"的方式进行拼装，大大提升了站台门现场安装效率，缩短了安装调试周期，提高了工程质量，节约了人力及物力成本，实现绿色、低碳、节能、环保。

2.技术特点

（1）模块化装配式站台门以模块为单元进行划分，各模块均在工厂进行测试封装，在现场将模块完成拼装，可以实现快速安装，大幅缩短施工周期。

（2）由于各模块均在工厂进行测试封装，可充分利用工厂的技术、人员、工装设施等优势，提高各模块的自身质量，最终提高站台门系统的安装质量和系统稳定性。

（3）采用模块化装配式站台门，站台上无大件物料，仅有小件配件、连接件等物资，占用场地小，便于现场施工管理，在既有线改造、加装工程中优势更加明显。

（4）模块化装配式站台门工业化程度高，降低现场施工安装难度，劳动力需求量小，节省人力成本。

（5）模块化装配式站台门能充分适应未来装配式地铁车站的需要。

3.应用情况

近日，由广州地铁集团有限公司（以下简称广州地铁集团）、广州地铁设计研究院股份有限公司、广州新科佳都科技有限公司联合研发的模块化装配式站台门，顺利在广州轨道交通18号线沙溪站实现交付，成为我国首例落地应用的模块化装配式站台门。

2023年5月6日晚，方大集团下属企业方大智源科技股份有限公司自主研发设计的模块化装配式站台门在深圳地铁8号线大梅沙站顺利启动现场安装，这是深圳城市轨道交通首例模块化装配式站台门落地应用地铁站里"搭积木"，装配式工程建设取得重要进展。

近日，由宁波中车时代传感有限公司联合宁波市轨道交通集团有限公司自主研发的站台门整体模块化预组装－自动化安装技术在宁波5号线成功试点应用实现36h建成一站。

目前模块化装配式站台门正越来越被行业所认可，应用范围正逐步由试点应用向全面推广方向发展。

3.2.1.4 基于BIM装配式冷水机房技术

1.技术原理

BIM（Building Information Modeling）是建筑信息模型的缩写，是一种基于数字化技术的多学科协同工作方式。它通过将建筑物的各项信息以三维模型的形式进行集成、管理和共享，实现了建筑项目设计、施工和运营过程的高度协同，大大提高了工作效率和质量。冷水机房空调水系统装配式技术，针对轨道交通冷水机房空调水系统，模块化水系统管路阀件、冷水机组、冷却水泵、冷冻水泵以及集水器、分水器等配套设备设施，实现冷水机房空调水系统管路阀件工厂化预制，并最终实现水系统现场装配式施工。

BIM装配式冷水机房技术的核心原理是将冷水机房的设计、制造和安装过程进行数字化管理和控制，通过预制化技术，在工厂内制造出符合规范要求的空调水管构件和支吊架，然后在现场进行拼装、安装（见图3.2.17）。

2.技术特点

BIM装配式冷水机房技术是一种新型的建筑技术，它将BIM技术与装配式建筑技术相结合，实现了冷水机房的快速建设和高效运营。主要具备以下几个特点：

（1）大大缩短冷水机房的建设周期，提高建筑的质量和效率。

通过BIM技术，可以实现对冷水机房的全过程管理，包括设计、制造、运输、安装和维护等环节。同时，装配式建筑技术可以实现冷水机房的快速组装和拆卸，提高了建筑的灵活性和可重复使用性。由于冷水机房的组装和拆卸非常方便，可以在建筑改造和扩建时快速调整和更新。

（2）减少施工中因为设计不合理带来的时间和经济上的成本。

BIM技术能够在规划和设计阶段将装配式冷水机房的三维模型呈现出来。通过这样的方式，工程团队可以更清楚地了解装配式冷水机房的空间结构、内部设备的布置以及管道等组件之间的联系等信息。在这个阶段就能够发现问题和进行优化和调整。

（3）实现更好的构件精度和加工效率，在保证质量的同时节省生产成本。

BIM技术还可以在制造过程中实现更好的构件精度和加工效率，在保证产品质量的同时节省生产成本。由于装配式冷水机房构件是在工厂里先进行预制，然后再进行现场拼装，因此需要一个良好的预制过程来提高构件精度和制造速度。BIM技术可以让生产线上的制造机器人或者设备根据BIM模型精确地将构件加工出来，这将大大缩短制造周期并且提高产品精度。

（4）与传统的现场施工相比，装配式冷水机房还具有环保、减少维护工作量，降低系统能耗等优点（见图3.2.17、图3.2.18）。

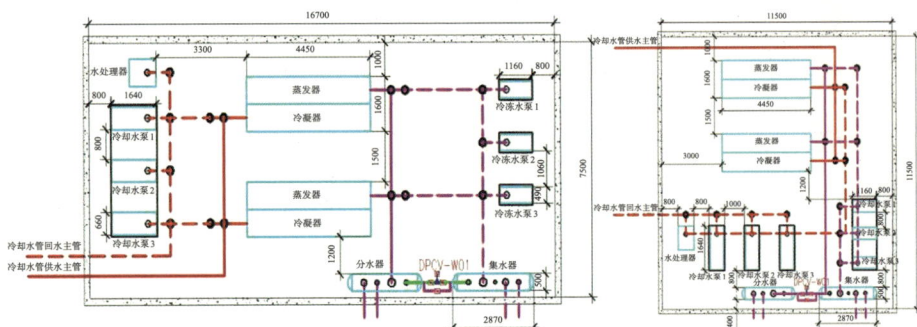

图3.2.17　装配式冷水机房标准化布置图

图3.2.18　装配式冷水机房BIM模型及模块安装图

3. 应用情况

该技术已经在全国各地轨道交通行业广泛应用，广州地铁集团有限公司已对广州市城市轨道交通车站空调冷水机房规模、设备布置、管线优化等方面进行了标准化，形成了《广州市城市轨道交通冷水机房标准化设计技术标准》和《广州市城市轨道交通冷水机房空调装配式施工技术标准》，规定了空调设备的设计布置要求以及空调水系统管道预制、装配式施工要求（见图3.2.19、图3.2.20）。

图3.2.19　深圳地铁装配式冷水机房工厂图

图3.2.20   广州地铁装配式冷水机房现车站场图

3.2.1.5 智慧工地技术

1.技术原理

智慧工地是指运用信息化手段，通过三维设计平台对工程项目进行精确设计和施工模拟，围绕施工过程管理，建立互联协同、智能生产、科学管理的施工项目信息化生态圈。可将数据在虚拟现实环境下与物联网采集到的工程信息进行数据挖掘分析，提供过程趋势预测及专家预案，实现工程施工可视化智能管理，以提高工程管理信息化水平，从而逐步实现绿色建造和生态建造。

智慧工地将更多人工智能、传感技术、虚拟现实等高科技技术植入到建筑、机械、人员穿戴设施、场地进出关口等各类物体中，并且被普遍互联，形成"物联网"，再与"互联网"整合在一起，实现工程管理干系人与工程施工现场的整合。智慧工地的核心是以一种"更智慧"的方法来改进工程各干系组织和岗位人员相互交互的方式，提高交互的明确性、效率、灵活性和响应速度。

2.技术特点

智慧工地的实现依托数字化建造技术。轨道交通数字化建造采用"分层设计、分级管理"理念，系统由平台应用层、平台接入层组成，包含能实现从数据采集到界面展示、数据分析等功能所需的所有硬件和软件。数字化建造涵盖工程建设一体化数字管理平台、施工机械设备监控系统、门禁系统、轨行区调度系统、工地环境监测系统、定位系统、视频监控与分析系统、广播系统以及所需的通信传输系统（见图3.2.21）。

（1）工程建设一体化数字管理平台

智慧工地工程建设一体化数字管理平台综合采用BIM、GIS、物联网、互联网等技术，在业务流程上以现行的工程项目管理模式为主线，功能覆盖进度管理、安全管理、质量管理、人员管理、设备管理、物资管理、绿色施工管理、资料管理等，实现数据互联互通，提升项目管理水平（见图3.2.22）。

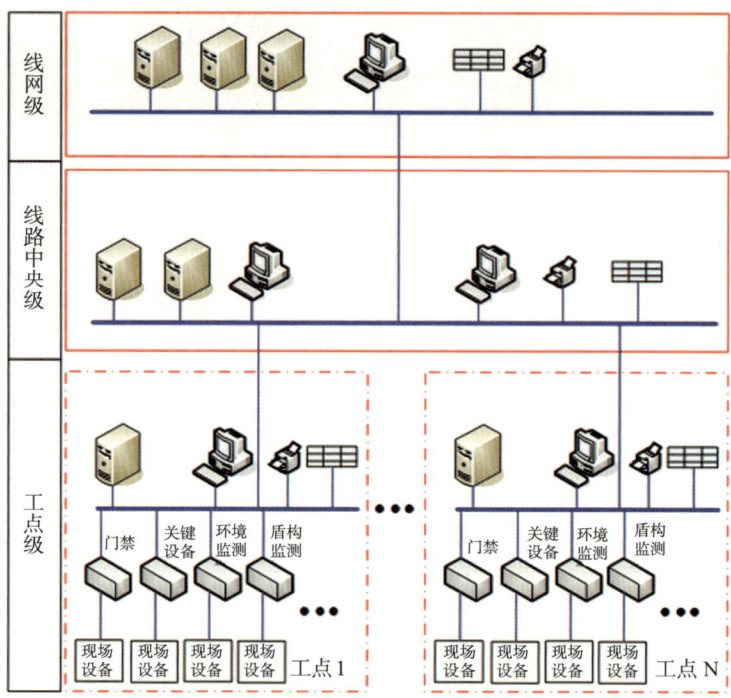

图3.2.21　智慧工地智慧化平台

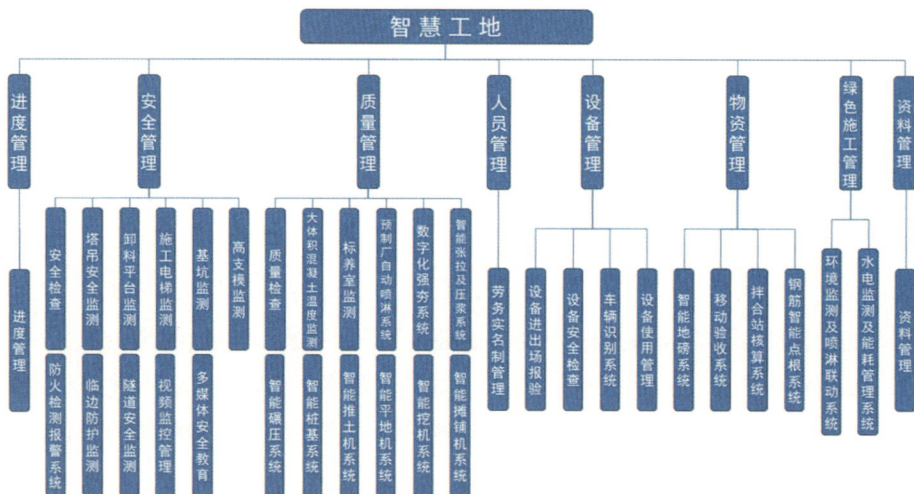

图3.2.22　智慧工地工程建设一体化数字管理平台业务流程图

（2）施工机械设备监控系统

施工机械设备监控系统监测施工过程中机械设备的运行状态，并将数据通过以太网或工地无线网络对外发布。将基础数据与监测数据有机结合，实现机械设备的动态管理。施工机械设备监控系统通过信息化技术对设备实施统一监督管理，例如配置二维码、定位芯片、视频摄像头、AP模块，实现智慧化。

（3）门禁系统

门禁设置与工地围蔽管理相结合，根据相关规定在工地与外界围蔽相应出入口处；施工作业区与办公、生活区分隔围蔽出入口处；重要施工场所（轨行区）出入口处设置门禁。

（4）轨行区调度系统

轨行区调度系统能实时监控隧道内所有的交叉施工区域、轨道车的运行位置及作业人员位置。轨行区作业时当相邻轨道车之间的距离小于行车调度人员设定的距离时，系统自动向两台轨道车同时报警。当轨道车运行临近交叉施工区域时，系统自动向轨道车司机提示前方交叉施工的位置，提醒司机注意减速行车或制动。

（5）工地环境监测系统

工地环境监测系统应对绿色施工实施有效管理，实现绿色施工"四节一环保"的动态监督，须包括节水、节电、节材、节地、污水监测以及工地现场环境的管理，定期自动采集工地现场施工区、办公区、生活区等区域用水量、用电量、排水情况等数据。

在各工点设置环境监测系统，实时采集气象数据，监测项目施工现场环境，PM2.5、颗粒物、温度、风速、风向等数据进行实时监测，并通过拍照方式记录异常状态。同时，与喷淋系统进行对接，现场扬尘等加大时，自动开启喷淋系统进行降尘。

（6）定位系统

定位系统设置在各车站、区间、段场、主所等工点，系统集施工人员考勤、区域定位、安全预警、灾后急救、日常管理等功能于一体，能随时掌握施工现场人员、重要设备、轨道车等的分布状况和每个人员和设备的运动轨迹，便于进行更加合理的调度管理以及安全监控管理。

（7）视频监控与分析系统

智慧工地视频监控与分析系统是保障工地人员、设备安全的重要手段。

视频监控系统主要包括前端摄像设备部分、传输系统部分与管理、显示与存储系统三个部分。前端摄像设备是整个系统的"眼睛"，它把监视的内容变为图像信号，通过传输系统传送到各工点、工区监控中心和线路中央监控中心，进而实现存储或者大屏显示。

视频分析系统能对视频图形进行自动分析，将报警信息、视频分析服务器设备状态、软件各模块状态等信息发送给线路建设工程综合监控系统。各工点的操作员工作站提供视频分析管理画面，画面能显示当前分析的图像、报警事件和人工选择画面进行单独分析的操作控制面板等内容。报警事件产生后可以触发声光报警，并在车站操作员工作站上立即切换出视频画面。

（8）视频会议系统

视频会议系统是通过网络通信技术来实现的虚拟会议，为施工调度管理提供便利条件。视频会议通过远程传送开会人员的视频与音频信息，方便了会议参与者之间真实、直观的交流。

（9）广播系统

智慧工地广播系统主要用于施工作业时对施工现场人员发布作业通知、清场公告等作业管理信息，为相关管理人员提供灵活、快捷的管理手段；应急状态下可发布紧急信息等，为保障施工现场的安全提供辅助手段。

（10）一键应急响应系统

智慧工地一键应急响应系统主要用于施工现场发生突发事件时，可通过一键启动使相关管理部门第一时间获知信息，迅速组织处置人员开展救援、疏散、抢险和逃生等，实现服务现场人员、应急联动、声光报警、快速上报等功能。

（11）无线通信及定位系统

无线通信及定位系统为智慧工地移动用户与移动用户之间、移动用户和固定用户之间提供可靠的通信手段，同时为智慧工地各类设备提供无线接入的手段，并可实现无线定位等功能，对于提升工地管理水平与效率、保障安全、应对突发事件提供重要保证。

（12）通信传输系统

通信传输系统作为智慧工地数据传输交换的基础设施，为智慧工地其他弱电系统如视频监视、无线通信网络、视频会议、广播、门禁、环境监测等提供可靠灵活的信息传输通道。

3. 应用情况

城市轨道交通工程中智慧工地的应用形式主要是：将VR、传感、人工智能、数字化施工等前沿性信息技术，植入到施工现场机械设备、建筑设施、主要进出口、人员防护装备中，以此构建出施工现场信息化管理"物联网"。然后依托网络信息技术，将物联网设施与信息化管理平台相连接，从而实现管理人员对施工现场的智能化、高效化、规范化管理，最大限度确保工程施工的安全性与生态性。

根据轨道科技网对全国46个城市重点城市轨道交通工程智慧工地应用现状的调查统计数据（如图3.2.23所示）。统计结果显示：当前智慧工地在城市轨道交通工程中的应用主要涉及人员管理、物料管理、视频监控管理、质量管理、进度管理、环境管理、安全管理、施工机械设备管理八个方面。其中，人员管理、视频监控管理、环境管理为主要应用领域，安全管理和施工机械设备管理为次要应用领域，而质量管理、进度管理、物料管理领域的应用比较薄弱。

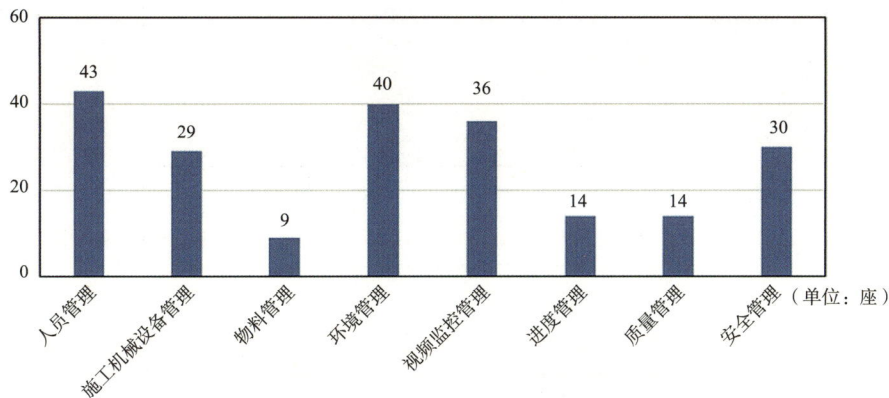

图3.2.23 全国46个城市重点城市轨道交通工程智慧工地应用现状调查统计表

通过对智慧工地在人员管理中应用现状的调查，得到以下数据。根据统计数据可以看出：人员管理方面，智慧工地的应用主要集中于"人脸识别"和"实名制管理"，在"考勤管理""指纹识别""工地一卡通"方面的应用仍比较薄弱（见图3.2.24）。

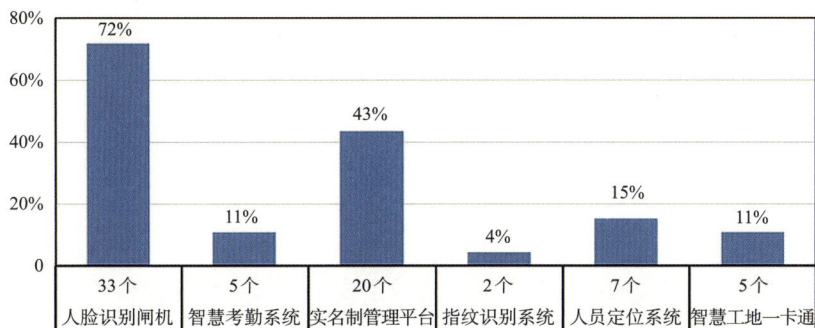

图3.2.24 智慧工地在人员管理中的应用现状统计表

通过对智慧工地在环境管理中应用现状的调查，得到以下数据。根据统计数据可以看出：环境管理方面，智慧工地的应用主要集中于"扬尘噪音管理"和"自动喷淋"，而在水污染管理、土壤污染管理方面的应用比较薄弱（见图3.2.25）。

通过对智慧工地在视频监控管理中应用现状的调查，得到以下数据。根据统计数据可以看出：视频监控管理方面，智慧工地的应用主要集中于"远程视频监控管理"，而在施工电梯安全管理及无人机动态化管理方面应用比较薄弱（见图3.2.26）。

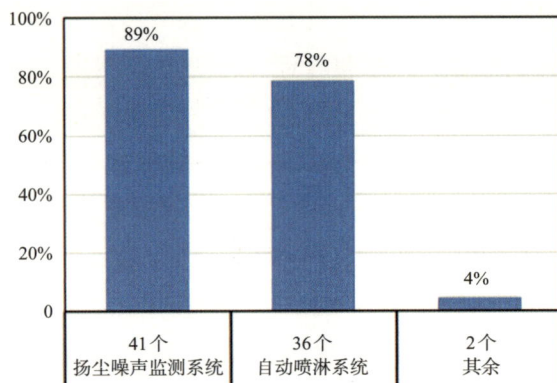

图3.2.25 智慧工地在环境管理中的应用现状统计表

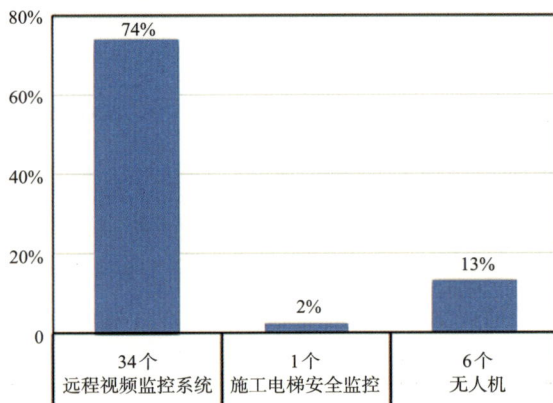

图3.2.26 智慧工地在视频监控管理中的应用现状统计表

结合以上调查统计数据可以看出，当前城市轨道交通工程中智慧工地的应用普遍存在以下问题：

（1）智慧工地应用覆盖还不够全面。

（2）应用侧重点主要集中于施工安全层面的管理，尚未能发挥智慧工地在质量、进度等层面的管理价值。

针对上述问题，新时期背景下，城市轨道交通工程想要进一步提升智慧工地的应用效力，提高施工管理的水平，应将拓展智慧工地应用覆盖面和提高智慧工地管理的全面性作为首要工作。

3.2.2 装备制造新技术

3.2.2.1 车辆永磁电机技术

1.技术原理

（1）牵引系统

牵引系统由受电弓、避雷器、高压电器箱（隔离开关、高速断路器）、牵引变流器（充放电单元、线路电抗器、滤波电容、逆变单元、斩波单元、牵引控制单元、隔离接触器、各类传感器）、制动电阻/过压吸收电阻、牵引电机、接地装置等构成。列车电气牵引系统采用VVVF逆变器－永磁牵引电机构成的交流电传动系统，各动车直流侧采用车控方式，交流电机侧采用轴控方式。

由受电弓输入的DC1500V向列车供电。每个动车的主电路型式和结构相同，满足列车牵引系统性能的要求。列车牵引系统主电路采用两电平电压型直—交逆变电路。经受电弓输入的DC1500V直流电由VVVF逆变器变换成频率、电压均可调的三相交流电，向永磁牵引电机供电。VVVF逆变器由两个双管逆变模块单元组成，采用1个双管逆变器模块驱动4台牵引电机的工作方式，过压斩波单元与逆变模块单元集成在一起。当电网电压在1000～1800V之间变化时，主电路能正常工作，并方便地实现牵引—制动的无接点转换。

为防止永磁牵引系统失控时由于永磁牵引电机发电所产生的反电势对牵引系统的影响，在牵引逆变器与永磁牵引电机之间设置了隔离接触器，起到有效的隔断作用。

（2）永磁同步电机

永磁同步电机（Permanent Magnet Synchronous Machine），简称"PMSM"，是一种通过电磁感应原理进行工作的电机，由定子、转子和端盖等部件构成。目前190kW/230kW永磁同步牵引电机技术方案，可覆盖120km/h以下主流的地铁车型。

1）电机主要参数（表3.2.1）

电机主要参数		表3.2.1
额定功率（kW）	190	230
额定转速（r/min）	1800	1900
启动转矩（N.m）	1547	1870
最大制动转矩（N.m）	1385	1675
额定转矩（N.m）	1008	1156
最大转速（r/min）	3686	4091
最大制动功率/最大牵引功率（kW）	285.5（牵引）/511.3（制动）	369.9（牵引）/596.1（制动）
安装类型	刚性架悬	刚性架悬
传动比	6.6875（107/16）	4.947（94/19）
重量（kg）	470	500
控制方式	无位置控制	

2）电机结构

①总体结构：

地铁车辆用永磁同步牵引电机基本结构包括定子、转子、端盖、轴承系统等，剖面图见图3.2.27，三维图见图3.2.28。下面就各基本结构进行方案说明。

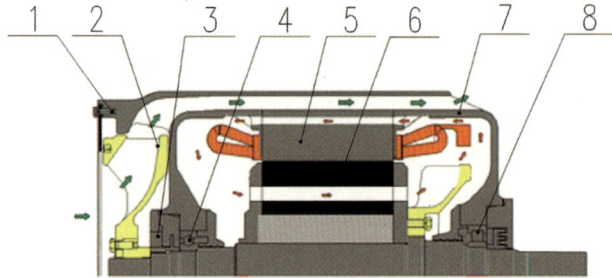

1-非传动端端盖 2-风扇 3-油封 4-非传动端轴承 5-定子 6-转子 7-传动端端盖 8-传动端轴承

图3.2.27　地铁车辆用永磁同步牵引电机剖面图

图3.2.28　地铁车辆用永磁同步牵引电机三维图

②定子：

定子由定子铁心和定子绕组等组成。

定子铁心由接线盒、机座、定子冲片等零部件组成，其中定子冲片采用高导磁率、低损耗的冷轧电工硅钢片冲制；接线盒采用成熟铸造工艺，质地均匀、密封性良好；定子铁心总体采用业内成熟设计和制造工艺，在保证轻量化的前提下，拥有高机械强度（见图3.2.29）。

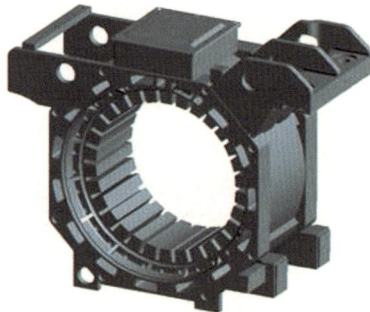

图3.2.29　定子铁心

定子绕组为双层成型绕组。成型的定子线圈嵌进定子槽中，定子绕组端部用端箍以及绑扎绳固定，具有足够的机械强度、良好的电气性能与优良的热稳定性，电机成型绕组实物图如图3.2.30所示。

图3.2.30　电机成型绕组实物图

③转子：

硅钢片采用高导磁率、低损耗的冷轧电工钢片冲制，转子铁心由冷轧硅钢板叠压而成，两端用压圈压紧。

转轴采用高强度的优质合金钢加工而成。

永磁体为高磁能积和耐高温性能好的钕铁硼和钐钴材料。

钐钴是由钐、钴和其他金属稀土材料经配比合成的一种永磁材料，其抗氧化性强，耐温好，最高工作温度可达350℃，主要用于一些高端产品，如航天军事领域。

目前业内逐步以采用钐钴材料为主的永磁同步牵引电机技术进行推广，永磁同步牵引电机均采用钐钴材料进行设计。自2015年长沙地铁1号线装车应用以来，已经应用于32个项目，超过100列的运营业绩，累计运用里程超过500万km，永磁牵引系统运行稳定可靠（见图3.2.31）。

图3.2.31　永磁同步牵引电机转子

采用可靠的固定工艺措施将永磁体与转子铁心结合，使永磁体能承受运行中的各种振动和冲击。

转子动平衡满足ISO1940的"G2.5"级标准。

④端盖：

传动端端盖和非传动端端盖均采用球墨铸铁。非传动端端盖上开有进风口，传动端端盖上开有出风口。

⑤轴承系统：

传动端轴承NU216，非传动端轴承6215。

轴承的密封采用非接触式迷宫式密封，所采用的这种密封结构在各类牵引电动机中已广泛应用。在两个端盖上均设有加油嘴，便于定期补充润滑脂。

为有效防止轴承电腐蚀的产生，保证电机运行可靠性，电机两端都采用绝缘轴承。

⑥绝缘系统：

电机的绝缘等级为200级，匝间采用了耐电晕的绝缘结构，提高了电机定子匝间整体抗电晕能力；线圈主绝缘采用云母带、聚酰亚胺薄膜混包结构，采用统一绝缘规范有效保证电机绝缘整体电气强度，成品完成后采用统一的试验规范；定子采用整体VPI和旋转烘焙技术，保证了绝缘处理效果和定子整体绝缘质量。

⑦冷却系统：

电机采用自带同轴风扇进行冷却，通过非传动端上网板中的开孔，吸入外界自然风。途经非传动端中导风孔、定子铁心通风孔，从传动端端盖上的出风口出风（见图3.2.32）。

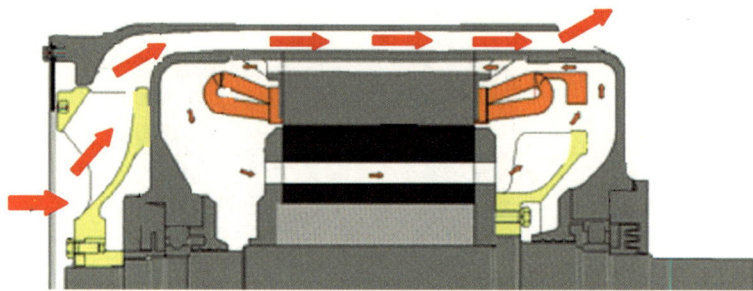

图3.2.32　永磁同步牵引电机冷却示意图

⑧传感器：

为了监控永磁同步牵引电机在试验和运行中电机定子的温度，在电机定子铁心安装了温度传感器（见图3.2.33）。

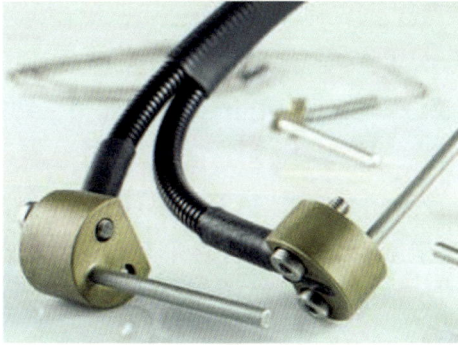

图3.2.33　温度传感器

2.技术特点

永磁同步牵引电机具有高功率密度、高效率、高功率因数和低噪音等显著优势，将其应用于轨道交通车辆牵引，可以提高牵引功率、节能降耗、减少维护量、降低全寿命周期成本，并提高乘客的舒适性。永磁同步牵引电机的优势如下（见表3.2.2）。

效率高，降低能耗；

体积小，重量轻；

噪音低，可靠性高；

过载能力强。

永磁同步牵引电机与异步牵引电机综合性能差异　　　表3.2.2

序号	性能	异步牵引电机	永磁同步牵引电机
1	结构特点	开启	全封闭
2	额定点效率	92%	97%
3	全速高效区占比	60%	85%
4	能耗	基准	降低约30%，根据线路不同略有差异
5	重量（kg）	190kW：500 230kW：550	190kW：470 230kW：500
6	维护工作量	基准	有效减少

（1）高效节能

异步电机由转子绕组励磁，存在转子铜耗，且转子铜耗约占总损耗1/3，而永磁电机转子由永磁体励磁，无转子铜耗；永磁电机功率因数高，定子电流较小，定子铜耗也低。相比异步牵引电机，永磁电机额定效率可达97%，而异步电机最高为93%。尤其是在高效区范围远高于异步电机，永磁电机效率高于90%区域占比为85%，而异步电机占比仅为60%。地铁车辆频繁启停，牵引电机工况复杂多变，因此永磁牵引电机节能优势更加明显。

（2）重量轻、噪声低

永磁牵引电机的平均噪声值比异步牵引电机低，其中0～1900r/min平均降低5.5dB（A），1900～3500r/min平均降低0.1dB（A）。全封闭结构使得永磁牵引电机噪声更低，尤其是低速阶段可有效提高站台乘客的舒适性（见图3.2.34）。

永磁牵引电机整体重量要比异步牵引电机轻100～300kg（见表3.2.3）。

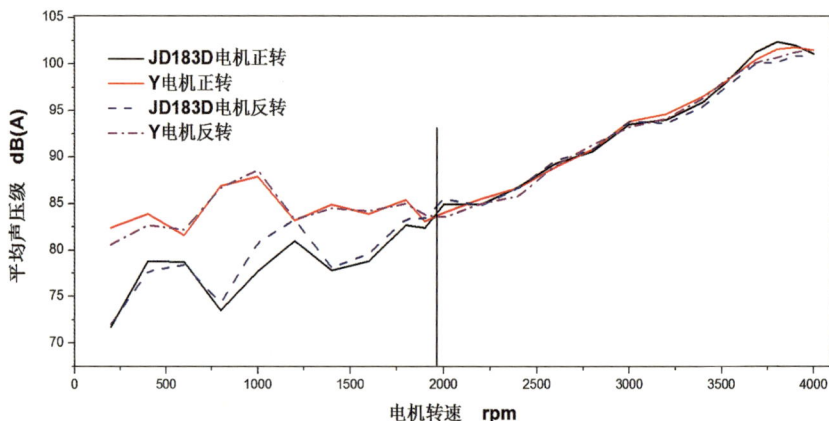

图3.2.34　永磁牵引电机平均噪声值

牵引电机重量　　　　　　　　　　　表3.2.3

类型	1台牵引变流器重量（kg）	1台牵引电机重量（kg）	6编组整车重量（kg）	降重（kg）
异步牵引电机	716（80B） 726（80、100A） 766（120B）	500（190kW） 550（230kW）	10864（80B） 10904（80A） 11704（100A） 11864（120B）	132（80B） 132（80A） 292（100B） 292（120B）
永磁牵引电机	803（80B） 813（80、100A） 853（120B）	470（190kW） 510（230kW）	10732（80B） 10772（80A） 11412（100A） 11572（120B）	

3.应用情况

国内永磁同步牵引电机应用可分为两个阶段，分别为：应用验证阶段和批量应用阶段。根据不同城市地铁应用情况，两个阶段时间有一定的重合，具体情况如下：

（1）应用验证阶段（2011—2020年）

2011年11月，国内首台针对城市轨道交通列车的永磁同步牵引电机在沈阳地铁2号线上成功装车（一个转向架），并完成了7000多公里的试运行考核，在通过中国交通运输协会组织的载客运营评估后，开始永磁同步牵引电机列车的首次载客运。

2016年8月，国内首列装载整列永磁牵引电机列车在长沙通过中国城市轨道交通协会组织的载客运营评审，长沙轨道交通1号线永磁同步牵引电机列车成为国内首列投入商业运营的永磁牵引轨道交通列车，截至目前，已运营64万公里。

随后北京地铁、天津地铁、青岛地铁、深圳地铁、苏州地铁、宁波地铁、佛山地铁、徐州地铁、郑州地铁、哈尔滨地铁、南昌地铁、成都地铁、合肥地铁及广州地铁等14个地铁公司15条线路以及1列高速动车组开展小批量的应用验证，具体应用情况如下表3.2.4所示：

国内各城市地铁应用情况　　　　　　　　　　表3.2.4

序号	应用项目	应用规模	车型	项目状态	永磁供应商	运营里程（单位：万公里）
1	沈阳地铁2号线	1个转向架	80B	完成考核	时代电气	—
2	长沙地铁1号线	1列	80B	载客运营（2016年运营）	时代电气	单列：64
3	北京地铁8号线	1列	80B	载客运营（2018年运营）	时代电气	单列：39
4	天津地铁6号线	1列	80A	载客运营（2018年运营）	时代电气	单列：38
5	青岛地铁11号线	1列	120B	载客运营（2018年运营）	四方所	单列：10
6	深圳地铁8号线	1列	80A	载客运营（2018年运营）	时代电气	单列：36
7	北京地铁八通线	1列	80B	载客运营（2019年运营）	时代电气	单列：25
8	苏州地铁3号线	2列	80B	载客运营（2020年运营）	经纬轨道	单列：17
9	宁波地铁4号线	4列	80B	载客运营（2020年运营）	时代电气	单列最大里程/总里程：20/70
10	佛山地铁2号线	2列	100B	载客运营（2022年运营）	时代电气	单列：8.6
11	徐州地铁1号线	1列	80B	载客运营（2019年运营）	时代电气	单列：12
12	郑州地铁4号线	1列	80B	载客运营（2020年运营）	时代电气	单列：7.3
13	哈尔滨地铁2号线	2列	80B	载客运营（2020年运营）	时代电气	单列：5

续表

序号	应用项目	应用规模	车型	项目状态	永磁供应商	运营里程（单位：万公里）
14	南昌地铁4号线	2列	80B	正在调试	庞巴迪	/
15	成都地铁7号线	1列	80A	装车中	庞巴迪	/
16	合肥地铁4号线	1列	80B	装车中	庞巴迪	/
17	广州地铁1号线	2列	80A	正在调试阶段	时代电气、经纬轨道	/
18	高速动车组	1列	CRH380	载客运营	时代电气	/

（2）批量应用阶段（自2020年开始）

经历小批量的应用、验证和技术消化，并随着在新材料、新技术研究应用的推动下，永磁同步牵引电机诸多技术难题逐步攻关。首批小批量应用的城市地铁开展了永磁同步牵引电机应用，以及与异步牵引电机在能耗等方面进行验证对比：永磁同步牵引电机在节能方面形成明显的优势，与国家和行业开展"双碳"战略发展趋势相匹配，从而引导国内部分城市开展了批量应用。具体情况如下表3.2.5所示：

国内各城市地铁批量应用情况　　　　　　　　　　表3.2.5

序号	应用项目	应用规模	车型	项目状态	永磁供应商	运营里程（单位：万公里）
1	深圳地铁10号线	10列	80A	载客运营（2020年运营）	时代电气	单列最大里程/总里程：26/227
2	天津地铁4号线南延	19列	80B	载客运营（2020年运营）	时代电气	单列最大里程/总里程：10/178
3	天津地铁4号线北延	23列	80B	已签订采购合同	时代电气	/
4	重庆地铁18号线	37列	100As	已签订采购合同	时代电气	/
5	长沙地铁5号线	24列	80B	载客运营（2020年运营）	时代电气	单列最大里程/总里程：29/490
6	长沙地铁1号线北延	10列	80B	已签订采购合同	时代电气	/
7	长沙地铁2号线西延	26列	80B	已签订采购合同	时代电气	/
8	佛山地铁3号线	51列	100B	已签订采购合同	时代电气	/
9	厦门地铁2号线	10列	80B	载客运营（2020年运营）	时代电气	单列最大里程/总里程：21/100

序号	应用项目	应用规模	车型	项目状态	永磁供应商	运营里程（单位：万公里）
10	宁波地铁5号线	26列	80B	载客运营（2021年运营）	时代电气	单列最大里程/总里程：9/97
11	温州市域S2线（市域）	37列	160km/h	预计2023年运营	时代电气	/

自2020年之后，有8个城市共11个项目已签订永磁电机采购合同，签订合同数量为236列。其中5个项目已载客运营，运营数量为89列。

（3）永磁同步牵引电机未来应用趋势

"节能、环保、经济"的永磁同步牵引电机已成为新一代轨道交通牵引传动技术的发展方向，将有效地减轻节能降耗对运营单位的压力，推动国内城市后续项目不断应用的动力。

3.2.2.2 高速轨道交通刚性接触网技术

1.技术原理

（1）刚性悬挂定位安装方式

刚性悬挂定位安装方式有垂直和悬臂悬挂定位两种。垂直悬吊悬挂点自身刚度较大，在高速度条件下，易出现硬点等问题，常用于速度在120km/h以下的常规地铁线路；腕臂悬挂安装形式在距受电弓中心线一定距离的隧道顶部安装吊柱，采用高强度瓷质支柱绝缘子倾斜悬臂悬挂刚性悬挂。腕臂悬挂方案系统弹性较好，适应速度更高，且允许锚段长度较长，可大大减少锚段关节数量，减少硬点，弓网关系更好（见图3.2.35）。

图3.2.35 腕臂悬挂方案

（2）预埋套筒外挂滑槽技术

国内地铁隧道中，接触网悬挂普遍采用传统打孔施工安装的方式，工作效率低、对管片结构损伤大，导致地铁在运营期间出现严重的渗水漏水现象。为有效解决传统锚栓安装存在的主要问题，接触网悬挂安装采用了预埋套筒外挂滑槽技术，预埋套筒浇筑于盾构管片内，作为盾构管片的一部分。接触网悬挂装置底板通过锚栓定位紧固于外挂滑槽，外挂滑槽通过锚栓紧固于预埋套管。

（3）平面布置方案

1）跨距选择

对不同高速受电弓在不同速度等级及不同跨距下进行弓网动态相互作用性能仿真，对比分析不同工况下接触力最大值、最小值，接触力标准差、最值之差以及0.3倍平均值减去标准差等接触力特征值，结合外挂滑槽间距，标准跨距取8m。

2）锚段关节

锚段关节是接触网相邻锚段的衔接部分，是接触网的重要组成部分。接触网锚段关节的结构复杂，其状态和质量的优劣将直接影响接触网的供电质量和电力机车的取流质量。刚性接触网锚段关节主要有两种形式：关节式机械分段及器件式膨胀元件，其中器件式膨胀元件适应速度等级较高。采用膨胀元件的贯通式锚段关节，将两锚段从机械上连接起来，使得关节平滑过渡时，受电弓始终处于两股接触线等高状态，滑板过渡平顺。高速刚性接触网所使用的膨胀元件具有质量小且分布均匀的优点（见图3.2.36）。

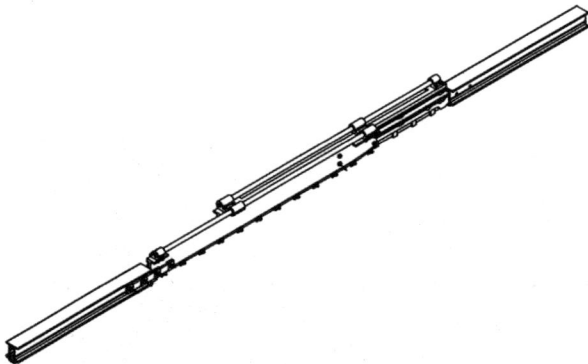

图3.2.36 高速膨胀元件

3）锚段长度

刚性接触网锚段长度根据运行环境温度变化范围、导体载流温升、导体的温度膨胀系数等条件确定。每个锚段中部设置"V"形拉索绝缘子方式的中心锚结，防止汇流排发生顺线路方向的纵向窜动。

为满足受电弓高速平稳受流的要求，高速刚性接触网应减少锚段关节的数量，即增加锚段长度。综合隧道内环境温度、汇流排电温升、腕臂旋转角度、器件式膨胀元件补偿范围、盾构管片环宽等因素，高速刚性接触网标准锚段长度取624m。

4）拉出值布置

大量研究表明刚性接触网拉出值布置波形对受电弓滑板磨耗均匀度有较大影响。既有线路刚性接触网常采用正弦波布置方式，根据既有线路的运营经验，受电弓滑板长期运行后，其上表面整体呈"W"形，出现磨耗不均的现象。借鉴柔性接触网平面布置方案，高速刚性接触网采用类"之"字形布置方式，折线间以圆弧相连，该种布置方式下接触线在受电弓上的分布基本均匀，每段碳滑板的机械磨耗基本相当。

5）弹性线夹

刚性接触网弹性很小，采用刚性定位时，定位点处刚度约为$3.78 \times 10^7 \mathrm{N/m}$，与跨中刚度相差约三个数量级。经过大量仿真分析，高速刚性接触网弹性线夹刚度取值约为$7 \times 10^4 \mathrm{N/m}$，改善了接触网一跨内弹性均匀度，更有利于受电弓高速运行取流。

2.技术特点

（1）刚性悬挂定位安装方式

高速刚性接触网采用腕臂悬挂方案，相较于垂直悬挂方案，具有以下优点：腕臂悬挂系统弹性较好，适应速度更高，且允许锚段长度较长。

（2）预埋套筒外挂滑槽技术

高速刚性接触网悬挂装置底座采用预埋套筒外挂滑槽的紧固方式，相较于传统锚栓打孔紧固方式，预埋套筒外挂滑槽可以节约大量的资源能源、减少工程建设污染、提高作业人员生产效率；可以有效减少和避免管片结构破坏，充分保证管片结构的完整性和耐久性。

（3）锚段关节

高速刚性接触网采用器件式膨胀元件锚段关节，膨胀元件采用轻量化设计方案、降低设备重量和减小弓网接触宽度等措施，进而减小硬点，提高弓网受流质量。

（4）锚段长度

高速刚性接触网锚段长度约是常规刚性接触网锚段长度的2倍，锚段长度增加可大大减少锚段关节数量，减少硬点，弓网关系更好。

（5）拉出值布置

高速刚性接触网采用类"之"字形拉出值布置方式，除最大拉出值附近区段外，单位拉出值区段内接触线滑过的长度相等，且膨胀元件在拉出值最大和最小值之间均匀布置，有效解决了刚性接触网下受电弓滑板磨耗不均匀的问题。

（6）弹性线夹

常规地铁刚性接触网通常采用刚性定位，高速刚性接触网采用弹性定位，定位点处合适的刚度取值改善了高速刚性接触网一跨内弹性均匀度，更有利于受电弓高速取流。

3.应用情况

（1）广州地铁18号线是中国广东省广州市境内第14条开通运营的地铁线路，是中国国内第一条时速160km的全地下市域快线，全线采用了新型高速刚性接触网。

（2）北京新机场线全长41.36km，最高运行速度160km/h，于2016年底开工建设，2019年投入使用。时速160km轨道交通架空刚性接触网系统在北京新机场线试运行成功，全面提升了我国刚性接触网悬挂系统技术水平，锻炼了专业技术队伍，为我国轨道交通牵引供电采用高速刚性接触网悬挂系统积累了宝贵经验。

3.2.2.3 同相供电技术

1.技术原理

（1）技术背景

在采用传统AC 25kV单相工频交流牵引供电方式下，牵引变电所出口处及分区所设置电分相装置，列车在进入过分相时需断电，导致列车运行速度损失，甚至存在列车掉入无电区停车风险。同时，根据国铁运行经验，列车在过电分相时需通过地面或者车载开关完成，过分相产生的故障事件在牵引供电系统故障事件中占比较高，因此，电分相对系统运行可靠性具有较不利影响。为适应广州快速都市圈线路的高密度运行要求，应尽量减少或消除电分相对车辆运行的影响。

此外，目前电气化铁路牵引供电系统运行方式主要由牵引变压器接线方式决定，其中除纯单相接线外，其他都是两相（异相）供电，相对三相电力系统而言，牵引负荷具有不对称性，存在负序问题。高速、重载列车牵引功率的增大也使电能质量中的负序问题愈发突出，限制了轨道交通的高速、重载发展。

为有效解决上述问题，借助现代电力电子技术和控制理论，实现电气化铁路同相供电和更高层次的贯通供电是必由之路。同相供电系统是指为电力机车或动车组提供电能的各供电区间具有相同电压相位的牵引供电系统，即全线为同一相位的单相供电系统。

（2）技术方案

1）全线无间断牵引供电系统方案

牵引供电系统采用全线无间断同相供电技术，牵引变压器采用斯科特接线，设置全套同相供电装置；分析同相供电技术牵引供电系统供电能力和可靠性的综合指标及容量配置原则，得出组合式拓扑和平衡式拓扑的可靠性与最优容量之间的综合最优匹配方案，实现全线牵引变电所同相供电装置协调控制与基于同相供电技术的牵引供电分区综合保护方案。

取消牵引变电所出口处以及分区所设置的电分相，在不同供电分区之间设置地面电子开关过分段装置，实现列车全线无间断运行；依据列车位置信息，通过控制地面电子开关过分段装置的通断将供电臂电压连接至中性区，实现列车带电过电分段，抑制电磁暂态，实现列车无感知过分段。

2）电能质量治理

电压电流电能质量综合治理的控制技术，采用电压控制电流源的控制方式，通过无功动态调整牵引网的电压以维持电压的稳定，以功率平衡的方式进行电网负序电流治理，实现电压和电流质量综合治理。

3）智能化同相供电技术

采用3300V/IGBT变流技术，功率单元数量由18个减少到12个增加了设备的可靠性，采用卷铁心变压器技术使设备的空载损耗出0.7%下降到0.3%。

采用数字化、透明化的信息技术，采用功能强大的控制系统和先进的数据处理算法，实现同相装置及系统信息全覆盖采集，其中包括设备关键部件与部位的电量及非电量信息，关键部件的电量波形、故障波形等，实现了对设备运行的数字化、透明化监控。该技术能支撑智能运维与全生命周期健康管理；同时，通过数据统计与数据处理技术实现智能故障诊断、智能告警为系统故障后的系统快速恢复提供辅助决策支持。

2.技术特点

（1）实现全线无间断同相牵引供电

针对高速度、大运量轨道交通线路特点和需求提出采用无间断同相牵引供电技术方案，即牵引变电所采用组合式同相供电、分区所采用电力电子过分段技术、牵引网采用分段供电与测控技术。

针对无间断同相牵引供电系统方案提出同相补偿装置协调控制策略，以满足负序功率指标为约束，优先补偿负序，保证变电所出口电压，可考虑补偿部分无功；搭建了同相补偿装置牵引供电系统优化模型，通过调节同相供电装置有功和无功分配，使满足电压条件下负序最小。

针对无间断同相牵引供电系统方案分析了同相补偿装置拓扑结构可行性，

提出采用H桥混连型结构，提出了确定装置容量的原则性方法。

（2）实现电能质量综合治理

轨道交通智能化同相供电技术及装置首次采用电压电流电能质量综合治理的控制技术，采用电压控制电流源的控制方式，通过无功动态调整牵引网的电压以维持电压的稳定，以功率平衡的方式进行电网负序电流治理，实现电压和电流质量综合治理。

（3）研制轨道交通智能化同相供电技术及装置

首次采用3300V/IGBT变流技术和单相四分裂卷铁心干式变压技术。提出了12个功率单元级联并联的混联拓扑，功率单元数量由原有的18个减少至12个，增加了设备的可靠性；提出了单相四分裂卷铁心变压器结构，同时将并网电抗集成于变压器低压绕组中，使设备的空载损耗由0.7%下降到0.3%。

首次采用数字化、透明化的控制系统，信号采集点覆盖同相装置所有关键部件和部位，实现了对同相供电系统运行数据的全覆盖检测。通过对同相装置端口电量信息以及系统三相电量信息的谐波、负序及功率分析实现对同相供电系统运行质量的实时监测和评估；计算部件内电部、热阻以及容量等变化趋势，实现对内部部件健康状态的预估。实现同相供电装置的智能运维与全生命周期健康管理，并实现智能故障诊断、智能告警，为系统故障后的快速恢复提供辅助决策支持。

3.应用情况

广州地铁18及22号线供电系统采用的单相组合式同相牵引供电技术，使"无电区"的两边供应同样相位、电压的电流，则无需设置分相措施，同时还通过实时检测、综合补偿，实现电网侧三相平衡。同相供电系统由斯科特牵引变压器、变流器、牵引匹配变压器、控制系统等组成。同相供电技术从根本上解决了电分相问题，更有利于机车速度的提高，又解决了系统的三相不平衡问题。广州地铁18号线的开拓实践为今后地铁及铁路行业的技术进步提供了宝贵经验。

3.2.2.4 大坡度道岔技术

1.技术原理

道岔是实现列车转线与跨线运行的铁路设备，是铁路线路的交叉点，也是铁路轨道的薄弱环节。由于车轮通过道岔时经过的钢轨不连续，所以列车在经过道岔时会产生较大的冲击作用。同时，道岔钢轨间存在的传力部件也使得岔区钢轨受力与普通无缝线路有较大的差别。因此，道岔区自身结构及其轮轨关系复杂，其技术水平也代表了一个国家的轨道专业的发展水平。

因此，与正线的最大允许铺设坡度相比，地铁规范对道岔的铺设坡度更为严格。《地铁设计规范》(GB 50157—2013) 中规定：正线的最大坡度宜采用30‰，困难地段可采用35‰；道岔宜设在不大于5‰的坡道上，困难地段可设在不大于10‰的坡道上。然而，由于地形地质与工程经济等条件的限制，城市轨道交通中大坡度线路越来越多，部分联络线上的道岔不得不设置在坡度超过10‰甚至更大的坡道上。尤其对于既有线改造工程而言，保持既有坡度可为拆解段节省巨大的土建工程成本。因此，在地铁工程建设中，规范对于道岔坡度的规定是否过于严格，成为行业关注的焦点。

2.技术特点

为论证道岔铺设于大坡道上的可行性，广州地铁设计研究院股份有限公司、中南大学开展了详细的论证，主要研究了在列车制动荷载、温度荷载及荷载组合作用下，坡度对地铁9号道岔纵向位移与受力的影响，以及部分道岔参数对道岔结构纵向位移与受力的影响。同时，进行了单向荷载循环下扣件累积位移试验，采用修改后的扣件本构模型进行道岔钢轨纵向累积位移计算。另外，针对道岔养护维修中重点关注的尖轨跟端60AT轨，研究了不同坡度下60AT轨的轮轨接触应力的变化情况。主要结论如下：

(1) 坡度的增大对道岔结构的纵向位移与受力是不利的。在列车制动荷载下，随着坡度的增大，道岔钢轨最大纵向位移与受力呈线性递增。当道岔铺设坡度为30‰时，与平坡相比，钢轨纵向受力与位移大多增幅超过10%。

(2) 温度变化对道岔结构的纵向位移与受力是不利的。但温度荷载单独作用下，坡度的大小对于道岔结构的纵向位移与受力的影响可忽略不计。温度荷载与列车制动荷载组合作用时，道岔整体位移与受力大于两种荷载单独作用时的工况，且随坡度的增大呈线性增大。但组合工况下，坡度的增大对道岔结构纵向位移与受力的影响相比列车荷载单独作用时减小了。

(3) 在现有资料和计算理论下，坡度为30‰的大坡道上铺设地铁9号道岔，各工况下，道岔钢轨强度、道岔可动部分位移等各项指标均未超过规范容许值。安全起见，间隔铁螺栓检算时忽略钢轨间的摩阻力，在列车制动与最大温降组合时，间隔铁螺栓剪力超过了普通螺栓的容许剪力，建议间隔铁结构采用10.9级高强螺栓，即可满足螺栓强度要求。

(4) 在30‰的坡道上铺设地铁9号道岔，各相关工况下道岔结构安全性良好，不会发生结构破坏。

(5) 由于大坡道上列车存在常规的制启动，道岔钢轨纵向位移处于一种塑性累积状态。道岔钢轨位移随着荷载循环数增加而增大，但增长率在不断减小，即使道岔铺设处坡度为30‰时，各工况下钢轨纵向位移累积缓慢并达到收敛，远小于规范中的钢轨爬行限值。

（6）列车制动力作用下，随着坡度的增加，处于尖轨跟端60AT轨的各项应力指标均会逐渐增加，尤其是钢轨表面纵向切应力、纵向切应变、摩擦应力等指标均随着坡度的增加而呈现变化幅度较大的增长趋势；其余指标随着坡度增加均呈现一定规律性的变化，但是其变化幅度较小。

（7）随着坡度增加，列车制动会更加频繁，由于列车制动作用使钢轨应力提高，因此在坡度增加与列车制动双重作用下，大坡度道岔区段钢轨各项应力值将比其他区段更大，从而可能导致岔区钢轨伤损速度加快。

考虑到地铁道岔铺设于大坡道上，基于上述结论与对道岔参数优化研究，提出如下几点建议：

（1）增大扣件纵向阻力对于道岔结构的纵向位移与受力具有实际意义。道岔区域及岔区前后150m范围内的扣件，要保证扣件具有足够的纵向阻力。必要时可采用大阻力扣件，限制道岔的纵向位移。

（2）地铁隧道内温度变化幅度较小，钢轨所受温度力不大，且道岔无缝化会对行车的平稳舒适性带来明显提升。考虑行车平稳性和道岔养护维修及调整更换部件的方便性，建议岔区采用冻结接头，并加强对接头工作状态的观测。

（3）活接头式与可弯式尖轨对道岔结构纵向位移与受力在各工况下各有优势，但考虑活接头式尖轨病害较可弯式多，建议选择可弯式尖轨。

（4）应加强大坡度道岔防爬锁定，建议在大坡道上安装防爬器或者防爬撑来防止线路爬行，并加密防爬观测次数，发现问题后应及时整治。

（5）在大坡度道岔尖轨尖端、辙跟、叉心、列车频繁制动地段以及道岔前后25m处布置位移观测桩，随时观测大坡度道岔及其前后线路的爬行情况，以便掌握爬行发展规律，及时采取相应的养护维修措施。

（6）在列车下坡制动工况中，坡度为0‰～30‰范围内时，钢轨表面纵向切应力的拉应力达到668～683MPa，对于一般的热轧态材质的钢轨而言，在此种不利的接触工况下，已经超过其屈服强度。因此大坡度道岔区域宜采用热处理后的钢轨，或者采用其他高强度钢轨（尤其是尖轨），以减缓频繁且长时制动作用下的钢轨伤损概率。

（7）为缩短列车在大坡度道岔区域的制动时间，建议列车在进入该区段前即进行限速，以减少列车制动作用对道岔钢轨伤损的影响长度。

（8）建议提高道岔区钢轨的强度等级，加大对道岔区钢轨磨耗等伤损的实时监测，其检测频率应该高于对其他区段的检测，以便掌握伤损发展规律，及时采取相应的养护维修措施。

3.应用情况

我国道岔铺设地段线路坡度一般不大于6‰，大坡度道岔的工程经验较少。但是在普通与高速铁路的建设中，对道岔的坡度规定并不像地铁规范中那么严格。《铁路线路设计规范》（TB 10098—2017）中规定：咽喉区外的个别道岔和渡线的坡度不应大于限制坡度。国内高速铁路中也有在大坡度地段铺设无缝道岔的工程实例，且运营状态良好。表3.2.6为国内部分大坡度线路条件下铺设道岔工程应用案例统计。

国内部分大坡度线路条件下铺设道岔工程应用案例统计　　　表3.2.6

铺设区间	道岔号数	线路坡度/‰	轨道结构类型	目前运营状态
长昆客专玉昆段	18	25‰	无砟轨道	运营良好
京哈线东戴河站	18	12‰	有砟轨道	运营良好
郑州至机场城际	18	20‰	有砟轨道	运营良好
济青客专	42	11.9‰	有砟轨道	运营良好
潍莱城际	42	9.3‰	有砟轨道	运营良好
京沈高铁喀左站	42	12‰	无砟轨道	运营良好

相比之下，城市轨道交通中多为9号、12号等小号数道岔，过岔速度较慢，且地铁列车轴重较轻，因此地铁道岔对大坡度也理应具有适应性。城市轨道交通中也有大坡度道岔的运营实例。深圳地铁4号线民乐站至白石龙站区间内一单渡线铺设坡度为28‰，该区间为桥上无砟轨道，运行车辆为地铁A型车，该渡线运营状态良好。在我国香港轨道交通中大坡度道岔更为常见，其中不乏铺设在30‰甚至40‰大坡道上的道岔，目前运营状态良好。我国香港城市轨道交通中运营列车为8节编组列车，其大坡度道岔统计如表3.2.7所示。

我国香港城市轨道交通中大坡度道岔统计　　　表3.2.7

线路代码	线路名称	道岔所属车站	岔区坡度/‰
AEL/TCL	机场线/东涌线	青衣	30
		九龙	21.9/19.7/30
		香港	30
WRL	西铁线	美孚	25
		荃湾西	18
		兆康	25
TML	屯马线一期	显径	29.4
		恒安	16.7
		乌溪沙	22.2

续表

线路代码	线路名称	道岔所属车站	岔区坡度/‰
ISL	港岛线	坚尼地城	30
		金钟	30
		太古	30
		杏花村	30
KTL	观塘线	旺角	30
		石硖尾	30
		观塘	20
		蓝田	15
		调景岭	20/30
SIL	南港岛线	黄竹坑	30/40
		金钟	35
TKL	将军澳线	北角	30
		油塘	30
		将军澳	30
TWL	荃湾线	荃湾	30
		葵兴	19.4

3.2.2.5 车车通信列控技术

1. 技术原理

基于车车通信的列车自主运行系统（简称TACS系统或车车通信系统）属于近年来迅速发展的信号系统制式。车车通信系统在传统CBTC系统（基于无线通信的列车自动控制系统）基础上突破地面集中控制方式，系统采用车车通信架构，基于列车精确定位和中心计划与调度管理，利用目标执行单元监控线路关键资源，实现线路上列车群的分散自律运行，属于下一代列控系统的发展方向。

TACS系统是以列车为核心，基于车–车通信，采用资源管理的理念，实现列车运行方式由自动化向自主化转变的一种全新系统制式。TACS系统架构如图3.2.37所示，主要由列车自动防护（ATP）子系统、列车自动运行（ATO）子系统、列车自动监控（ATS）子系统构成，其中列车自动防护子系统包括资源管理设备和目标控制器（OC）。相比传统的CBTC系统，车车通信系统精简了联锁子系统，ATP子系统在地面配置资源管理器结合目标执行单元管理轨旁设备，轨旁设备仅保留用于列车定位的应答器以及控制道岔转换的转辙机，用于行车移动授权计算的ATP功能集成到车载ATP设备，地面配置

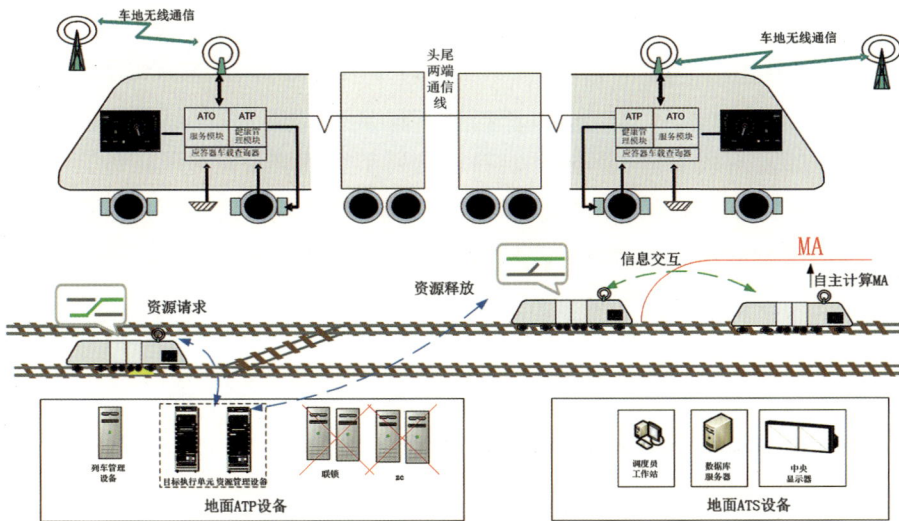

图3.2.37 车车通信系统架构示意图

列车管理设备用于降级列车管理。

2.技术特点

传统基于车地通信的CBTC系统，采用联锁进路控制方式，需要在车站设置联锁设备并同时在轨旁设置信号机、列车位置检测设备，地面设备较多、接口较复杂。基于车车通信的CBTC系统采用列车自主计算移动授权以及主动的资源管理方式，大幅精简了地面联锁设备和ATP设备。基于车车通信的列车自主运行系统可进一步减少信号系统对于车站设备房面积需求，降低系统维护量，系统整体具有安全、高效、灵活、经济的特点。

（1）安全可靠性

系统结构方面，主要行车指挥设备采用安全冗余结构，其中ATP子系统采用2乘2取2或3取2冗余架构，ATS子系统和ATO子系统采用冗余结构。

从整体控制流程来看，常规的CBTC系统从中央对轨旁的信息流包括：

ATS设备→车地无线设备→车载设备→车地无线设备→区域控制器设备→联锁设备→目标执行单元→轨旁设备

对于TACS系统，中央到轨旁的信息流包括：

ATS设备→车地无线设备→车载设备→车地无线设备→资源管理设备→目标执行单元→轨旁设备

在各子系统设备具有相同可靠性指标前提下，TACS系统信息控制流比常规CBTC系统短，因此TACS系统整体安全可靠性较高。

（2）高效性

CBTC系统中ATP子系统计算移动授权，是基于已排列的进路范围进行移动授权延伸。车车通信系统突破传统联锁概念，引进线路资源管理方式，通过列车对于线路资源的有序占用，从而达到与联锁进路一致的安全防护目的。

TACS系统不受联锁进路约束，对轨旁资源进行精细化管理。列车根据运行任务按需逐段申请轨旁资源，并根据列车的精确定位逐段释放其不再需要的轨旁资源。如图3.2.38所示，在上一列车出清折返线的道岔范围后，系统可释放该道岔资源，并将资源分配给下一列折返列车，这种资源管理方式可大幅提高道岔区域的列车通行效率，减小列车折返追踪间隔，进而提高列车折返能力。

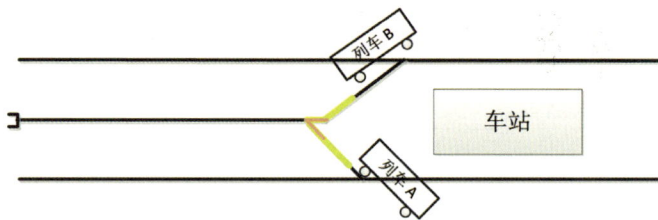

图3.2.38 TACS系统列车折返示意图

在基于车地通信的CBTC系统中，ATS子系统需根据列车的运行任务来排列联锁进路；联锁子系统收到进路命令后，检查联锁条件是否满足，操作道岔和开放信号机，并将道岔位置和信号机状态发送给轨旁ATC（列车自动控制）子系统；轨旁ATC子系统根据轨旁设备状态和列车位置报告，为每列列车计算列车移动授权，并将移动授权发送至车载控制器；车载控制器根据接收到的移动授权来控制列车运行。

在TACS系统中，列车根据运行任务自主申请轨旁资源，并通过车车直接通信获取前方列车位置。在获得轨旁资源和前车位置信息后，车载控制器自主计算移动授权，进而控制列车运行。

与基于车地通信的CBTC系统相比，TACS系统内部信息流传输链路大幅缩短，实时控制效率更高，折返效率也更优。

（3）系统灵活

由于基于车车通信的CBTC系统采用线路资源管理方式，且列车作为资源申请主体，列车在线路上更为灵活，通过改变列车目的地可实现列车在任意点折返，因此TACS系统支持更为灵活的运营组织。

（4）经济性

在新线建设层面，TACS系统在系统架构上较为精简，室内减少了联锁设备，对于室内机房面积需求减小；其次室外减少轨旁设备，可缩短安装调试周期，在一定程度上节省建设成本。在运营维护层面，轨旁设备减少可以降低轨行区维护工作量，车载子系统功能集成度高，车辆下线后可在段/场集中检修，有利于节省运营维护。

3. 应用情况

基于车车通信的列车自主运行系统最早在法国里尔地铁信号系统升级改造中由阿尔斯通公司开展应用研究，国内各信号供货商在最近几年纷纷开展了相关应用研究并取得了一定成果。青岛地铁联合中车青岛四方开展了针对TACS系统的国家示范线工程研究并计划用于青岛地铁6号线；交控科技在香港迪士尼线开展了关于车车通信的功能测试；深圳地铁20号线在工程建设中率先应用了TACS系统并已于2021年开通；上海地铁3、4号线信号系统更新改造也拟采用TACS系统。TACS系统作为新一代的列车运行控制系统，在近年来迅速发展并逐步面向城市轨道交通应用。

3.2.2.6 市域快线CBTC技术

1. 技术原理

市域快线具有运行速度高、站间距大、行车间隔短、公交化运营、乘客站台候车、运输组织方式灵活、快慢车运行模式等特点。信号系统作为行车控制系统，应实现运营及行车组织要求。在满足信号系统安全性的前提下，要提高系统的可用性并考虑各种故障环境下的行车指挥方案，提高运行效率，为运营提供灵活方便的行车组织模式、提高运营服务质量、提高系统可维护性、满足运营维护维修要求。

CBTC技术自动化水平较高，系统协同性较强，通常又被称为列车自动控制（ATC）系统。ATC系统由列车自动监控（ATS）子系统、列车自动防护（ATP）子系统、列车自动运行（ATO）子系统和计算机联锁（CI）子系统组成。子系统间通过信息交换网络构成闭环系统，通过车载、轨旁、车站和控制中心设备共同完成列车运行的自动控制。

2. 技术特点

（1）运营间隔、自动折返适应性

CBTC系统运营间隔可达到2min，具备自动折返功能，折返能力能够满足市域快线运营能力需求。

（2）列车控制对速度适应性

从系统控制原理来讲，CBTC可以满足160km/h控车的要求，测速、应答器、计轴等设备均满足160km/h可靠工作的要求，仅在相关系统控制参数上有差异。目前，CBTC系统基于TD-LTE技术的车地通信系统支持超高速移动（如：350km/h），可实现在高速移动状态下，提供满足带宽、稳定、具有QoS保障和实时性要求。

（3）对互联互通需求适应性

CBTC系统技术先进，具备自动折返、扣车、跳停等功能，能够实现2min追踪间隔的运营需求，参考重庆互联互通示范项目成果，具备实现互联互通的基础。但现阶段，采用CBTC系统无法实现与CTCS城际铁路互联互通，可采用车载装备C2叠加CBTC列控系统。若需跨线运行可采用转换功能进行CBTC列控系统转换至C2；反之可由C2转换为CBTC设备控制列车运行。地面停车转换时，轨旁设备根据列车控制系统模式，未转换前的车载与该轨旁设备进行必要的信息交互（见表3.2.8）。

CBTC系统、CTCS-2+ATO系统与CTCS-3+ATO 表3.2.8
系统对比分析表

项目	CBTC系统	CTCS-2+ATO系统	CTCS-3+ATO系统
速度目标值	可适用于160km/h及以下	可适用于250km/h及以下	可适用于350km/h及以下
追踪间隔	1.5～2.5min	3～4min，需研究增加自动折返功能	3～4min，需研究增加自动折返功能
闭塞类型	移动闭塞	固定闭塞	固定闭塞
车地无线通信方式	采用LTE技术可满足高速下的行车要求	采用GSM-R系统，为铁路专用频段，需向铁路部门申请；若采用LTE技术则需要二次开发	采用GSM-R系统，为铁路专用频段，需向铁路部门申请
运营适应性	满足	需开发跳停、扣车等功能，对于人工辅助自动折返功能	需开发跳停、扣车、自动折返等功能
与既有城际铁路的互联互通需求	通过双套或通用型车载可满足	满足	满足
信号系统投资	高	居中	居中
对工程整体投资影响	低	高	高

3.应用情况

市域快线CBTC系统已在北京新机场线、广州地铁18、22号线、成都地铁17、18、19号线完成实施。

3.2.2.7 5G网络应用技术

1.技术原理

5G，即第五代移动通信技术，是最新一代蜂窝移动通信技术，也是继4G（LTE-A、WiMax）、3G（UMTS、LTE）和2G（GSM）系统之后的延伸。5G的性能目标是高数据速率、减少延迟、节省能源、降低成本、提高系统容量和大规模设备连接。根据IMT-2020（5G）推进组，5G由标志性能力指标和一组关键技术来定义，其中标志性能力指标指"Gbps用户体验速率"，一组关键技术

包括大规模天线阵列、超密组网、新型多址、全频谱接入和新型网络架构。

国际电信联盟ITU定义了5G的三大应用场景（见图3.2.39）：

（1）增强移动宽带（eMBB）：3D/超高清视频等大流量移动宽带业务。

（2）海量机器类通信（mMTC）：针对大规模、海量的物联网接入业务。

（3）超高可靠超低时延通信（URLLC）：无人驾驶、移动医疗等业务。

图3.2.39　5G三大应用场景

国内5G的频谱资源使用情况主要为：6GHz以下用于基础网络覆盖，6GHz以上用于网络容量需求，即密集城区、城区、郊区、乡村等区域低频段做基础覆盖，降低基站建设投资。密集城区、城区在低频段基础覆盖的前提下，运用C波段频谱做基础容量覆盖，针对容量大、终端多的密集城区用毫米波进行容量补充覆盖（见图3.2.40）。

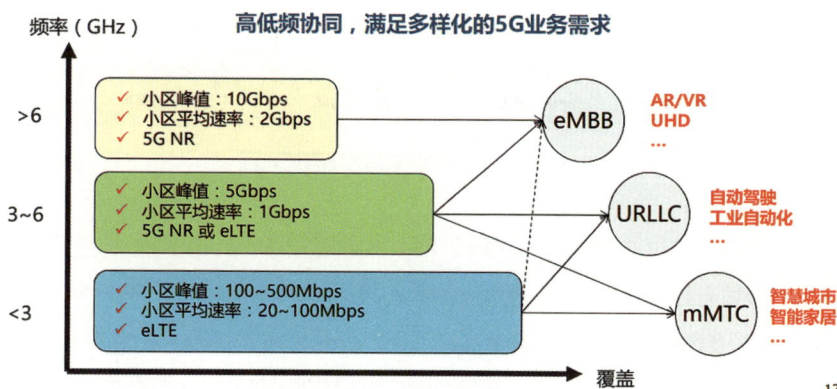

图3.2.40　国内5G频段覆盖现状

我国5G频段资源分配情况如下图3.2.41所示：

图3.2.41　我国5G频段资源分配

2.技术特点

移动通信经历了从1G时代只支持模拟语音业务，到2G时代支持语音和低速率数据传输业务，3G时代支持语音、中速率数据传输和互联网应用，4G时代IP语音、高速率数据传输、快速移动互联，再到5G时代高保真语音、超高速数据传输、低时延、海量接入等，移动通信技术的发展历程如图3.2.42所示：

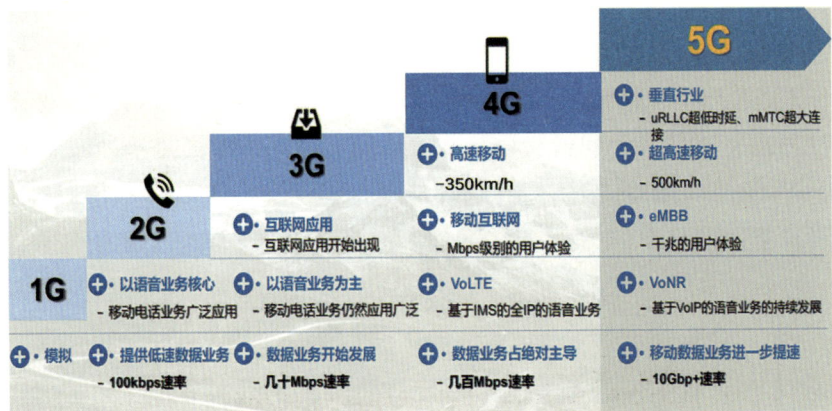

图3.2.42　移动通信技术的发展历程图

相比第四代移动通信技术，第五代移动通信技术（5G）采用的关键技术主要有：大规模天线技术、非正交多址接入技术、高频信号传输技术、频谱共享技术、新型传输波形技术、超密集组网、先进的编码调制技术等；同时5G技术在传输时延、移动性支持、系统能效、传输速率等方面均有较大幅度的提升，如图3.2.43所示：

指标名称	流量密度	连接数密度	时延	移动性	能效	用户体验速率	频谱效率	峰值速率
4G参考值	0.1Tbps/km²	10万/km²	10ms	350km/h	1倍	10Mbps	1倍	1Gbps
5G参考值	10Tbps/km²	100万/km²	1ms	500km/h	100倍	0.1-1Gbps	3倍，特定场景5倍	20Gbps

图3.2.43　4G、5G关键指标对比

3.应用情况

随着科技的飞速进步，我国在通信技术方面取得了较大的突破，5G技术的诞生更是将通信水平提升到了一个更高的阶段，逐渐运用到生活中的各领域。同时，在2021年，国家提出建设交通强国，中国城市轨道交通协会也发布了《智慧城轨发展纲要》，明确在智能技术装备体系中，5G技术和物联网是智能通信系统装备的重要落地方向。在此背景下，全国各主要城市城轨公司陆续开展了5G技术在城轨行业垂直应用的各种尝试。

例如：广州18号线在番禺广场站、南村万博站、石榴岗站、琶洲西区站和冼村站专用通信系统设备室设置BBU设备，在从番禺广场站到广州东站的26.7km单侧隧道外侧，每400m左右安装8TR RRU，在每个车站站厅、出入口通道、车控室、设备层走廊、侧式站台通过P-Bridge和pPRU覆盖相关区域。BBU通过传输提供的以太网传输链路与控制中心的交换机相连，从而接入位于城市轨道交通系统安全和智能运维国家工程实验室的核心网（见图3.2.44）。

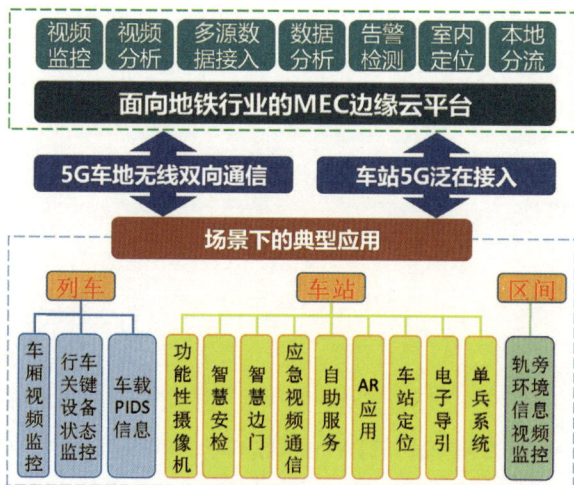

图3.2.44　广州18号线5G创新应用示意图

例如：武汉地铁在8号线进行5G升级改造，实现轨道交通由传统Wi-Fi/4G到5G的升级。搭建5G智慧城轨测试验证平台、数字集群5G升级更新、智慧乘客服务5G应用、智慧工地5G试点等六项工程；承载车载PIS视频、车辆TCMS信息上传、信号CBTC车地通信、应急对接、障碍物监测、车辆智慧运维、智慧工地等十大业务应用（见图3.2.45）。

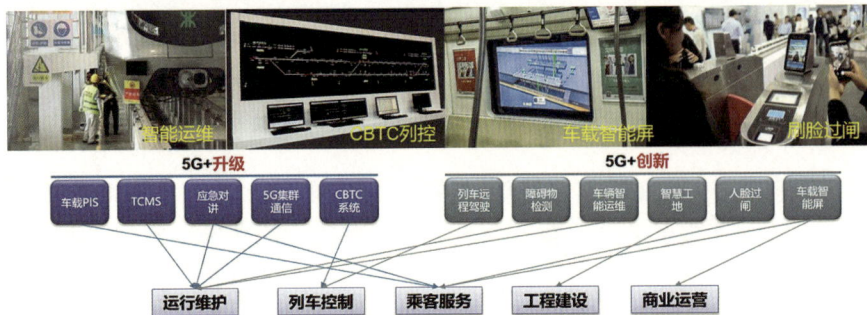

图3.2.45　武汉8号线5G创新应用示意图

3.2.2.8　轨道交通应用Wi-Fi 6通信技术

1.技术原理

Wi-Fi 6（原称：IEEE 802.11.ax）即第六代无线网络技术，是Wi-Fi标准的名称。是Wi-Fi联盟创建于IEEE 802.11标准的无线局域网技术，引入上行MU-MIMO、OFDMA频分复用、1024-QAM高阶编码等技术，从频谱资源利用、多用户接入等方面解决了网络容量和传输效率问题。相比于前几代Wi-Fi技术，新一代Wi-Fi 6主要有以下特点：

（1）传输速率更快

相比于上一代802.11ac的Wi-Fi 5，Wi-Fi 6最大传输速率由前者的3.5Gbps，提升到了9.6Gbps，理论速度提升了近3倍。频段方面Wi-Fi 5只涉及5GHz，Wi-Fi 6则覆盖2.4/5GHz，完整涵盖低速与高速设备。调制模式方面，Wi-Fi 6支持1024-QAM，高于Wi-Fi 5的256-QAM，数据容量更高，传输速度更快。

（2）延时更低

Wi-Fi 5标准仅支持下行MU-MIMO（多用户多入多出）技术，Wi-Fi 6则同时支持上行与下行MU-MIMO，进一步提高无线网络带宽利用率。Wi-Fi 6采用了OFDMA（正交频分多址）技术，它是Wi-Fi 5所采用的OFDM技术的演进版本，将OFDM和FDMA技术结合，在利用OFDM对信道进行父载波化后，在部分子载波上加载传输数据的传输技术，允许不同用户共用同一个信道，允许更多设备接入，响应时间更短，延时更低。

（3）容量更大，安全性更高

多用户MU-MIMO技术允许电脑讯网时间多终端共享信道，使多台手机/电脑一起同时上网，再结合OFDMA技术，Wi-Fi 6网络下的每个信道都可进行高效率数据传输，提升多用户场景下的网络体验，多用户使用，容量更大。

Wi-Fi 6引入了BSS Coloring着色机制，标注接入网络的各个设备，同时对其数据也加入对应标签，传输数据时有了对应的地址，直接传输到位而不会发生混乱，另外，Wi-Fi 6设备须采用WPA 3安全协议，安全性更高。

2.技术特点

Wi-Fi已成为当今世界无处不在的技术，为数十亿设备提供连接，也是越来越多的用户上网接入的首选方式，并且有逐步取代有线接入的趋势。为适应新的业务应用和减小与有线网络带宽的差距，每一代802.11的标准都在大幅度的提升其速率（见图3.2.46）。

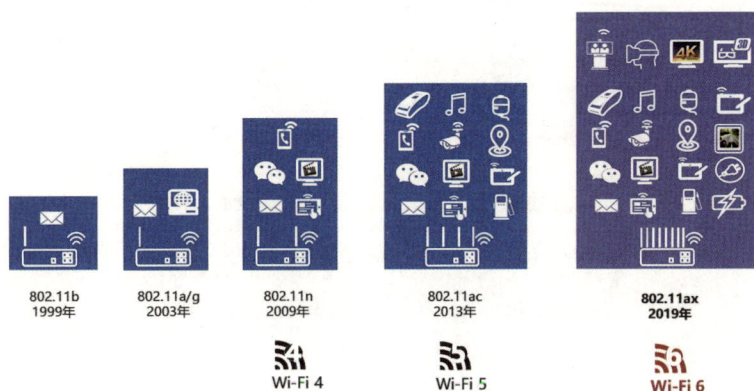

图3.2.46　Wi-Fi技术发展应用示意图

经过20多年的技术迭代发展，几代Wi-Fi技术各项参数指标对比如下表3.2.9所示：

几代Wi-Fi技术各项参数指标对比表　　　　表3.2.9

名称	802.11a	802.11b	802.11g	802.11n	802.11ac	802.11ax
频率	5.8GHz	2.4GHz	2.4GHz	2.4GHz/5GHz	5GHz	2.4GHz/5GHz
调制方式	OFDM技术	DSSS/FHSS技术	CCK/OFDM技术	MIMO+OFDM技术	MIMO+OFDM技术	MIMO+OFDM技术
最高速率	54Mbp	11Mbp	54Mbp	600Mbps	3.5Gbps	9.6Gbps
业务	语音、数据、图像	数据、图像	语音、数据、图像	语音、数据、图像	语音、数据、图像	语音、数据、图像
兼容性	差	差	好	好	好	好
信道可用性	高	低	低	高	高	高
抗干扰性	高	低	低	高	高	高
距离（m）	100-150	100-300	100-300	100-300	100-150	100-150
成本	一般	低	低	高	高	高

3.应用情况

目前全国部分新建轨道交通线路采用基于802.11ax的6代Wi-Fi技术组建车地无线通信网络，承载车载CCTV视频上传、车载PIS多媒体等业务。也有部分城市采用Wi-Fi 6组建车站智慧宽带网络（见图3.2.47）。

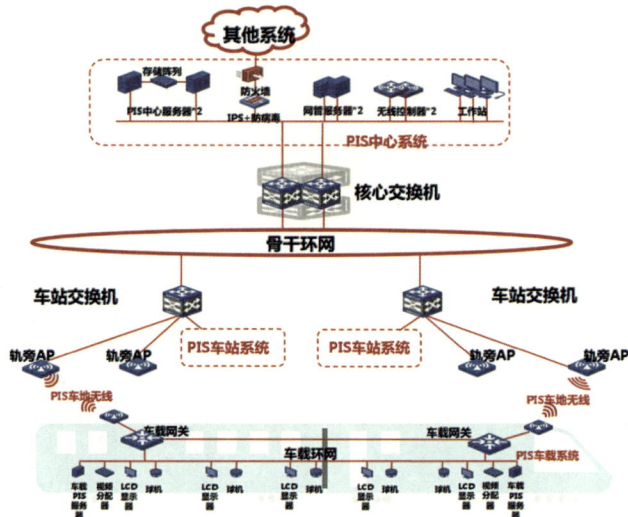

图3.2.47　Wi-Fi 6车地无线通信网络构成图

3.2.2.9 轨道交通融合通信技术

1.技术原理

由于通信技术的迭代式发展，每一代的通信方式采用不同的技术，系统接口不统一，难以进行互联互通，亟需建设一套融合通信系统，集语音、视频、位置信息、数据业务为一体，将轨道交通无线通信、专用电话、有线电话、视频监视以及公网集群、专网集群等多种通信业务融合在一起，提供包括语音调度、视频调度、GIS调度等多种多媒体信息的互联互通，并支持分布式应用，帮助指挥调度人员通过多媒体方式实现指挥调度，且能够与各种业务系统进行高度集成，提高指挥调度的智能化和自动化水平。

2.技术特点

融合通信系统具有以下特点：

（1）多种音视频设备集中接入、统一调度

可把用户现有的各种制式和型号的语音终端、视频终端进行统一接入，通过一个平台对所有通信终端进行统一管理和规划。

（2）不同通信终端实现无缝互联互通

可实现各种通信终端通过融合通信平台实现无缝的互联互通，如内部IP电话、集群对讲机、无线手持终端、软电话、外线终端（座机、手机等）、单兵等语音终端可实现互联互通，视频监控终端、可视SIP软终端、可视电话、单兵终端等视频终端的集中调度和相互转发。

（3）丰富的多媒体指挥调度

中心调度人员可通过融合通信平台实现图形化分组、点击呼叫指定人员、一键式发起组呼／广播、点击调度视频图像、视频图像多画面自动轮询显示、视频图像转发／分发、视频会议、短信调度、对讲通信、视频录制等多媒体通信功能，平台操作简单、实用、直观，可有效提高中心调度指挥效率。

（4）标准化接口

融合通信平台采用SIP协议、PSIP协议等标准协议接口，对外提供各种即插即用的业务服务，支持各种上层业务应用系统直接使用，屏蔽各类终端的接口和网络差异，实现统一接口的各类通信功能，上层应用无需关注具体的通信系统和网络制式。

3.应用情况

目前广州拟定在新一轮线路建设融合通信系统，主要面向广州地铁目前各线路多种不同制式的新旧有线通信和无线通信制式，构建线网顶层语音统一调度。通过各类接入网关，将新旧制式的无线系统共同构建互联互通组；通过电话会议方式将有线、无线、手机等终端共同构建临时会议组，全面提升日常处置、应急事件的管理处置水平。

系统由核心调度平台、各种接入网关、一体化调度台等设备构成，相互间基于IP网络互联互通。核心调度平台包括调度服务器、录音录像服务器、视频业务服务器等服务器设备，用于语音／视频终端的注册、语音／视频业务的交换，设备之间通过IP网络实现互通。

融合通信系统构成图如图3.2.48所示：

图3.2.48　融合通信系统构成图

3.2.2.10 高速轨道交通EUHT车地技术

1.技术原理

超高速移动通信技术（Enhanced Ultra High Throughput，以下简称EUHT）是我国自主研发的全球首个能够解决"移动宽带一体化"的通信技术系统，由具备完全自主知识产权的核心芯片和整套技术应用标准组成。与现有主流通信技术对高速传输与宽带互联难以兼顾且响应慢、不稳定、耗费流量多的情况相比，EUHT同时具备了"三高三低"的优势特性，即"高速度、高带宽、高稳定性，低延时、低成本、低功耗"，并为权威机构的测试所证明。

相比于目前第四代无线通信技术（4G LTE）和目前主流的由美国电气和电子工程师协会（IEEE）主导的Wi-Fi技术（802.11ac），EUHT技术突破了"移动宽带一体化"的技术瓶颈，具有更好的高速移动适应性、更大的数据传输带宽、更低的空口接入时延和更稳定的网络漫游切换性能，成为当前能在高铁高速（250～360km/h）移动环境下方便可靠使用的互联网宽带通信技术。

目前，EUHT拥有超高速无线局域网等两项中国通信行业标准。其中《合作式智能运输系统专用短程通信第1部分与第2部分》已正式颁布成为国家标准。

EUHT技术广泛应用于智慧城市、物联网、车联网、智能交通、军事等领域。新岸线基于EUHT研发了高铁超高速无线通信网系统、地铁专用实时视频传输系统、智能交通系统、公共安全应急系统、安全手机、第二代战略通信系统等高新技术产品，技术成熟。

2.技术特点

EUHT系统能实现高可靠、低时延、高速移动、高吞吐量等性能，主要基于以下主要参数：

（1）EUHT系统单载频带宽支持20/40/80MHz，使用单路射频通道可支持大带宽，有效降低系统成本。

（2）使用高灵活的时间双工（TDD）物理帧结构。帧长、各传输信道占比、上下行配比等均可任意调整。

（3）上下行信号波形统一使用正交频分复用技术（OFDM）。简化芯片和系统设计，同时使用先进的数字预失真技术降低信号峰均比，提高功率放大器效率。

（4）ODFM子载波间隔使用78.125kHz。既能更好地满足高速移动性需求，又能有效提升频谱效率，同时能有效的降低系统传输时延。

（5）系统支持2/4/8流多天线传输，16/64/256正交振幅调制（QAM），低密度奇偶校验（LDPC）纠错编码。EUHT系统峰值吞吐率可达到3.48Gb/s。

3.应用情况

在轨道交通应用中，广州地铁知识城支线（已于2017年12月28日开通运营，列车最高运行速度为120km/h）EUHT系统性能测试结果为：系统平均吞吐量可达到407Mb/s，切换成功率100%，平均时延26.2ms（MAC层），网络传输平均时延4.5ms，数据丢包率0.02%（2路3M视频监视系统数据），端到端传输平均时延4.2ms。测试结果说明，EUHT系统在列车运行中，单车可承载30路（6路×3Mb/s+24路×1.5Mb/s）CCTV业务和1路（8Mb/s）乘客信息系统业务。EUHT技术解决了列车高速移动情况下大容量数据传输的难题，并具有极高的可靠性、极低的传输时延（见图3.2.49）。

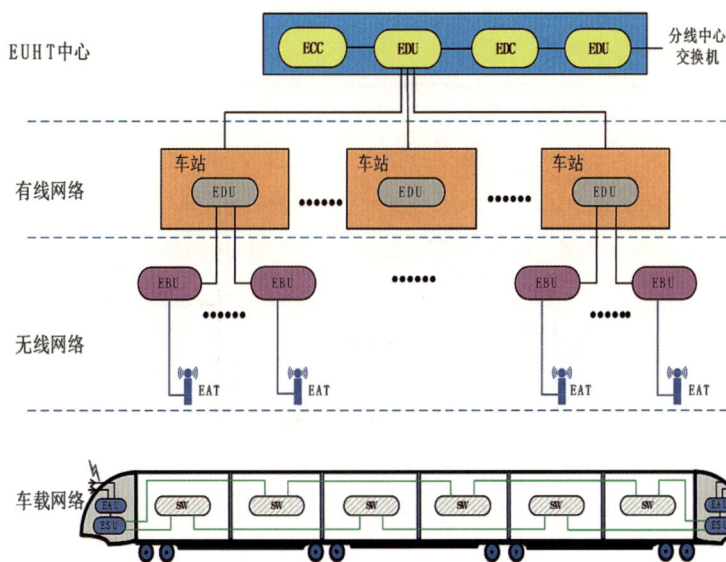

图3.2.49 EUHT车地无线通信网构成图

又例如，北京首都机场线EUHT开展综合承载研发试验，采用1.8GHz+5.8GHz（授权频段+开放频段）车地无线通信系统双频组网，实现列车控制业务CBTC、集群调度业务、列车中心广播业务、列车紧急文本业务、列车PIS视频业务、CCTV视频监控业务、列车乘客紧急对讲业务、接触网检测业务、车辆数据采集业务、综合运维等多种业务的综合承载（见图3.2.50、图3.2.51）。

3.2.3 运营服务与安全保障技术

3.2.3.1 网络化智能运输组织技术

1.技术原理

目前，国内许多大城市的城市轨道交通已形成网络化运营，但由于单独建

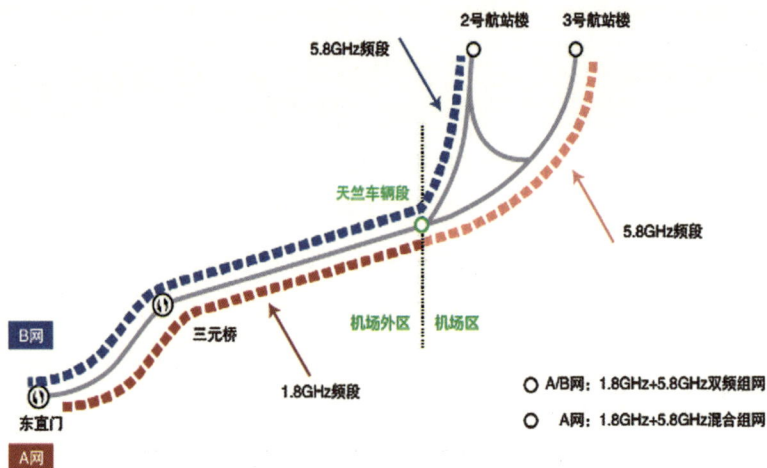

图3.2.50 北京首都机场线EUHT创新应用示意图-1

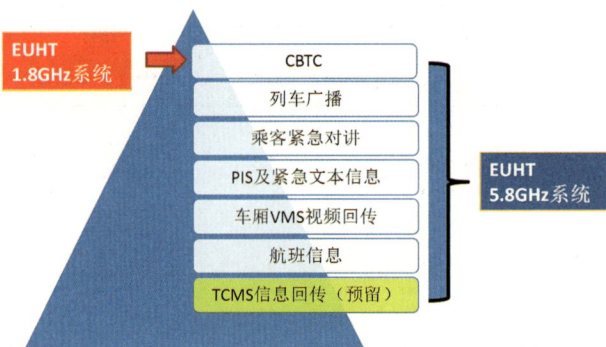

图3.2.51 北京首都机场线EUHT创新应用示意图-2

设的各条线路设计标准不同，造成了各线路只能单独运营的现状。随着城市轨道交通网络化运营的发展，实现线网间运营的互联互通需求日益凸显。

为实现网络化的互联互通，通过对全网车辆制式、信号等基础条件的统一，规划并实施可实现列车跨线运行和越线运行的车站及线路，同时配以全局调度的运营管理方式，构建网络化运营的基本网络，并最终在整个轨道交通线网中得以延伸，实现规划线网的网络化运营。

2.技术特点

互联互通是目前解决网络化智能运输的一把钥匙，互联互通是指列车可以在一条以上的线路上安全运营，并且要求相对应的车辆、信号、通信、供电、线路限界和运营商等方面能够一致。互联互通最大的优势在于资源共享，通过互联互通，能实现在运营管理、车辆调配、人机操作方式、检修设备、维修工艺、备品备件、人力资源、培训资源等全方位的资源重组，盘活建设和运营单位的人力和设备资产，最大限度地降低轨道交通建设和运营成本、提升轨道交通建设和运营单位的管理水平和效益，达到轨道交通运输能力提高、带动轨道交通产业链发展的目的。

通过对全网车辆选型、供电制式、限界、土建、通信（专用无线）、信号等基础条件的统一，以及设置线间联络线；同时配以全局调度的运营管理方式，构建互联互通网络化运营的基本网络；实现线网间的跨线运营和单线的共线运营。基于路网统一调度指挥平台，建立基于路网的运营规则，统一共线、跨线运营组织与管理模式：根据线网运营需求，制定完备的车辆调配规则，支持共线和跨线运营车辆调配。根据各线路客流大数据绘制线网运行图满足线网客流需求，同时兼顾换乘效率，部分列车直接进行跨线运营，紧急情况下调整路网运行图，疏散客流，提高整体运营效率。充分利用统一的车载广播、地面广播以及车载PIS、地面PIS进行信息发布，为跨线运营服务。

车辆、供电、限界、线路和通信是标准产品，实现统一相对简单。信号系统各家实现的方式不一致，接口协议相互之间均属于保密，故在实现信号系统的互联互通的技术层面各有不同，有的是采用同一家的信号系统，有的是采用加装多套信号车载设备，也有的是采用统一技术标准来实施。经过反复论证，重庆轨道决定采用统一技术标准的方案以建设互联互通。基于此，启动了重庆市地方标准《重庆轨道交通列车控制系统（CQTCS）标准》的编制工作，并于2017年2月发布，用于指导互联互通信号系统的建设。

结合重庆城市快轨建设和我国城际轨道交通发展推动干线、城际、市域、城市轨道交通"四网融合"需求，将互联互通CBTC成果推广应用至城际轨道交通建设和运营。目前干线、城际、市域的列控以及信号布置缺乏统一规则。重庆互联互通的示范应用为干线、城际、市域轨道交通支持兼容CBTC与C2+ATO列控模式提供了很好的技术支撑以及解决思路，为"四网融合"打下坚实的基础。

3.应用情况

中国城市轨道交通协会在2016年颁布了"互联互通（CBTC）"及"车地综合通信系统（LTE-M）"系列规范，从信号系统和车地无线通信系统层面解决了互联互通的关键技术问题。重庆四条互联互通示范线已相继开通运营，证明了信号系统具备了CBTC和点式层面的互联互通能力，实现了共线载客和跨线ATO功能。北京地铁3号线、12号线、17号线和19号线采用互联互通全自动运行系统，部分线路2021年开通运营，实现了全自动运行系统的互联互通功能。目前广州、深圳、福州、南京等城市也在积极研究网络化智能运输。

3.2.3.2 灵活编组技术

灵活编组技术为调节线路运能不均衡、提升运营服务水平提供了有效解决方案，也是发展绿色城轨和智慧城轨的需要，主要包括物理重编组技术及虚拟编组技术。

1.技术原理

物理重编组技术是指在列车上线运行的过程中，通过在线解编联挂作业对列车编组大小进行灵活改变的运营组织技术。列车运行到指定的解编联挂车站时，可以将一列大编组列车解编为多列小编组列车或将多列小编组列车联挂成一列大编组列车。列车可以在中间站或始发终到站的车站站线或折返线等其他车站配线上进行解编联挂作业，对列车最小追踪间隔有一定影响。待解编联挂作业完成后，列车按照运行图继续运行，完成运输任务。在线解编联挂方案按照解编联挂作业地点的不同可以分为在中间站的在线解编联挂和在始发终到站的在线解编联挂；按照解编联挂作业前是否需要进行清客作业可以分为带客拆改的在线解编联挂和不带客拆改的在线解编联挂。

虚拟编组技术是指运用车车之间的无线通信代替机械联挂，让后方列车可以实时获取前车的运行状态，保持前后车之间的相对静止，让列车可以在运营过程中灵活、快速地联挂、解编。目前，虚拟编组的相关研究仍大多集中于列控技术、行车安全、设备要求等领域。虚拟编组技术的运用可以让同一线路上运行的列车根据运营需求进行重联作业或解编作业，在车站停车状态或区间不停车状态下灵活地进行作业，实现列车编组的动态变化。这种灵活编组技术可以很大程度地缩短列车解编联挂作业时间，减少因解编联挂作业造成的运行时间损失，此外还可减小列车追踪间隔。虚拟编组技术的运用有望将地铁列车最小发车间隔缩短至65s，最小追踪距离缩小至40m。

新技术的运用为运营组织方案带来了新的变化。虚拟解耦耦合方案可以在车站进行停车解编联挂作业，也可在区间进行不停车解编联挂作业。由于列车的虚拟解编联挂作业依靠无线通信系统来实现，列车的虚拟解编联挂过程可以称为列车的解耦和耦合过程。列车在车站进行虚拟解编联挂作业时，列车的解耦和耦合过程与在线解编联挂方案的在线解编联挂作业没有太大的差异，只是列车之间不建立实际的物理连接和电气连接，仅依靠车车通信实现后车对前车的追踪运行。在区间不停车解编联挂时，列车依靠信号系统和列车控制系统在区间内的解耦区域和耦合区域完成列车的解耦和耦合过程。

2.技术特点

灵活编组技术通过在线调整列车编组结构的方式，实现更高的运输组织自由度，能够让运营列车的实际运力与线路客流的实际运量相匹配。

物理重编组和虚拟编组能够根据客流的高峰期与平峰期的运量情况，调整列车编组的单元数，使高客流量区域（或时段）配置大编组并短间隔运行，而小客流量区域（或时段）配置小编组并长间隔运行。这项技术，需要在建设和运营两个方面做到"预先规划、提前布局、充分应用、及时调整"。

为了使列车能够不受限于固定的编组形式与数量，需要列车按最小单元，以"物理"或者"虚拟"的方式完成重联或解编作业。

基于物理联挂、解编的列车重编组技术，是使用列车的全自动电气车钩，在两列车撞击后，除车钩连接外，还实现车上全部系统的重组，由小编组变为大编组。而在两列车解钩锁后，同样实现全部两列车的系统重组，由大编组变为小编组。

列车虚拟编组是在CBTC信号系统基础之上，通过优化列车的运动模型控制以及列车间通信等方式，使行进列车无需车钩的挂接实现车间联挂重编组，而不是各列车间形成虚拟的列车编组。该技术能够有效提高列车主动进路及自主防护功能，降低CBTC系统复杂度。

与物理重编组技术相比，由于取消了车钩的物理节点连接，无需复杂的车上系统设备重组，因此能够极大提升重联和解编的操作效率。但是作为彼此独立个体，其运动状态间的有效安全协同将是重点攻关技术点。

灵活编组技术在运营中的应用方式，主要考虑以下影响因素：

（1）联挂解编地点：

如采用物理编组，则其地点一般为正线的车站或折返线，以及车辆基地内的列检库中。

如采用虚拟编组，则其地点除正线车站或折返线，还可以是正线区间范围内。

（2）联挂解编方式：

灵活编组可支持列车以CBTC模式完成，如ATO、FAM等自动驾驶模式。

（3）联挂解编效率：

物理编组因涉及车辆系统的硬连接及重组，因此耗时较虚拟编组更长。

图3.2.52 灵活编组运营示意图

列车灵活编组的方式如图3.2.52所示。在应急救援场景下，救援车可以能够在不切除ATP的前提下，与故障车完成重联，并以"推"或"拉"等方式，将故障车由正线退离至车辆基地或存车线等处。因为正线每列车均具备重联功能，如车辆动拖比合理且符合救援需求，因此可安排离故障车最近的运营列车，完成临时清客后即刻前往救援地点。

3.应用情况

2021年11月，上海地铁16号线开始试行在线联挂解编的运行模式。在龙阳路1号站台，一列重联列车解编为两列3节编组的列车，并相继发车；不久后，两列3节编组的列车又缓缓靠近，在此站台完成"牵手"，实现了我国首次地铁在线联挂解编作业。该线正常运营模式以3编组列车运行，在客流量较大时，可采用3+3联挂编组运行，即以3节编组列车为基础，对2列3节编组列车进行联挂，形成3+3编组列车。

轨道交通运行控制系统国家工程研究中心与北京协同创新轨道交通研究院有限公司于2022年12月联合发布《北京轨道交通列车灵活编组控制技术》白皮书。该白皮书结合北京轨道交通建设和应用的实践，在总结列车灵活编组发展历程和技术方向的基础上，针对列车在线灵活编组的控制要求以及过程中自动化系统承担的功能，提出了灵活编组控制自动化等级划分方式，对各编组等级的主要特征进行了界定，并对北京轨道交通灵活编组实施路线图进行了介绍，可为轨道交通研究、设计、建设和运营决策提供参考。

2023年5月，北京3号线实现了列车4+4全自动联挂解编。作为国内首次实现全自动联挂、灵活编组的全自动驾驶地铁车辆，地铁3号线采用4+4重联全自动无人驾驶技术，最高运行时速80km，最大载客量3456人。在实现车辆灵活编组的前提下，可实现与北京地铁12号线跨线路互联互通。

3.2.3.3 智能行车调度技术

1.技术原理

随着轨道交通线网以及都市圈轨道交通线网规模的不断扩大，线网内各轨道交通线路不再是孤立的，任一条线路的运行状态都会影响到线网中其他线路。在面对复杂的线网条件时，智能行车调度系统可以快速的将线路间的数据或事件紧密的联系起来，将各条线路融合为一个整体，实现都市圈市域快轨网、城区轨道交通以及大型交通枢纽之间的高效衔接、协同、联运的迫切需求。

2.技术特点

通过构建信息化网络架构实现信息共享和轨道交通智能化，城市轨道交通、市域（郊）铁路、城际铁路信息在智能调度线网中心融合，实现统一的运行显示、统一的调度指挥和统一的应急指挥，快速应对各种突发事件，确保行车安全。

线网级智能调度系统将集合各个线路级的调度系统信息和外部交通信息，根据实时客流分布状况、线网级列车运用计划、后台智能分析等手段，动态的调整线网内各线路间的运力，使整体运能分配更加均衡，进一步满足智能客运与智慧出行的需要。

线路级智能调度系统接收线网的统一调度指挥包括，运输计划、应急联动、统一调度等功能，还将对本线路实现基于客流的运营动态调整、线网控制确认、线路智能信息推送、线路应急联动以及线路自动控制功能。

通过线网、线路的一体化联合调度，基于数据共享、数据挖掘、实时监测、信息采集，实现都市圈跨市域多网融合智能调度系统。在实施过程中，逐步实现由线网两级控制、线网人工控制、线路自动控制，线路控制为主、线网控制为辅，线网控制指令线路确认后执行，向线网控制为主、线路控制为辅转变。

智能行车调度系统主要由应用处理服务器、存储服务器、运输编制服务器、客流分析服务器、工作站、网络传输及管理设备组成，同时配有与线路进行接口的接口工作站。线路级ATS系统通过网络通道接入线网智能调度系统。对于线网智能调度系统数据收集有两种渠道，可从COCC线网数据平台获取，也可从接入线路的线路侧获取（见图3.2.53）。

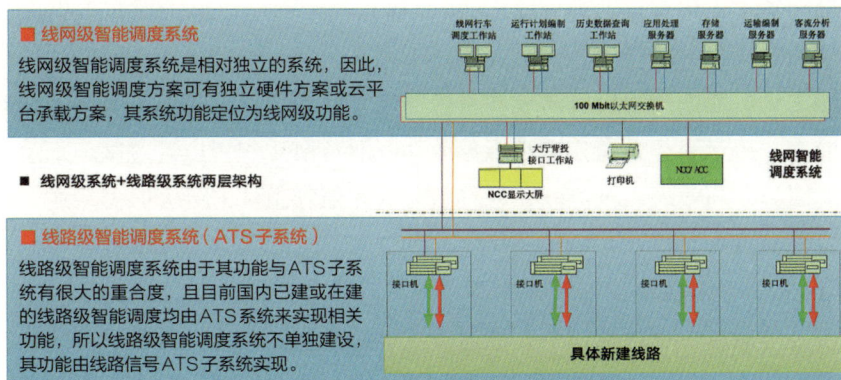

图3.2.53 智能行车调度系统架构图

线网级智能行车调度系统主要实现线网客流分析及预测、基于历史客流数据的线网运行图编制、基于预测客流的线网运行计划临时调整、与线网智能运维系统联动、线网运行图评估与优化、线网专家库辅助决策、线网调度命令电子化及下达、线网运营效率分析、外部交通信息互享等功能。

线路级智能行车调度系统主要实现自动预防及联控、行车间隔自动控制、列车智能远程监视、应急行车辅助决策、行车调整调度命令执行、与线网智能调度交互及联动、节能优化调整等功能。

3.应用情况

智能行车调度系统的应用需要基于信号系统的互联互通，目前国内的应用主要有三种方案，一是按照城市轨道交通协会颁布的互联互通系列规范，在车站及控制中心将存在跨线运行需求的线路通过互联互通标准接口连接，如长沙

4、5号线,宁波宁慈、宁象、余慈市域线。二是建设线网级NATS(数据云平台),将各线路ATS数据整合至NATS中,但保留各线路ATS所有编制及调动功能,NATS只监不控,跨线运行不同线路间通过接口连接。三是建设线网级智能行车调度,实现NATS功能并将各线路ATS纳入智能行车调度统一调动指挥,由智能行车调度统一编制运行图下发,各线路ATS非故障情况下不调用本线特定运行图。如重庆4、5、10、环线等,南京、深圳等城市也在研究拟实施中。

3.2.3.4 乘客智能客服技术

1. 技术原理

智能客服系统应用语音识别、语音合成、语义理解等AI技术,通过拟人化语音、文字等方式与乘客进行自然流畅的交互,提供多渠道接入、智能机器人应答、智能语音系统等面向乘客的功能。此外,为了面向运营提供了人工坐席接待、坐席实时辅助、乘客实名制管理、智能知识库、多维度数据统计、客服大屏和多元化运营管理等功能。

该系统解决了地铁简单重复类工作占用人工成本较多、人工时间利用率较差、无法满足地铁高速发展的成本管控需求等症结,可大幅度降低客服成本和运营成本,拓宽服务渠道,提升服务效率、服务质量和用户满意度,打造一个多渠道服务,高效、人机协同,且具备无人化值守条件的乘客服务系统。

2. 技术特点

(1)提升票务服务的智能化水平

引导推进基于实名制、个人信用体系的跨平台、跨场景乘车票务服务,利用生物识别、无感支付等多制式,提高售检票、乘车智能化水平。扩大基于可信乘车凭证互联互通范围,提高城市间乘车便捷度,丰富智慧城轨移动APP应用功能,提供多种出行、信息及生活服务。

(2)提供智慧出行客服咨询服务

聚合多平台出行服务内容,按乘客出行需求订制化提供多种出行解决方案,同时重点在交通枢纽、出行热点提供更细致服务。实时显示本站、邻站和换乘站客流动态、列车运行时刻,为乘客提供出行路径咨询及建议。

3. 应用情况

(1)广州地铁

广州地铁第三期建设线路打造基于云平台的线网智能客服系统,线网层搭建统一的智能客服平台,车站设置乘客自助终端、智能客服终端、智能咨询终端等现场设备,实现票务、客服、资讯服务的自助化服务。

线网智能客服系统由广州市轨道交通18、22号线实施落地,该系统能实现与线网内所有现场客服终端的远程音视频交互、乘客信息的可视化、乘客问询数据的收集和大数据挖掘、分析等功能，整合热线电话、地铁官网、官方APP等多个信息平台，实现多渠道客服的统一管理。

同时，广州地铁以第三期建设线路智慧乘客服务应用为参照，在既有线网选取50个站点推广应用智能客服中心，实现票务业务全自助处理和智能客服咨询功能，替代原售票员人工操作业务，达到降本增效、节省人力成本的目标，提升广州地铁在同行及广大市民心中的企业品牌和企业形象。

（2）深圳地铁

深圳地铁在20号线一期同期构建了基于线网的智能客服管理系统（ICSS），实现智能票务及客服后台管理功能，生物识别后台管理功能，语音购票后台管理功能，乘客实名制账户建立及管理功能等。在深圳地铁第四期第二阶段建设过程中，新建的CLC二期系统于2022年底与四期线路同期上线，CLC二期采用云技术搭建，原智能客服管理系统（ICSS）与CLC二期深度融合，通过CLC二期的人脸识别管理系统、语音识别管理系统、掌静脉管理系统、机器人管理系统等业务系统构筑线网层智能客服管理。同时在车站设置一体化智能客服中心、智能票务机器人、自助票务处理机、移动票务终端、车站客服终端等具备智能客服功能的终端设备，并在具备智能客服功能的终端设备采用虚拟人像技术，向乘客呈现"AI数字员工"为乘客提供自助化、智能化、人性化服务，从线网到终端，从现场到后台，从线下到线上打造智能化、多渠道的智能客服体系。

3.2.3.5 数字人民币应用技术

1.技术原理

（1）双层运营体系

数字人民币采用了央行和商业机构双层运营的体系。中国人民银行负责发行和兑换数字人民币，制定技术标准规范，建设公共服务平台；商业机构接入央行平台，面向客户提供数字人民币钱包服务。

（2）区块链技术

区块链是一种分布式数据库，它可以记录所有的交易信息，并且这些信息是公开透明的，无法被修改或删除。这种技术保证了数字人民币交易记录的真实性和完整性。

（3）密码学技术

数字人民币使用了先进的密码学技术，包括公钥加密、数字签名等，以保证交易的安全性。公钥加密技术可以保证只有持有私钥的人才能解密信息，而数字签名技术可以验证交易信息的来源和完整性。

（4）数字钱包技术

用户的数字人民币余额信息存储在钱包中。钱包采用了双线离线技术，既确保了交易的即时性，也实现了在无网络的情况下进行交易。

（5）安全技术

数字人民币系统采用了硬件安全模块、可信执行环境、生物识别等技术手段，实现了多层次的安全防护。这保证了数字人民币的防伪和隐私安全。

2.技术特点

与传统的电子支付方式相比，数字人民币具有以下特点：

（1）安全性：数字人民币综合使用数字证书体系、数字签名、安全加密存储等技术，实现不可重复花费、不可非法复制伪造、交易不可篡改及抗抵赖等特性，并已初步建成多层次安全防护体系，保障数字人民币全生命周期安全和风险可控。

（2）便利性：数字人民币支持离线和在线支付，可以在无网络的情况下完成支付。

（3）匿名性：虽然数字人民币的交易可以被追踪，但用户的身份信息是被保护的，只有在合法的情况下才能被揭示。

3.应用情况

（1）广州地铁

自2022年8月份起，广州地铁4号线黄村至金洲段以及5号线全线率先试点自动售票机数字人民币扫码购票功能，标志着数字人民币交通出行场景在广州的地铁站落地。随后，其他线路也逐步上线了自动售票机数字人民币扫码购票业务。

目前，数字人民币在广州地铁线网多个场景中实现应用，已下载数字人民币APP并开通相关支付功能的乘客，可在地铁线网范围内使用数字人民币在自动售票机购票、通过官方APP乘车过闸、在客服设备办理补退票。

（2）深圳地铁

2021年7月深圳启动数字人民币在公共交通绿色出行领域试点的应用工作，提倡市民在公共交通领域积极使用数字人民币参与绿色出行，市民在乘坐地铁出行时，可通过深圳通APP使用数字人民币支付乘车费用。用户经申请进入央行数字人民币白名单后，手机下载开通数字人民币钱包APP，通过绑定银行卡并向钱包充值，即可在深圳通APP两类场景使用数字人民币。其一，是市民在深圳通APP中扫码乘车时选择数字人民币作为免密代扣渠道，即可使用数字人民币支付全市地铁出行费用；其二，是在深圳通APP中办理普卡购卡和充值、NFC互联互通卡开卡和充值等业务时，可使用数字人民币主动支付，2021年7月底，深圳通与建行合作，全国首创推出"交通卡+数字钱包"产品，以IC卡与异形卡方式发行。支持双离线支付，作为应对无网络时的支付设备，同时可提供给电子支付未覆盖的人群使用，如小孩、老人等。

（3）全国各地地铁应用情况

全国各地地铁数字人民币应用情况见表3.2.10：

全国各地地铁数字人民币应用情况　　　　　表3.2.10

试点城市		乘车应用	接入方式
第一批	深圳	深圳通	H5直连
	苏州		H5直连
	成都		钱包快付
	雄安		
第二批	北京	亿通行/北京轨道交通	钱包快付
	上海	Metro大都会	钱包快付
	海南		
	长沙	长沙地铁	钱包快付
	西安	西安地铁	钱包快付
	青岛	青岛地铁	钱包快付
	大连		
第三批	天津	天津地铁	H5直连
	重庆		
	广州	广州地铁	钱包快付
	福州	e福州	H5直连
	厦门		
	宁波	宁波地铁	H5直连
	杭州	杭州地铁	钱包快付
	温州	温州轨道	钱包快付
	绍兴	绍兴地铁	钱包快付
	湖州		
	金华		
第四批	济南		
	南宁		
	防城港		
	昆明		
	西双版纳		

数据来源：移动支付网数据公开资料整理

3.2.3.6 基于掌纹掌静脉识别的过闸技术

1.技术原理

掌纹掌静脉识别技术是一种基于人体生物特征的身份识别方法，是结合了掌脉与掌静脉两种识别技术，主要是利用人工智能算法基于万亿张图像智能分析的算力积累，将浩瀚的"手掌脉络"微特征变成了"超级原生码"。通过近红外线照射手掌，并由传感器感应手掌反射的光，将流到静脉红血球中的血红蛋白对波长760nm附近的红外红线会有吸收，在影像上就会产生静脉图案，该图案特征具有唯一性，不同人及同一人左右手掌脉特征都不一样（见图3.2.54）。

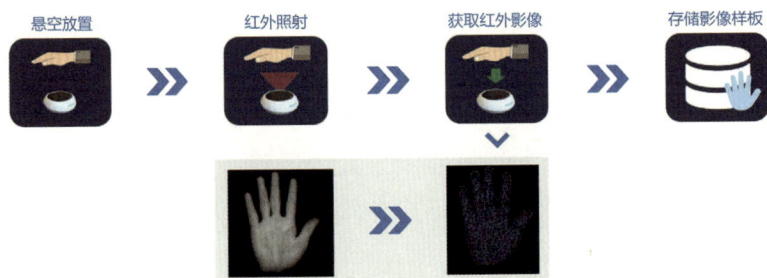

图3.2.54 掌静脉识别原理示意图

2.技术特点

与人脸等生物识别技术相比，掌纹掌静脉识别技术具有以下特点：

（1）安全率高：由于掌静脉分布位于皮肤下方，相比人脸识别的优势更明显。掌静脉为活体识别技术，只有静脉中是流动的血液才会被识别，因此极难复制，安全率高。

（2）非接触性：这种技术无需接触设备，可以实现无接触的身份验证，使用更加卫生和方便。

（3）识别速度：掌纹掌静脉识别技术的识别速度非常快，通常在0.3s内就可以完成识别，比传统的指纹识别和其他生物识别技术更快。这对于轨道交通需要快速过闸的场景来说，具有很大的优势。

（4）高度唯一性：每个人的掌纹和掌静脉的纹理和血管分布都是独一无二的，捕捉手掌里的血液静脉影像，这种技术具有更高的识别准确性且难以被盗取。

3.应用情况

（1）北京地铁

2023年，北京地铁大兴机场线开通了新的刷掌搭车服务，乘客只需将手掌放在掌纹输入设备上，就可以通过掌纹和微信支付完成付款和进站（见图3.2.55）。

图3.2.55 掌纹输入设备

（2）深圳地铁

2021年12月28日，深圳地铁20号线顺利通车，作为一条科技示范线，这条线路融入了多项前沿科技，其中，融合了掌静脉识别技术，为深圳市民带来了"刷手"乘车的智慧出行新方式。

2022年11月28日，深圳地铁6号线支线是深圳光明区的第二条地铁线路，6号线支线除了可以扫码、刷卡、刷脸等方式进站外，还针对"免费群体"上线"刷手"功能。符合免费票卡政策的乘客，只需通过自助票务处理设备的"掌静脉识别"功能绑定个人信息，即可实现"刷脸""刷手"多场景应用（见图3.2.56）。

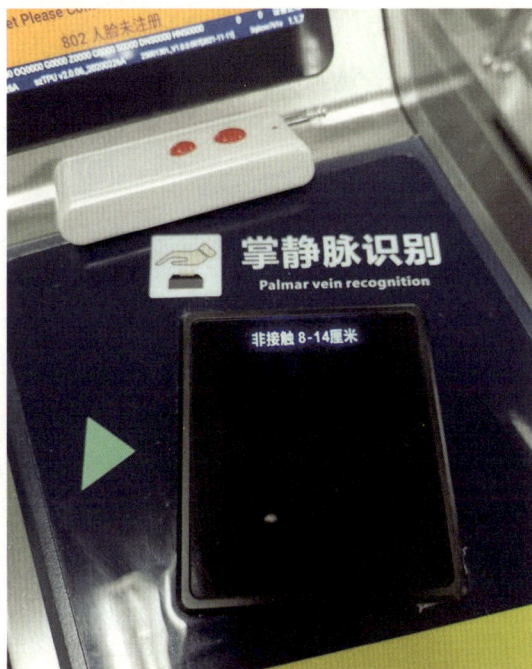

图3.2.56 掌静脉识别设备

3.2.3.7 智能化安检技术

1.技术原理

地铁作为城市出行主要的公共交通工具，每天承载了成千上万的客流量，地铁安检如何保障安全快速通行是当前亟需解决的主要问题。在地铁安检智能化改造和升级中，充分利用人工智能、物联网、大数据等新兴技术，实现人脸识别、智能化辅助判图、智能调度等功能，减少人工依赖，降低误检、漏检频次，为地铁安检提质增效（见图3.2.57）。

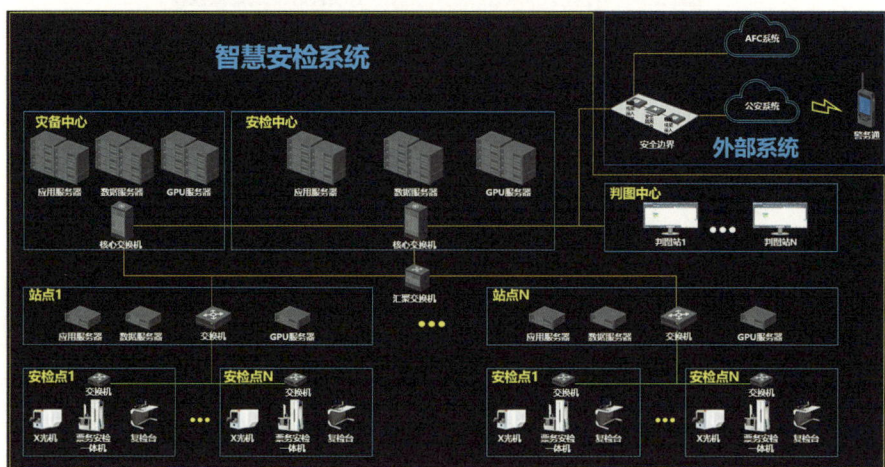

图3.2.57 智慧安检系统架构示意图

2.技术特点

（1）智能化升级，安检通行更高效

前端设备通过智能化升级，基于人工智能实现AI辅助判图，提高检测效率，并可通过自助注册终端、乘客分级安检系统，对乘客进行分级实行安检分级检测，提升安检通行效率，使安检通行更安全、更快速、更便捷。

（2）中心化架构，资源利用更充分

线网安检信息管理系统设置一定数量的集中判图座席。车站终端X光机安装智能图像识别软件，并实时上传X光机图像原图、X光机图像识别结果图像、X光机自带行李摄像机视频、安检门摄像机视频等数据。线网安检信息管理系统对以上数据进行实时存储并通过智能选择座席功能，将此类图像及视频信息按指定的转接方式传送给具有相关职责或技能的各个判图代表。按线网／线路／区域集中判图座席可以实现一对多，提高了系统的效率，进一步提高安检运营效率及节约人员成本。

集中判图系统采用中心化架构，具有高内聚、低耦合、兼容性强、扩展性强、维护简单等特性。

（3）系统化建设，业务流程更全面

立足于安检部门对地铁线网全面监测、事前预警、事中处置、事后溯源的功能需求，通过运营指挥决策系统，与内外部系统对接，对接入的数据进行整合、分析、存储，实现线网安检状态动态感知与系统间协同。在事前阶段，基于外部系统人员库实现重点人员识别，提前布控；在事中阶段，通过系统间协同，实现警企高效联动；在事后阶段，系统支持历史搜索，为事后溯源提供依据。基于系统化建设思路，实现业务流程全覆盖，提升安检管理水平。

（4）一体化理念，安检进站更便捷

通过运营指挥决策系统与地铁AFC系统对接，获取票务数据，然后在智能安检门的基础上增加刷卡、码、脸进站的功能，在乘客出行方面，乘客能够一步式进站乘车，安检进站更便捷，实现安检门与票务闸机联动。

3.应用情况

（1）广州地铁

广州地铁线网智慧安检系统通过建立统一的设备接入接口协议，有效兼容新旧线路的安检设备，并与AFC系统、公安系统、运管系统等对接，通过信息打通、数据挖掘，为后续开发更多功能、提高地铁运营效率、提升乘客出行体验创造了良好的架构基础。

广州地铁线网智慧安检系统建立在综合业务生产云平台之上，通过建设无线接入网络和外联网络，为远程系统和移动终端提供全域接入能力。同时开创性实现了以轨道交通智能运行平台为底座的建设方式，开发了智慧安检系统的物模型和独立组件，为后续快速开发新业务流程、多系统融合对接创造了技术基础。

广州地铁还通过租赁服务的方式，对安检设备开展了智能化升级，增加智能安检门、智能复检台、远程判图坐席等产品，并对X光机、炸探、液探、执法记录仪等设备进行网络化接入管控，并试点了太赫兹安检通道的接入集成。

（2）西安地铁

2019年起，西安地铁稳步实施"智慧安检"项目，现阶段西安地铁线网基本完成设备升级，建成了国内首个线网规模的智慧安检系统和数据平台。在提升西安地铁全线网的反恐治安水平，实现"人物同检"、提升违禁品检出率、减轻安检员劳动强度等方面取得一定成效。

在传统安检设备的基础上，利用人工智能、大数据分析、边缘计算等先进技术，在地铁线网推进部署"智慧安检"。智慧安检系统通过采用传统X光机结合人工智能判图新技术，对乘客包裹进行"人工+AI识别"双重安全检查；通过构建远程集中判图区域，实现安检判图作业不受物理空间限制；部署金属探测门"人物同检";建立区域安防集成平台,实现安检点实时监控信息、设备状态信息、统计数据信息、人员上岗信息等数据的在线采集并集中管理;设置安检监控功能,实时掌握安检区域客流及隔离递物情况,以及安检区域各个安检人员在岗、安检处置情况。

(3)成都地铁

2021年9月1日,成都地铁智慧乘客服务平台正式上线。该平台覆盖成都地铁全线网已开通运营的12条地铁线路,287座车站,是全国首例集智慧票务、智慧测温、智慧安检为一体的"三合一"城市轨道交通综合性智能乘客服务平台。

其中,智慧安检系统由智慧检物、智慧检人、智慧监控、安检信息化等部分组成。主要通过AI判图、智能检测、视频监视、智能告警等技术快速甄别、排查可疑风险,以技术手段全面提升检物、检人效率与准确度,智能清扫场站安检难点盲区,有效构建线网级信息实时搜集与集中处理能力。基于城市治安管理系统、乘车人员信用系统等,通过智慧安检,可将乘车人员信息及安检物品信息、体温信息、异常行为信息有效贯通,实现"人""票""物"以及异常行为四合一核验,为实现常乘客快捷安检、信用安检、异常状态可追溯安检、无感通行提供了支撑。

3.2.4 绿色低碳与环保新技术

3.2.4.1 节能运行图技术

1.技术原理

城市轨道交通系统电力消耗主要包含牵引电耗和车站动力照明电耗,而牵引能耗占总能耗一半以上,由此可见,降低列车牵引能耗是轨道交通降本增效的关键之一。既有研究表明,地铁列车牵引能耗主要取决于列车性能、线路条件及列车运行行为。其中,列车性能和线路条件取决于规划设计阶段方案的合理性,而列车运行行为则受运营阶段列车操纵及运行图编制方案影响。针对运行图节能的技术主要包括两个方面,一是通过调整单列车在各站到发时刻,对区间冗余时间进行再分配以减少牵引能耗;二是通过调整多列车的发车间隔、停站时分和区间运行时分等参数,使得列车间再生能利用率提高,进而降低全线牵引净能耗。

(1)列车区间运行时分优化

地铁总牵引能耗为总走行公里数与车公里牵引单耗的乘积。在不改变走行公里数的前提下,通过优化区间运行时分可降低车公里牵引单耗。一方面,延长列车全线总运行时间可减少牵引能耗。当其他条件不改变,技术速度的提高会导致列车牵引时间延长及运行阻力增加，使得列车牵引能耗随技术速度的上升而增加。由于列车全线总运行时间与技术速度负相关，总运行时间与能耗也呈负相关关系，即能耗随着列车总运行时分的增加而减少。另一方面，在全线运行时分确定的条件下，各区间运行时分的分配对能耗也有着重要影响。同一区间在不同时间点增加相同的运行时分，能耗的减少量不尽相同，而不同区间的牵引能耗与运行时分的对应变化关系也存在差异。如下图3.2.58所示，列车在区间a单位时间内改变的牵引能耗（可用斜率 $\frac{\Delta E}{\Delta t}$ 表示）随时间变化会发生改变；区间a和区间b在同一时间点增加相同的 Δt，其减少的牵引能耗 $\Delta E_a > \Delta E_b$。可见，不同的区间运行时分分配策略也会影响列车运行能耗。在运行总时间约束和区间运行时分范围限制下，合理确定列车在各区间的最高运行速度及其对应的区间运行时分，是减少列车牵引能耗的有效手段。

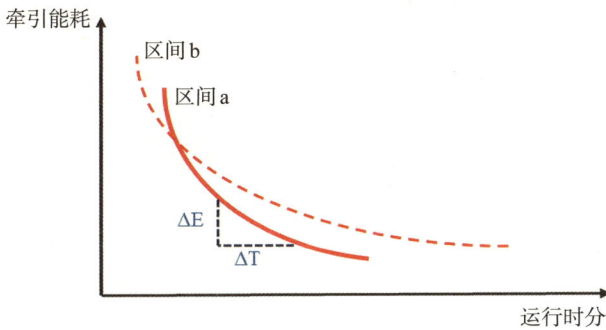

图3.2.58　牵引能耗与区间运行时分关系

（2）列车牵引制动工况匹配优化

另一重要的节能运行图优化方法，是调节多列车运行使牵引制动工况匹配，提高列车间的再生能利用率、降低全线列车牵引净能耗。再生制动能是指列车制动时将动能转换为电能并反馈给牵引供电网络的能量。该部分能量可通过受电弓反馈至接触网，进而被临近的列车和辅助设备吸收利用。城市轨道交通站间距离短，列车运行过程中的频繁制动将会产生可观的再生能。但由于列车载重和设备成本限制，采用储能装置对再生能进行储存的运用较少，而再生能的即时利用对列车工况要求较高，通常只有同一供电分区的制动列车所产生的再生能才能被牵引列车利用，其余再生能将转换成电阻制动或空气制动而耗散。以图3.2.59为例，列车A和列车B为处于同一供电分区的两列车，通过优化两列车的发车间隔、区间运行时分和停站时分，可使得列车A的制动工况和列车B的牵引工况重叠时间延长，由此列车A产生的再生能将被列车B更好地循环利用。通过调整多列车的到发时刻，使得同一供电分区内的列车启停

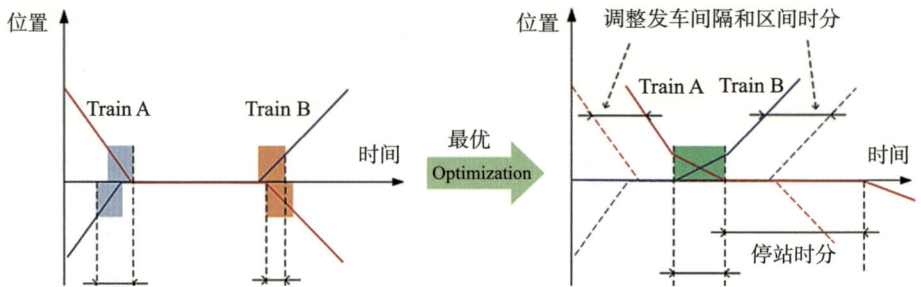

图3.2.59 列车启停匹配示意图

过程进行匹配，可以大大增加牵引制动重叠概率、有效提高再生能利用率，进而降低牵引净能耗。

综上，节能运行图技术即为通过优化发车间隔、停站时分和区间运行时分等要素，以降低列车牵引能耗、提高再生能利用率，使得全线列车在满足客流需求基础上运行能耗尽可能小。

2.技术特点

首先，节能运行图技术成本低、易实施，且节能效果好。不同节能措施的节能潜力和所需成本有所不同：在规划设计阶段站间距、纵断面优化设计节能效果好，但是后期不易改造；安装再生能储能设备或逆变回馈装置可充分利用再生能，但购置和维护成本较高。相比于这些措施，通过运营管理和列车运行控制减少列车运行能耗，对于既有的、不易更改设备设施的线路更具现实意义。节能运行图技术通过调整列车时刻表来降低能耗，可实施性强、成本较低，节能潜力可达5%～12%。

其次，节能运行图技术可适应不同时段的客流需求差异。城市轨道交通高峰平峰客流需求差异明显，针对不同时段下的不同客流需求，可以采取不同的速度运行等级曲线。高峰时段客流需求较大，应优先保证线路运力，采取最高的运营速度等级；平峰时段客流需求较小，可适当增加区间运行时分，减少列车技术速度以减少列车牵引能耗。由国内某城市现行运行图仿真数据可知，平峰时段压缩停站时分延长区间运行时分可有效节能，随着停站时分减少、区间运行时分的增加，列车净能耗和牵引能耗都呈现出明显的下降趋势。在综合考虑列车的追踪间隔、时间窗等约束以避免列车运行冲突的情况下，通过压缩停站时分、调整发车间隔，节能率可高达14%。

此外，节能运行图技术还可和列车节能操纵技术协调使用。相较于单纯调整运行图，采用运行图与列车操纵协同优化可进一步增加牵引制动重叠时间而提高再生能利用率。如在改变发车间隔的同时，可通过使用较小的牵引力或制动力延长列车启动和进站的时间，将同一供电分区内不同列车启停过程相匹配，那么将进一步提高再生能利用率而实现节能。

3.应用情况

深圳地铁通过列车牵引制动工况匹配优化，提高再生能利用率，以实现节能运行图技术的应用。深圳地铁在2019年至2021年对7号线开展试点研究。通过梳理早点频发的车次及站点，优化其列车自动监控系统（ATS）的运行等级，优化同一供电分区内运行的列车进站与出站作业时间最大程度重叠方式，提升列车牵引-制动工况重叠的概率，促进列车间再生能利用。完成单车运行图、多车运行图技术研究及测试，结果表明，单车能耗降低1.7%，多车能耗降低5.78%。

3.2.4.2 绿色环保变压器技术

1.技术原理

绿色环保变压器是指在5个阶段中，满足高效节能、科学节材、低碳环保、安全可靠、可回收率高等基本要求的一类变压器，符合高效节能变压器能效等级要求，在变压器全生命周期阶段能够对环境的负面影响降低到最小程度，符合国家低碳、循环经济的总体战路要求。

立体卷铁心变压器、硅橡胶变压器及天然酯变压器是最近十多年快速发展起来的新技术产品。虽然市场对其认识不及矿物油绝缘硅钢片平面叠铁心变压器和环氧树脂浇注硅钢片平面叠铁心变压器，但是此类变压器在可靠性、节能环保、绿色低碳等方面的优势是不可小觑的，属于新型绿色环保变压器，是未来城市轨道交通用变压器重要选择之一。

（1）立体卷铁心变压器

立体卷铁心由电工钢带或非晶带材卷绕加工而成，得到心柱截面为近似半圆形、几何尺寸完全相同的三个矩形铁心框，通过两两拼接，得到俯视方向为等边三角形的立体结构（见图3.2.60）。

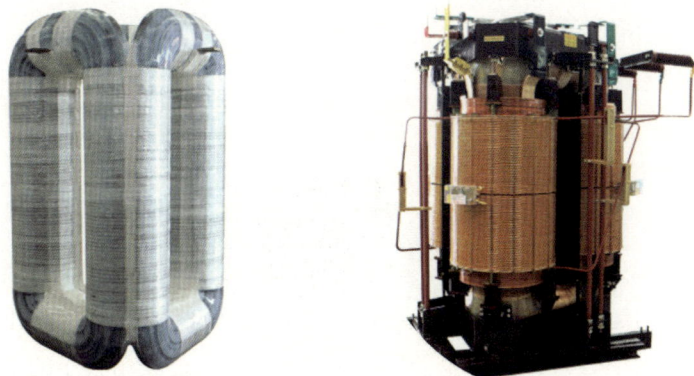

图3.2.60　立体卷铁心和卷铁心变压器

（2）硅橡胶浇注型干式变压器

硅橡胶浇注型干式变压器是通过采用高新能硅橡胶作为绝缘浇注材料，并对变压器高压线圈及变压器铁心进行优化设计的干式变压器。在安全方面、绝缘性能、环境适应能力、超负载能力都有显著提升，特别是对降低变压器局放有突出的效果方案。从原理上消除了高压绕组内部局部放电，提高了绕组的电气安全性能和使用寿命。高、低压绕组外部均设计了可靠的高强度固体绝缘层，作为空气主绝缘的后备防线，使变压器的运行始终处于十分安全的状态（见图3.2.61）。

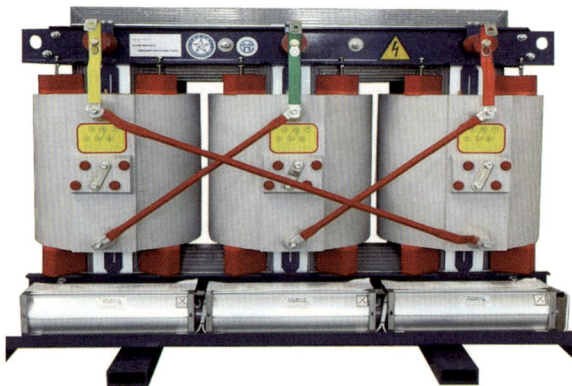

图3.2.61　硅橡胶浇注型干式变压器

（3）天然酯变压器

天然酯变压器是变压器绝缘体系采用天然酯（植物绝缘油）的变压器。天然酯（植物绝缘油）是一种低碳、环保、无毒、安全、可生物降解、性能优异的绝缘液，既有良好的生物降解性与环境相融性，极度契合环境友好型材料的应用需求，由于其特殊的结构与材质特性，天然酯绝缘油具有相比传统的矿物绝缘油更突出的绝缘性能（见图3.2.62）。

图3.2.62　天然酯变压器

2.技术特点

（1）立体卷铁心变压器

1）安全可靠

三相平衡：立体卷铁心的三个心柱呈等边三角形排列，三个心柱的磁路长度完全一致且最短，三个心柱空载电流相等，因而三相平衡。

抗短路能力强：立体卷铁心连续地卷绕而成，铁心坚固，且三相受力均匀对称；夹件为三角形焊接成一体的框架结构，整体强度高；三相线圈压紧情况一致；圆形同心式线圈，辐向受力均匀。

温度场分布均匀：圆形线圈，油道/气道均匀；三相线圈正三角形排布，热点温升低。

2）环保

周边电场磁场强度小：立体卷铁心结构可大大降低变压器周围的杂散磁场。空间漏磁小，仅为传统结构变压器的一半，减少周边电场磁场强度。

3）节能

变压器的空载损耗与铁心重量、工艺系数及铁心材料单位损耗成正比。立体卷铁心由于结构和工艺的改良，铁心重量可比叠铁心减少约25%；立体卷铁心由电工钢带连续地卷绕而成，无接缝、无空气间隙，比叠铁心更能充分发挥冷轧硅钢片的取向性，且铁心采用完全退火工艺，能消除机械加工中产生的内应力，使电工钢带原有导磁性能得到恢复，无高磁阻区存在；因此，在采用相同牌号硅钢片计算时，立体卷铁心与叠铁心相比，其空载损耗可降低30%。此外，立体卷铁心可采用厚度更薄的优质铁心材料，在选材上具有更大的提升空间。

立体卷铁心截面填充系数高，在有效面积相同的情况下，立体卷铁心心柱直径小，即在电磁计算时，通过减少铁心心柱直径，从而缩短线圈导线的长度，以达到减少线圈电阻损耗的效果，从而降低负载损耗。

立体卷铁心采用连续卷绕工艺，无接缝，不存在高能耗区，充分发挥优质铁心材料高导磁率的特点，磁力线与铁心材料易磁化方向完全一致，无气隙损耗，磁阻大大减小，大幅度地降低空载电流。

4）低噪声

立体卷铁心是由几种规格梯形料带依次卷绕而成，铁心无接缝，磁力线与材料易磁化方向完全一致，且铁心为自稳结构，无需夹紧。因此可比叠铁心变压器降低10～25dB（A）。

（2）硅橡胶变压器

1）采用高性能硅橡胶绝缘材料

硅橡胶正常工作温度为–60℃至250℃，在此区间长期运行寿命不低于30年，强震动或温度剧烈变化时均不会发生开裂现象。硅橡胶具有憎水和憎水迁移特性，高湿、污染环境下不易形成水膜，有利于防止在高压下表面击穿。变压器用高性能硅橡胶不受紫外线影响。

2）安全性高

硅橡胶变压器通过F1级燃烧试验，无有毒气体，无浓烟，内部短路不爆裂，消防安全性高。

此外，硅橡胶的电气安全度高。从基本结构看，硅橡胶浇注高压线包的绕组结构为多分段（饼）单向连续顺绕，分段电压受严格限制、内部电场分布均匀，构成主动消除局部放电原理，不受绕组内部绝缘材料缺陷影响，因此消除变压器局部放电困扰；通过液态浇注导热硅橡胶，对绕组进行密实填充和包封，有利于向外传导热量并防止在绕组内部聚积灰尘，同时形成高强度、可靠的固体绝缘包封，与空气共同构成复合主绝缘。

从电气绝缘原理和安全可靠性看，硅橡胶绝缘变压器在四个方面对高压绝缘技术进行创新：

①主动消除局部放电原理可保持变压器永恒低局放（＜5pC）；

②两固一气的三重冗余绝缘结构可以做到主绝缘缺陷容错，充分利用空气绝缘可恢复特性，同时可靠而强大的固体绝缘不受气候影响，主绝缘安全可靠；

③出线采取一体化硅橡胶套管防护可以加强绕组表面绝缘，使干式变压器的出线具有户外绝缘防护能力；

④多种防雷技术加强了干式变压器抗雷击能力；

综上所述，硅橡胶变压器可实现全生命周期免维护，特别能适应各种苛刻环境（如高原、高寒、高湿、多尘、多雷等），可正常运行。

3）全生命周期环保

硅橡胶绝缘材料主要成分为二甲基硅氧烷和导热填料，无生物毒性，在变压器绕组生产、变压器运行过程中都对人员健康安全无害，也无废气、废液排放，寿命终结材料可回收，即使填埋也不污染土壤。最可贵的是，硅橡胶与金属材料不粘，用简单方法即可将绕组浇注的硅橡胶与金属导线分离，易于分类回收。这是环氧树脂材料不具备的特性。

4）可回收

固化后的硅橡胶具有可回收特性。物理利用方法是将硅橡胶废料打碎，作为液体硅橡胶改善性能用的填料；化学利用方法是将硅橡胶废料裂解提纯后，将有机硅烷、硅油等化学物质作为硅橡胶生产或其他工业的原材料使用。

高性能硅橡胶全部由国内企业研发和生产，其原材料——硅料国内资源十分丰富，可有效规避国际贸易冲突造成的高科技含量原材料断供的风险，其供应量和供应速度也可以得到保证。

5）节能高效

硅橡胶变压器基于优质的绝缘材料及可靠的绝缘技术，可以尽量减小空气绝缘距离，缩短磁路，达到减小空载损耗的目的。

6）其他

除以上特点外，硅橡胶变压器还具有如下特点：

①硅橡胶材料具有弹性阻尼作用，可提高整体抗震（突发短路）能力；

②硅橡胶材料的阻尼作用可降低噪声（＜45dB声压级），有益于城市中心公用变压器应用，避免扰民；

③硅橡胶材料耐250℃以上高温，提高了干式变压器耐过载能力；

④耐候性强，有利于新能源（特别是海上风电工程）项目的应用。

（3）天然酯变压器

1）环境友好

降解率超过98%，对环境无污染，不会危害人体健康。天然酯（植物绝缘油）来自种子提炼，因此碳排放量相比矿物油极低。根据部分企业数据，其全生命周期的碳排放为矿物油的1/64。其突出特点为：

①天然酯植物油是可再生资源；

②降解速度快，降解效率高；

③无毒无害；

④不含任何石油、卤素、硅树脂。

2）安全、防火性能更好

变压器油防火安全最重要的火灾危险性参数是燃点。开口杯燃点高于300℃的液体被定义为国际电工委员会K一级液体，即可作为高燃点绝缘油。所有K级液体均能降低变压器事故初始程度并防止油池火发生。闪点＞300℃，燃点＞350℃，2倍于矿物油属于K级难燃油，应用天然酯（植物绝缘油）的变压器，发生火灾和爆炸的风险，远远低于传统变压器。

3）变压器性能更优异

油浸变压器绝缘系统为油纸绝缘，油纸绝缘性能好坏直接影响着油浸变压器的运行安全与寿命。国内外大量的试验研究表明：绝缘纸与植物绝缘油配合时绝缘寿命最长，其拉伸强度、聚合度、纸中含水量均优于其与矿物油的配合。天然酯变压器性能特点如下：

①优异的耐潮性，饱和含水量是矿物油的20倍，绝缘性能受水分影响相对较小；

②延缓绝缘老化，延长绝缘寿命4～8倍；

③过负荷能力强；

④介电常数高；

⑤降低变压器噪声。

4）其他优点

除此之外，应用天然酯（植物绝缘油）变压器，还具有如下优势：

①变压器寿命更长，设备使用费用降低；

②变压器防火性能更好，节省防火隔离面积和设备；

③变压器环保性能更佳，环保成本更低；

④变压器体积更小，特殊使用条件下成本更低；

⑤变压器容易维护，运维成本降低。

3.应用情况

（1）立体卷铁心变压器

立体卷铁心变压器在广州1号线、3号线及18号线有挂网试运行或工程应用，运行良好，节能效果明显。

（2）硅橡胶变压器

在电网公司和海上风电有较多应用案例。

（3）天然酯变压器

天然酯（植物绝缘油）变压器过载能力更强，常规运行可靠性更高，国家电网和南方电网已经开展了大量的应用。已经规模化招标并投入应用的有陕西、四川、黑龙江、河南和山东等网省公司。在城市轨道交通领域，重庆轨道江跳线的主变压器就采用了天然酯（植物绝缘油）方案，2021年10月已经投运。

3.2.4.3 能量运控技术

1.技术原理

原有城市轨道交通供电系统基本采用24脉波整流技术，将33kV中压交流电转换为1500V直流电给列车供电；多脉波整流器能量单向流动，不能回收列车电制动时向直流电网注入的能量，导致能量在直流网堆积，直流电压升高，危害列车用电设备。为此，采用制动电阻吸收多余的制动能量，但造成能量浪费，同时电阻吸收能量发热也导致地铁隧道和车站温度升高，加大了环控系统负担和能耗。为解决该问题，提出了再生制动能量回收装置方案。能馈装置有效地将再生制动能量回馈到33kV中压网络，但回收能量过程中当制动能量小于能馈装置容量时，能馈装置工作在稳压模式，此时若能馈装置电压指令设置不当,会增大制动能量回收时的传输损耗。在某些工况下,存在回收的能量向110kV公共电网反送的情况,造成回收能量不能被轨交系统利用,需要对全线能量回馈反馈至中压网络系统的能量进行有效梳理。另外目前能量回馈均开通双向功能,即可以协助整流器进行整流,也可以作为列车制动能量回馈装置进行回馈。当能量回馈装置工作在整流模式下其采用恒压特性运行时,可在其功率范围内对牵引所出口处进行稳压,从而在一定程度上对牵引所电压进行稳定,但功率输出大小,何时输出需进行有效控制。并且若整条线上N套整流机组同时进行整流、逆变,若不采取一定运行控制系统,则在系统间可能会出现持续环流。

介于以上问题,提出一种新型的城市轨道交通智能牵引供电系统,其采用无线4G(或光纤等通信方式)网络将列车、地面双向变流器、能量管理单元连接,贯通车-路-网信息流,双向变流器本身具有电压变换、谐波治理和无功补偿功能,因此作为执行机构跟踪能量管理系统输出的控制指令,提高再生制动能量回收利用效率和牵引供电效率,进行供电线路多站间的能量调度,改进供电网络电能质量,从而实现整个城轨交通供电网络的绿色、可控、高效、安全智能化(见图3.2.63)。

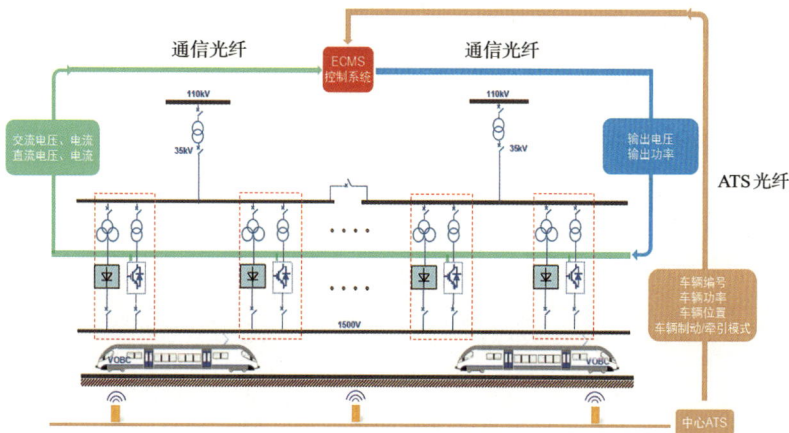

图3.2.63 能量运控拓扑图

2.技术特点

通过双向变流装置、车辆4G(或光纤等通信方式)模块、顶层的能量管理系统,贯通车-地面装置-供电网多系统信息流,构建网络化城轨牵引供电系统。

双向变流器交直流侧电压、电流、位置等各状态数据,车辆位置、功率,变电站变压器以及多脉波整流系统,牵引网和钢轨阻抗参数等信息通过4G(或光纤等通信方式)模块传送给能量运控系统。能量管理系统根据接收到信息,迭代运算出整个牵引电网的网络空间矩阵表达式,实现供电网络的数字重构；考虑调度损耗和各变电站功率、网压波动、谐波、功率因素等约束条件，在保证牵引供电网络和列车安全、稳定运行的前提下，通过IPOPT、遗传等智能算法寻找并调节双向变流器的输出特性，生成双向变流器直流侧电压指令、交流侧基波电流大小、功率因数角度以及谐波电流等指令下发到各个双向变流器中，从而实现电网潮流的优化调度，提升供电网络的可靠性、效率，降低整个系统的损耗。

（1）能量运控系统检测到当有较大冲击功率需求时，优先启动多个站点双向变流装置提供牵引能量；当制动能量较大时，优先启动多个站点双向变流装置回馈能量，降低变电站和变流装置的峰值容量，减小电网电压波动；能量管理系统根据接收到的车、网、变换装置的运行数据，对全网潮流实时运算，寻找双向变流装置的最优直流输出电压指令，实现再生制动能量在牵引供电网的灵活分配，确保再生制动能量在制动车辆和牵引车辆间充分的循环利用，大幅度减小线路损耗。

（2）能量管理单元可综合动态调节线供电线路上多个双向变流器输出特性，灵活分配每个双向变流器从直流供电网络输出或回收的功率大小以及潮流方向，因此实现当某个变电站故障时，临近变电站紧急能量救援保证列车用电持续性；灵活配置双向变流器使其工作在整流、逆变和有源滤波等工作模式，改善整个供电网络的电能质量。

（3）夜间或停车阶段启动双向变流器无功补偿，提升整个供电系统功率因数，限制供电线路末端电压泵升，提高系统安全性，改善线路电能质量。

能量运控系统具有如下功能：

（1）通过能量运控系统预测列车牵引能量和车辆位置，当有较大冲击功率需求时，优先启动多个站点双向变流机组提供牵引能量；当制动能量较大时，优先启动多个站点双向变流机组回馈能量，减小电网的波动。

（2）某一变电所解列，ECMS采集车辆位置及工况，优化相邻变电所牵引输出，均衡牵引能量供给。

（3）灵活配置双向变流器使其工作在整流、逆变和有源滤波等工作模式，改善整个供电网络的电能质量。

（4）通过收集列车运行数据、电网实时状态数据等其他用电系统数据，可以进行环比同比能耗分析、负荷用电预测。

（5）优化钢轨电位

能量运控结合双向变流应用，预计可节约牵引电能5%，降低牵引网络损耗20%。

3.应用情况

根据调研，目前能量运控系统在宁波4号线进行挂网试验验证，在无锡锡澄S1线进行了工程应用（目前该线路正在调试阶段）。

3.2.4.4 车站智能照明技术

1.技术原理

随着LED灯和智能照明系统的逐步推广，车站中的照明能耗已大幅下降，但目前智能照明系统的系统架构主要基于有线通信和采用金字塔架构，难以应对城市轨道交通的各种复杂场景实现真正精准调节，同时缺乏适应于高标准运维的智能化管理功能。为解决目前系统存在问题，结合物联网、大数据技术，搭建边云协同的物联网智能照明新架构，形成新一代物联网智能照明系统（见图3.2.64）。

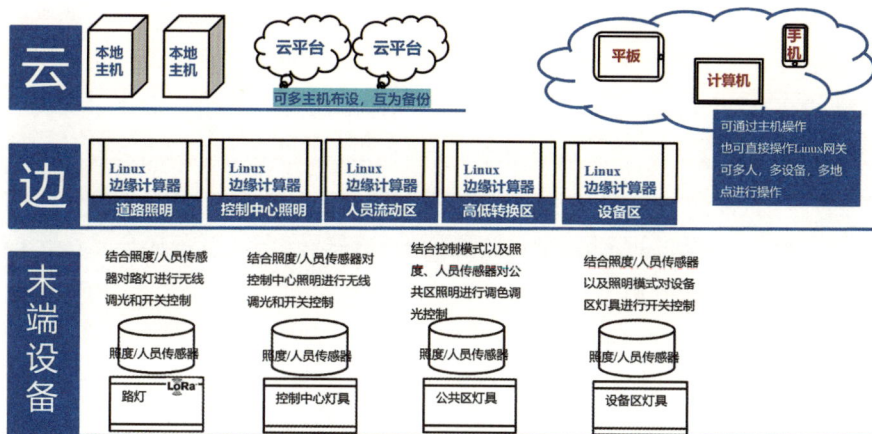

图3.2.64　物联网智能照明系统架构

2.技术特点

基于物联网架构下的智能照明系统，研究新型高性能边缘计算器、BS软件、轻量化BIM、模块化组件、全生命周期管理软件等，结合客流数据、行车信息及存在探测信息，可实现以下主要技术功能：

（1）区域动态控制技术：根据时间、客流、行车计划、区域等多维度因素，基于边缘计算技术对照明亮度进行精细化智能调节，提高服务水平同时充分挖掘照明节能潜力（见图3.2.65）。

（2）移动式管理技术：采用Browser/Server（浏览器/服务器）结构，实现多人、多设备、多地点的运营管理方式，大大提升运营人员的工作效率，便于运维节能管控。

（3）全生命周期管理技术：通过对电参数、物理参数的分析和模型计算，预测灯具健康状态，防止过度维修和事后维修，及时更换能效低的老旧设备。

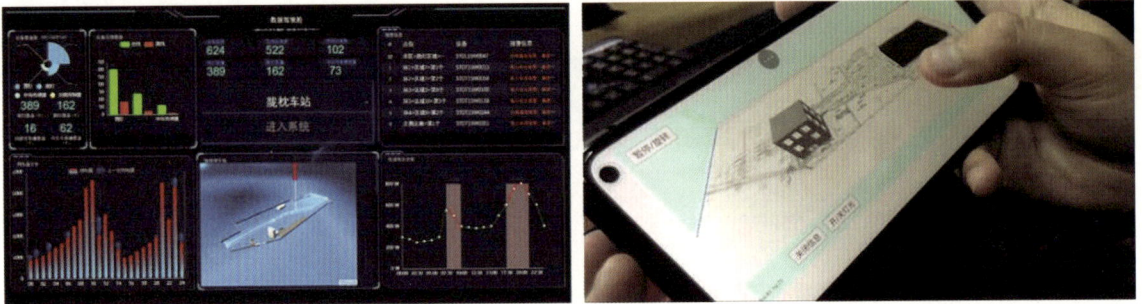

图3.2.65　物联网智能照明系统主界面及移动式管理（手机端）

3.应用情况

广州地铁18号线陇枕停车场试点应用了物联网智能照明系统。利用物联网强大的边缘计算运力，有利于实现分区精细化灵活调控的策略，实现城市轨道交通复杂场景下的照明控制，综合客流、作业计划等信息多源判断，精细化分区域调节照明运行模式。系统采用了更智能的边缘计算器，提高了灯具自适应调整的能力，更有利于实现智能监控和灯具灵活调整功能。通过设备侧的状态监测、寿命预测与管理侧的运维行为管理、能耗管理，实现全生命周期数据化运维管理，通过Web3D可视化界面对灯具控制进行远程操作。该工程于2021年9月28日正式投入运营。

3.2.4.5　光储直柔技术

1.技术原理

基于"光、储、直、柔"等节能绿色技术的理论基础，加强建筑内可再生能源的存储、利用以及可再生能源与传统能源的高效配置原则的研究，进而构建高能效的绿色建筑能源系统，并探究该系统智能化的建筑能源优化调控策略，为绿色低碳建筑建造－运维提供重要的技术基础，打造双碳背景下柔性能源低碳建筑新技术，开拓高效建筑运维。

目前中国碳排放总量当中，火电部分的排放量占比超过40%，是目前碳排放的主要源头之一，因此建立以可再生能源为主要发电源头的新型电力系统可有效减少碳排放。可再生能源包括风能、太阳能、水能、生物质能、地热能等非化石能源，其中水能等由于客观原因可提高的比例不多，目前太阳能和风能所提供的电量占比不到10%，有较大的发展潜能，但由于太阳能、风能均存在间歇性、不可持续性、与终端用电功率不同步等问题，因此需要有相匹配的储能从而实现对可再生能源发电的用电调配。由于光伏发电及储能均为直流电源，目前交流系统的情况下，光伏发电及储能充放电过程均需进行交转直和直转交的变化，影响系统整体效率。同时目前大部分的风机、扶梯等电机负荷为降低能耗在电机前端设置了变频、LED照明、弱电系统服务器则均为直流配电，因此在目前的交流配电情况下，整体配电系统中存在了多级的交转直转换，降低系统整体能效。采用直流配电后，在提高系统效率的同时，可配合网源测和负荷侧的实际需求实现供需的动态调节，实现柔性控制功能。通过各用电设备的需求侧相应，各设备可根据电网侧、储能侧的供需关系自动改变其瞬时用电功率，通过直流配电的控制功能，将目前的刚性负载调整为柔性负载。

2.技术特点

基于轨道交通的建筑特点、配电系统架构和负荷特性等，搭建适用于轨道交通的光储直柔系统方案，方案需整体考虑光伏、储能、负荷侧的直流应用情况等方面，同时还需要对整体系统的底层逻辑，包括系统软硬件等各方面关键技术进行研究突破。

（1）关键元件选型

目前光储直柔技术中，光伏、储能的技术发展已较为成熟，在各行业均有成熟应用的案例。系统直流方式则存在不同的技术路径，包括传统的移项变压器加二极管的直流方案以及全控型电力电子开关的直流方案。但两者均存在一定的技术瓶颈，变压器加二极管方案的主要问题是其直流网的波动随着末端负荷的使用情况波动，系统无法直接控制；IGBT全控型电力电子开关则存在损耗大、发热量大、体积大及寿命较短等问题。因此针对上述所存在的难点，仍需进行深层次的关键元器件的底层研究，例如SiC碳化硅的研究。SiC碳化硅相对于传统IGBT有更高的工作频率、更短的开关时间，同时具有高温工作特性，使得SiC在损耗控制、热量控制、体积、寿命等方面较IGBT有较大的提升。因此在轨道交通行业中，高功率电力电子直流系统下，SiC具有较大的优势，有机会突破现有硬件产品设计所面临的限制。但针对抗冲击等关键参数，仍需结合整体系统的容量、运行方式、末端负荷特性及控制需求等方面做进一步的研究分析。

（2）系统柔性控制

柔性控制，实现建筑物电力系统中的调节系统运行是光储直柔系统的核心关键技术。在采用直流配电后，如何利用交直流变化器件，对光伏发电、储能、负荷侧需求进行整体调控是目前重点研究方向。针对轨道交通行业，其地面、高架车站的应用场景，可结合天气、运营时间、客流、光储配置、电价等条件进行深度的柔和调控。通过全控型的器件，实现设备并网控制、模式自动切换等短期功率平衡功能，同时通过系统与末端设备的物联网通信，平衡网源测及负荷侧。同时可以通过历史运营数据进行预判，研究能耗、成本最低的最优解，构建整体系统的最有运行状态，实现轨道交通建筑物近零碳。

3.应用情况

目前国内外光储直柔的应用仍在试探摸索当中，从清华大学江亿院士首次提出光储直柔技术理念开始，各方都在不断深入各方面研究。国内已有一些项目开展了光储直柔技术的应用探索，如深圳建科院未来大厦、苏州同里综合能源服务中心、环球建筑设计科创中心、格力直流小屋等项目。这些项目为从实际案例中摸索经验、完善该系统方式提供了重要参照。但上述经验均是民用建筑行业，在轨道交通暂未有试点应用。因此在轨道交通行业，仍需结合其运行特点进行深度研究。

3.2.4.6 电化学储能应用技术

1.技术原理

电化学储能利用电池实现电能与化学能的相互转化，其主要原理是利用可逆的氧化还原反应，离子在电池内发生转移从而带来电荷流动，最终实现电能的储存和释放。电化学电池主要由电极、电解质以及隔膜构成，不同类型电池的电极、电解液以及隔膜材料存在差异，主要电池类型包括锂离子电池、铅蓄电池、液流电池等。

锂离子电池主要采用锂合金的金属氧化物作为正极材料，采用石墨作为负极材料，并使用非水电解质溶液。目前主流的锂离子电池主要有镍钴锰酸锂或镍钴铝酸锂正极体系的三元锂电池、磷酸铁锂为正极材料的磷酸铁锂电池、钛酸锂作为负极材料的钛酸锂电池以及以富锂锰基、硅碳作正负极的固态锂电池（见图3.2.66）。

铅蓄电池除了当前大范围用作UPS电源、通信电源的铅酸蓄电池，还有

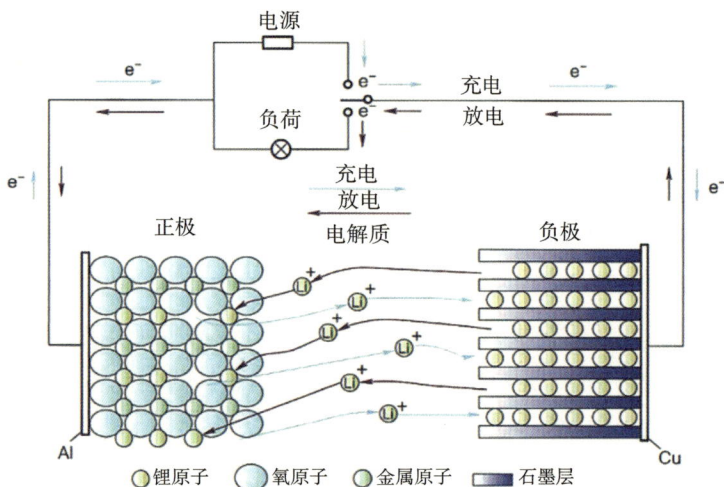

图3.2.66　锂离子电池工作原理示意图

新型铅碳电池。铅碳电池是一种电容型铅酸电池，它在传统的铅酸电池的负极中加入了活性碳，形成既有电容特性又有电池特性的铅炭双功能复合电极，显著提高寿命。

液流电池主要以全钒液流电池为主，通过把能量储存在含有不同价态钒离子的电解液中，经外接泵把溶液从储液槽压入电池堆体内完成可逆电化学反应，由此完成充放电。全钒液流电池中作为活性物质的钒离子仅在电解液中发生价态变化，不与电极材料发生反应，不会产生其他物质，使用寿命长、安全性好。

以上电化学储能技术中，铅碳电池尽管具备成本较低及具有循环寿命提升的优点，其制造及回收的环保问题难以回避；液流电池的能量密度小、溶液储罐占地空间大，技术成熟度及商业化程度有待提高。当前最为成熟、理想的储能技术为锂离子电池。目前锂离子电池性能大幅提升，成本也迅速下降，全产业链基本能实现国产化，部分类型电池循环寿命可超过1万次，并在电力行业新能源发电配储、电网调峰调频等多领域广泛应用。

2.技术特点

当前在城市轨道交通行业中仍广泛应用铅酸蓄电池，其他电化学储能电池的特点与铅酸电池对比可见下表3.2.11：

其他电化学储能电池的特点与铅酸电池的对比表　　　　表3.2.11

适用电池种类	铅酸电池	铅碳电池	液流电池	锂离子电池
用途	UPS电源、通信后备电源	UPS电源、通信后备电源	后备电源、中大型储能、削峰填谷	UPS电源、后备电源、动力电池、中大型储能、削峰填谷
使用寿命	2~3年	4~5年	15~20年	8~10年
循环次数	约1000次	2000~3000次	>1万次	约4000~10000次
能量密度	30~50Wh/kg	40~60Wh/kg	15~20Wh/kg	100~400Wh/kg
评价	寿命短、不环保，制造及回收存在污染	寿命比铅酸电池提高，不环保，制造及回收存在污染	安全性高、寿命长，但能量密度低，占地大，处于示范推广阶段	适用度高，综合性能好，转换效率高，价格较高，存在消防安全隐患

数据来源：《大规模储能技术发展路线图》中国电力出版社、论文资料等。

以上不同材料的电化学储能电池对比，锂离子电池寿命较长、安全性好、适用度高，技术发展最为成熟。其中锂离子电池可分为以下几种常见类型见表3.2.12：

锂离子电池常见类型　　　　　　　　　　　　　表3.2.12

电池分类	三元锂电池	磷酸铁锂电池	钛酸锂电池	固态锂电池
正极体系	镍钴锰酸锂或镍钴铝酸锂	磷酸铁锂	镍钴锰酸锂或锰酸锂	富锂锰基
负极体系	碳材料	碳材料	钛酸锂	硅碳
隔膜体系	PP/PE	PP/PE	PP/PE	无隔膜与电解液
体积能量密度（Wh/L）	450～650	280～340	260～300	≥600
重量能量密度（Wh/kg）	180～400	100～200	70～100	≥400
充放电寿命	500～3000	5000～7000	≥10000	4000
安全性	较差	较高	高	高

在各类锂离子电池中，磷酸铁锂电池寿命较长、安全性较好，在储能应用方面占比高达88.72%（在各类储能项目锂离子电池中占比，数据自中电联《2022年度电化学储能电站行业统计数据》）；三元锂电池的功率密度和能量密度较高，适用于中小型动力电池及数码产品；固态电池为当前汽车行业正研发投产的新型动力电池，属于无电解液的固体电池，能量密度高且安全性好，但价格较高，目前应用于新能源汽车。

3.应用情况

2020年，北京交通大学研团队研发了1MW超级电容器＋锂离子电池地面式混合储能装置，在北京地铁八通线梨园站进行挂网试验，混合储能装置采用了800kW超级电容器和200kW钛酸锂电池和组成的混合储能系统，不仅实现了地铁的节能、减排等功能，还完成了紧急牵引救援试验。目前该混合储能产品在北京地铁八通线多站点设置示范应用。

上海航天电源技术有限责任公司自主研发生产的浮充式火型磷酸铁锂电池自2012年起已在上海轨道交通多条线路应用多年，主要应用于不间断电源（UPS）系统及通信电源系统中，并采用了主被动均衡控制技术来提高轨道交通领域储能锂电池组实际放电容量。

比亚迪通信信号有限公司已与港铁轨道、上海申通地铁、广州地铁、天津铁路信号等有合作项目业绩，将磷酸铁锂电池应用于UPS系统。已有改造应用案例：广州APM线集中UPS系统，广州地铁APM车站内各分散式UPS供电系统改造为集中式UPS供电系统，采用磷酸铁锂电池配套设备；港铁（深圳）轨道交通有限公司龙华线站点UPS更换，主要包括将福田口岸、福民、市民中心站3站通信系统UPS蓄电池更换为磷酸铁锂电池组，提供电池管理系统等。

3.2.4.7 氢能列车技术

1.技术原理

氢动力系统由氢燃料电池系统和车载储能系统组成，包括氢燃料电堆装置、氢气储存系统、冷却装置、超级电容或锂电池（见图3.2.67）。

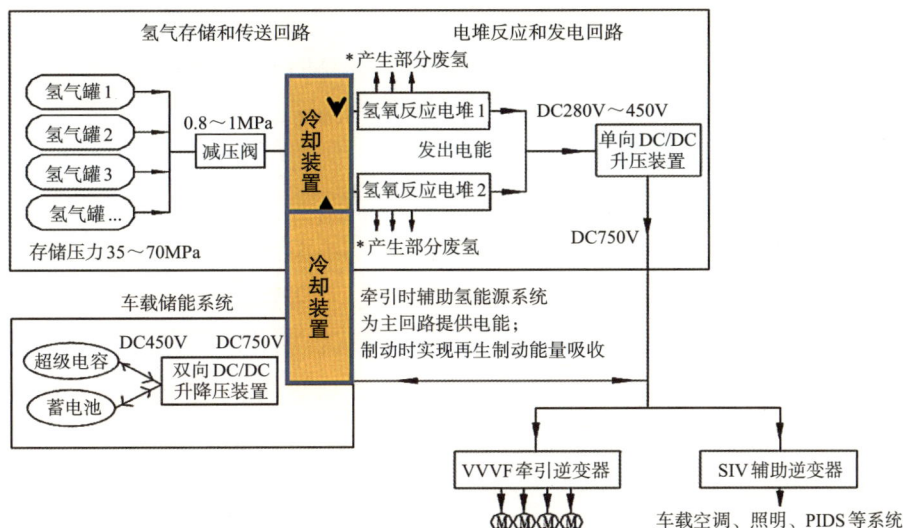

图3.2.67 氢动力系统框图

（1）氢燃料电堆装置

由于单片燃料电池的输出功率较低，一般情况下燃料电池电堆是由单片燃料电池并联形成电池组，由电池组构成满足功率要求的电堆。氢燃料电池基本结构包括：阳极、阴极、电解质和催化剂（见图3.2.68）。基本技术参数：

工作环境温度 $-20\sim40℃$

额定净功率 $200kW$

输出电压 $350\sim680V$

电流 $0\sim600A$

寿命 $>12,000h$

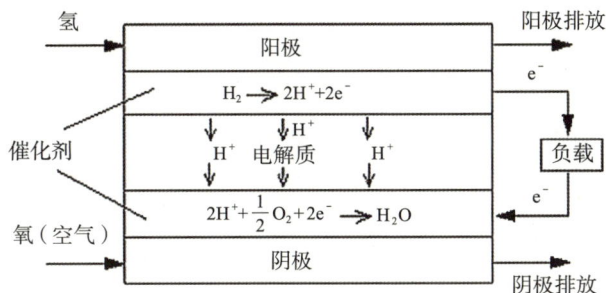

图3.2.68 燃料电池原理图

效率50%～60%。

（2）氢气存储系统

采用高压气态存储。目前车辆较多采用35MPa，140L水容积高压储氢形式，氢气罐主要采用铝制内胆外面缠绕碳纤维的方式制成。基础参数如下：

额定工作压力：35MPa

最大工作压力：42MPa

体积：140L

数量：可按需求设置

单个有效储氢量：3.3kg

具备的安全功能：高压防护、低压防护、超温保护、浓度检测、手动截止、防火泄放

（3）冷却装置

在氢气与氧气进行反应生成水的过程中会有热量产生，为保证氢燃料电池工作正常，在氢燃料电池内设有水冷却系统为其散热。基础参数如下：

单套额定散热功率：300kW

风扇电机电压：AC380V

调速：变频器调速

电机总功率：10.8kW

外形尺寸：1800×582×510

补水箱容积：33L

噪声：低于76dB

（4）车载储能系统

在列车牵引加速阶段辅助氢燃料电池动力系统提供能量；在列车制动时，通过双向DC-DC的工作实现再生能量的吸收。基础参数如下：

工作电压范围：640～830V

AH容量：120Ah

额定电压：736V

尺寸：2600×1700×550mm

重量：2200kg

防护等级：IP65

电度容量：88.32kWh

串并联数：3并320串/簇，共两簇

使用寿命：8～10年

2.技术特点

（1）环境友好

相对于传统能源，氢燃料电池不会产生任何有害污染，包括二氧化碳。燃料电池的产物只有水和少量热能，因此它可以实现温室气体零排放，没有金属小颗粒排放，并且能量容易储存。

氢燃料电池运行安静，噪声小于等于55dB。

氢燃料电池列车不需要外部电源供给，没有变电站，没有高压电网，没有受电弓，不影响城市景观，不影响街区车道通行净空。

（2）高能量利用效率

氢燃料电池能够将高效的化学能转化为电能，其能量转换效率高，能量密度高，续航里程长，一个小型加氢站可覆盖50km的线路长度。在能量转化效率和车辆控制方面均采用节能设置。氢燃料电池还具有快速启动的特点，并能提供稳定电源（见表3.2.13）。

氢能源车辆和其他储能式车辆总体对比表　　　　　表3.2.13

	储能有轨电车	燃料电池有轨电车
车辆类型	超级电容有轨电车、电池储能有轨电车	燃料电池轻轨、燃料电池城际车
行驶距离	超级电容：1~5km/电池：5~50km	100~1000km
基础设施	需要特殊充电站，会对电网产生重大影响	需要氢站，可以与其他类型的车辆共享
充气/充电时间	1~5h	3min

3.应用情况

（1）佛山高明氢能源有轨电车

2017年9月佛山市高明区氢能源有轨电车项目首列车下线，2019年12月30日开通试运营，单日最大客流接近1万人。车辆采用三辆车编组的100%低地板轻轨，载客量可达350人，一次充氢模拟运营条件续航能力可达137km（见图3.2.69和表3.2.14）。

（2）氢能源市域列车

2022年12月28日，中车长客股份公司联合成都轨道集团共同研制的具有自主知识产权的全球首列氢能源市域列车在成都下线。全球首列氢能源市域列车四辆编组，最高时速160km/h，内置"氢能动力"系统，为车辆运用提供强劲持久的动力源，可实现600km超长续航。

图3.2.69　高明氢能源有轨电车

高明氢能源有轨电车技术参数表　　　　　　　表3.2.14

车辆基本长度(mm)	35190(不含车钩)；36210(含车钩)
车辆基本宽度(mm)	2650
轴重（t）	≤12
车辆高度（mm）	3600
车内净高(mm)	2100
地板面高(mm)	375(客室)、345(门口处)
固定轴距(mm)	1900
车轮直径(mm)	660/623/586
单侧车门数(个)	12个对开门
车辆自重	60t±3%
载客量	坐席：60个；定员：285人；超员：360人
最高运行速度（km/h）	70
车体强度（kN）	400
平均加速度	（0km/h～35km/h）≥0.9m/s²；（0km/h～70km/h）≥0.6m/s²
制动性能（平均减速度）	常用制动≥1.1m/s²；紧急制动≥2.3m/s²；安全制动≥1.2m/s²
最大爬坡能力	50‰

3.2.4.8 自动扶梯直流端能源反馈技术

1.技术原理

在轨道交通领域，随着人口老龄化及经济社会的发展，满足人民对美好生活的向往，车站设置的自动扶梯越来越多，自动扶梯作为地铁运营的重要组成部分，每天运载数以万计的乘客，带来便捷的同时也带来巨大的能耗。自动扶梯传统的节能措施主要包括通过变频器降低运行速度，减少扶梯运行时间等方式，场景受限，具有比较大的局限性。另外根据电机原理，当下行的自动扶梯乘客载荷大于系统摩擦载荷后，扶梯电机处于发电状态，传统的方式是：①通过制动电阻发热消耗，白白浪费的电能，也带来制动电阻发热，空调能耗增高等问题。②采用变频器直接反馈电网，但也存在对电网造成谐波影响，污染电网电能质量等问题。

为贯彻新时代轨道交通绿色、节能、环保、可持续发展的理念，打造绿色可持续发展的现代化城市轨道交通，助力"双碳"国家战略，自动扶梯应用直流端能源反馈技术，实现再生能量的就地再利用。其技术原理是将两台并列布置的自动扶梯的变频器的直流母线连接，将下行扶梯产生的再生能量通过直流母线连接到上行扶梯使用，实现再生能量的就地再利用。

2.技术特点

（1）实现了并列自动扶梯中下行发电的自动扶梯能耗的就地再利用，节能、环保、绿色。

（2）满载情况下，经测试可实现每组扶梯节能率达到20%以上。

（3）解决了传统自动扶梯采用制动电阻白白浪费的电能及带来的发热以及空调能耗增加等问题。

（4）解决了传统自动扶梯采用变频器直接反馈电网时带来的谐波、电能质量等问题。

3.应用情况

目前轨道交通领域，自动扶梯直流端能源反馈主要处于试点应用阶段，试点城市包括广州，深圳等，后续将结合试点应用情况，逐步在大客流车站先期推广应用。

3.2.4.9 智慧能管技术

1.技术原理

地铁运营过程中消耗的能源主要是电能，电能能耗主要由列车的牵引能耗以及车站的动力照明能耗等组成。动力照明设备主要包括空调系统的冷水机组、冷冻冷却水泵和各类风机、自动扶梯、电梯、给排水、照明设备以及自动售检票系统设备、通信信号系统设备、监控系统设备等弱电系统用电设备，其中牵引和环控的通风空调系统是地铁的主要用电负荷。

为了降低能耗，减少运营成本，近年来城市轨道交通线路中均考虑增加了能源管理系统，系统通过监测各种能源的使用情况，实时收集能源的消耗数据。通过传感器和仪表的监测，能够得出准确的能源使用情况以及每个能源使用的时间、变化值，这些数据对于实现精细化的管理和用能优化的计划制定具有重要的参考价值。

2.技术特点

轨道交通能源管理系统的搭建主要有两种方式，一种是按独立系统建设，一种是集成于综合监控系统，目前各地实施以第二种情况居多。

能源管理系统由中央级设备及车站级设备组成，在集成于综合监控系统的方式下，将由综合监控系统提供传输通道，实现车站级、中央级功能及界面显示。

能源管理系统现场的多功能表计通过通信线与系统服务器实现双向通信。系统服务器实现实时数据通信和历史能耗数据接收与存储，并向最终用户提供数据统计分析服务，系统工作站主要提供能源管理系统实时运行界面和历史数据查询服务。

能源管理系统功能主要包括电度量采集、分类汇总、各系统某时段的用电总量及占比查询、报表生成等统计功能，可实现全部车站能耗的分类、分项和分户计量，并向上一级能源管理中心上传能耗数据。

能源管理系统从软件架构上分为能源计量、数据采集和监管平台三层结构。

能源计量：车站电能量的计量采用带有显示和通讯功能的电力监视仪或电度表。

数据采集：电能量的窗口数据均由ISCS系统负责采集，通过能源采集软件经由综合监控系统网络主动上报至控制中心，并由能源采集管理软件负责管理和配置能源采集软件。

监管平台：对采集的能源数据进行在线监测、统计、分析、监管和诊断。

3.应用情况

（1）广州地铁

广州地铁自"十二五"线路（6号线二期、9号线、13号线一期、14号线、知识城支线、21号线等）开始均设置了能源管理系统，实现对电能数据采集、传输和统计管理功能。

广州地铁在建"十三五"线路按广州地铁集团发布的企业标准《城市轨道交通能源管理系统技术规程》（Q/GZMTR-JS-NY-JK-001-2018）实施，该标准统一了各线的能耗数据采集范围、采集标准、能耗系统的硬件设置标准、系统功能标准和能耗指标计算原则。由各线综合监控系统实现能源管系统的车站级、线路级功能；由线网指挥平台（COCC）实现线网级功能。

广州地铁正拟在新一轮建设线路中尝试在企标要求的能耗统计和监视管理的基础上，加强采集、传输、存储和线网级统一管理功能，重点加强利用大数据平台进行综合分析和计算的能力。

（2）深圳地铁

深圳地铁能源管理系统集成于综合监控系统，由综合监控系统提供传输通道，实现车站级、中心级界面显示。能源管理系统对地铁主要用电负荷、用水情况分类统计分析，根据各用电负荷特点，对各种用能设备进行节能管理分析及节能控制。节能控制通过BAS系统实现，节能优化控制方案包括中央空调水系统节能控制和中央空调风系统节能控制。电力多功能仪表的设置由低压配电专业实施。SCADA系统的各类电力仪表信息均纳入能源管理系统。能源管理系统以地铁车站为计量单位，实现车站用电、用水的总计量；同时实现用电分项计量，对各计量回路实现三相电压、电流、功率因数、有功功率、无功功率、有功和无功电度、频率等电力参数的实时监测。

（3）西安地铁

西安地铁第二轮已开通的5、6、9、14号线，由低压配电专业独立设置电能管理系统。在智慧车站示范工程中实现能源管理功能，包括对车站35kV、牵引用电、低压配电0.4kV、通风空调电控柜多功能电表的电能计量数据、电力参数（三相电压、电流、有功功率、无功功率、功率因数、频率等）的采集、统计、分析。同时采集关键水路的智能水表数据实现智能水务功能，采集通风空调系统以及环境参数，实现空调节能系统。

通过总结项目建设和应用经验，正在建设的三期线路8、10、15号线中，已在各线综合监控系统中推广实施智慧车站示范工程的能源管理系统功能。目前考虑在第四期线路在能源管理功能的实现上，加强以下方面的工作：

（1）建立起企业线网级能源管理体系平台。应考虑在线网指挥中心二期工程中，实现线网级能源管理平台。从企业上层管理的角度，对各线的运营进行监督、考核、策划。

（2）加强对能源数据的分析和辅助决策。利用数据可视化等技术，以指标化的形式显示能源数据和信息，通过业务特征和历史数据的建模，分析出不正常的能源消耗，并能对耗能设备和系统提出技术改造建议。

（3）细化能耗监测点。电耗、水耗的监测和分析需要在现场设置智能表计，考虑到建设成本，选取重点、有效的位置安装和测量。

3.2.4.10 嵌入式轨道减振技术

1.技术原理

既有的扣件类、轨枕类及道床类轨道减振技术，降低了列车运行对环境振动的影响，但同时由于轨道支承刚度降低，增加了车体振动，带来车内噪声低频放大，影响旅客舒适度，降低其乘车体验。

针对城轨交通行业减振、降噪等技术瓶颈，广州地铁集团有限公司联合广州地铁设计研究院股份有限公司、广州振宁交通科技有限公司、西南交通大学、新筑股份，借鉴连续支承的设计理念，采用车/轨耦合的动力学仿真模型分析，通过系统、严谨的科学试验和检验验证，研发出一种"主动减振＋兼具降噪＋绝缘＋日常维养工作量小"的嵌入式连续支承轨道系统（以下简称嵌入式轨道）（见图3.2.70）。

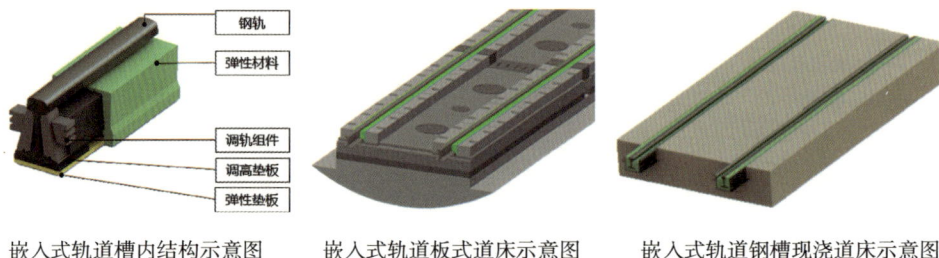

嵌入式轨道槽内结构示意图　　　嵌入式轨道板式道床示意图　　　嵌入式轨道钢槽现浇道床示意图

图3.2.70　嵌入式轨道示意图

嵌入式连续支承轨道采用连续支承、弹性锁固的设计理念将钢轨嵌入到整体道床中，改善了轮轨接触关系，从源头和传播途径上控制轨道和车辆的振动噪声，具有良好的防杂散电流的作用。

第一代整体式板式轨道在广州地铁14号线知识城支线首次应用，进6年服役过程中，性能保持良好。在第一代整体板式轨道基础上，广州振宁交通科技有限公司研发了第二代拼装化板式轨道，将混凝土挡台优化为拼装化结构，实现轨距（−20，＋4）调整，提升施工、维护工效，应急抢险可15min恢复通行，两代嵌入式轨道结构的性能对比见表3.2.15。

嵌入式轨道结构优化升级对比表　　　　　　　　表3.2.15

对比项目	第一代整体式板式轨道	第二代拼装化板式轨道
减振性能	高等级减振	高等级减振
降噪性能	5～7dB（A）	5～7dB（A）
绝缘性能	25Ω·km	25Ω·km
施工	定点焊接	移动焊接
	凸台二次浇筑、现浇凸台树脂、砂浆调整层、施工工效略低	调整层、凸台一次性浇筑，施工工效近扣件式轨道
	轨通节点时间延后	轨通时间与扣件式轨道一致

续表

对比项目	第一代整体式板式轨道	第二代拼装化板式轨道
维护	需专用设备	常规工器具
	工效略低	应急抢险15min恢复通行
	轨距调整困难	可实现轨距（-20，+4）调整

2.技术特点

连续支承的嵌入式轨道改善了轮轨接触关系，从源头和传播途径上控制轨道及车辆振动，具备如下技术优势：

轨道系统安全性好：钢轨连续锁固，改善了钢轨受力，轮轨力为普通离散支承轨道20%～40%，且钢轨断缝值小（6.23mm，小于有缝线路轨缝8mm；远小于无缝线路断轨容许值70mm）；钢轨两侧连续支撑，抗倾覆能力好（见图3.2.71～图3.2.73）。

（a）垂向刚度测试 　　　　　　（b）横向刚度测试

（c）纵向刚度测试 　　　　　　（d）垂向上拔测试

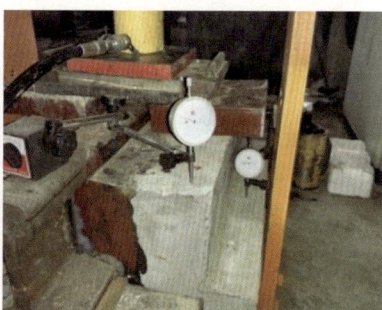

图3.2.71 缩尺样件测试

减振性能。根据GB/T 10071《城市区域环境振动测量标准》和GB/T 10070《城市区域环境振动标准》对广州地铁14号线嵌入式轨道段、普通扣件式轨道段、某高等减振段进行了轨道振动测试（见图3.2.74），测试对比结果如表3.2.16所示。

图3.2.72 足尺样件疲劳测试

序号	检测项目	技术要求			单位	检测结果	判断	备注
1	外观	表面应平整、清洁、无剥离、开裂现象			/	未见异常	合格	/
2	轨距	/			mm	1435.1~1436.6	/	/
3	疲劳性能	静刚度变化率≤25	疲劳前刚度	横向	kN/mm	49.20	/	/
				竖向		84.80		
				整体竖向		67.84		
			疲劳后刚度	横向	kN/mm	55.09	/	
				竖向		72.82		
				整体竖向		68.06		
			变化率	横向	%	11.98	合格	
				竖向		-14.12		
				整体竖向		0.33		
		动刚度变化率≤25	疲劳前整体竖向动刚度		kN/mm	71.85	/	
			疲劳后整体竖向动刚度		kN/mm	73.97	/	
			变化率		%	2.94	合格	
		轨距变化≤6			mm	0~1.5	合格	
		疲劳后外观				未见异常	合格	

主检人：　　　　审核人：　　　　签发人：　　　　单位（章）

图3.2.73 足尺样件测试结果

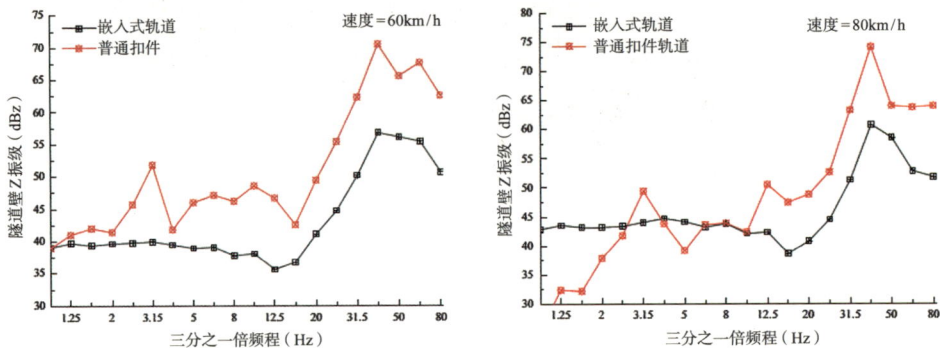

图3.2.74 嵌入式轨道与扣件式轨道减振等级对比

轨道振动测试对比					表3.2.16

测试项目		测试值 dB		插入损失		嵌入式轨道减振能力
	轨道类型	60km/h	80km/h	60km/h	80km/h	
振动 (隧道壁)	普通轨道	74	76	–	–	↓12dBZ
	嵌入式轨道	62	64	12	12	–
	高等减振轨道	65	66.3	9	9.7	↓2–3dBZ

降噪性能。广州地铁14号线实测结果：

（1）轮轨噪声：嵌入式轨道较普通扣件、某高等减振分别降低7dB（A）、10dB（A）（见图3.2.75和表3.2.17）。

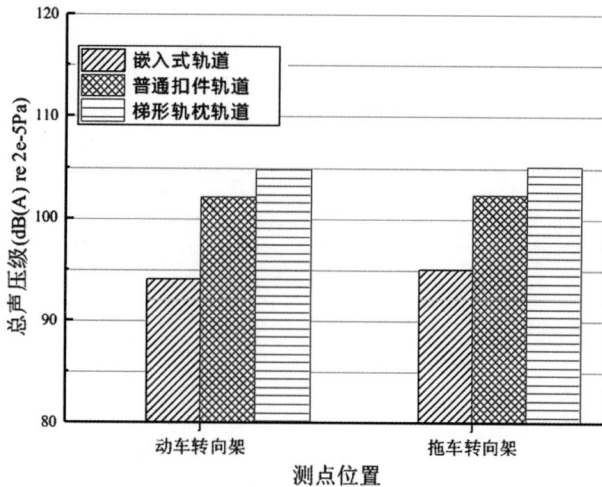

图3.2.75 转向架区域轮轨噪声总声压级

转向架区域轮轨噪声总声压级	表3.2.17

轨道类型	总声压级（dB（A））
嵌入式轨道	95
普通扣件	102
某高等减振	105

（2）车内噪声：嵌入式轨道较普通扣件、某高等减振分别降低5～6dB（A）、8～10dB（A）（见表3.2.18）。

（3）车外噪声：嵌入式轨道较普通扣件式轨道车外噪声降低4.3dB（A）（见表3.2.19）。

绝缘性能。高绝缘性材料包裹钢轨，源头消除杂散电流，对地过渡电阻达25Ω·km。嵌入式轨道钢轨被弹性材料全包覆（除轨顶面），具有良好的绝

车内噪声A声级（单位：dB（A））　　　　　　表3.2.18

轨道类型	司机室	1车（拖车）		
		客室前	客室中	客室后
嵌入式轨道	64.9	67.6	68.2	69.8
普通扣件	72.2	75.2	76.5	77.5
某高等减振	73.4	77.0	78.5	79.6
轨道类型	司机室	2车（动车）		
		客室前	客室中	客室后
嵌入式轨道	72.0	69.4	68.8	70.7
普通扣件	81.2	76.9	76.1	77.9
某高等减振	84.3	79.5	78.3	80.1

列车通过时段内等效连续A计权声压级　　　　　表3.2.19
（Laeq，Tp，dB（A））

轨道类型	总声压级（dB（A））
嵌入式轨道	89.1
普通扣件	93.4

缘性能。嵌入式轨道用弹性材料绝缘性达$2.25 \times 10^{10} \, \Omega$，远远高于标准要求值（$\geqslant 10^8 \, \Omega$）。

广州地铁14号线知识城支线嵌入式轨道实测结果显示：10组过渡电阻测试结果平均值为$25.272 \, \Omega \cdot km$，高于标准要求值（新建线路$\geqslant 15 \, \Omega \cdot km$；运营线路$\geqslant 3 \, \Omega \cdot km$）（见图3.2.76）。

改善轮轨接触关系。消除了Pinned-Pinned共振模态，抑制轮轨异常磨耗。由于离散扣件支撑方式的存在，当轨道受到激励后，会产生垂向和横向的pin-pin共振峰，并沿着纵向方向上会出现周期性变化，在长时间作用下，轮

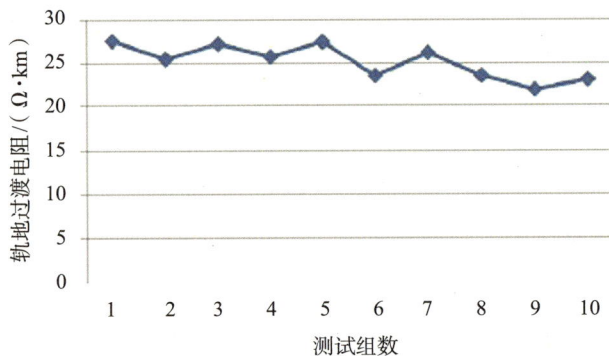

图3.2.76　轨道过渡电阻测试结果统计图

轨相互作用而产生波磨的机理。

经广州地铁镇龙车辆段嵌入式轨道（R=305m）跟踪监测，从2017年12月正式运营至今，钢轨表观质量良好，无任何维修维护，无波磨产生（见图3.2.77）。

图3.2.77　曲线半径为300～400m普通扣件式轨道与嵌入式轨道钢轨表观质量对比

3.应用情况

目前，嵌入式轨道系统已在四川、广东、云南、海南、江苏、山东、湖北、甘肃、江西等多个城轨项目中设计及应用（见表3.2.20）。主要包括：

广州地铁14号线知识城支线嵌入式轨道段从2017年建设至今，运营近5年，据运营反馈嵌入式轨道状态保持良好（直线和曲线段），日常基本免维护，未进行任何维修；减振、降噪、绝缘电阻性能保持良好。本线路在运营期间开展了两次轨道性能跟踪监测（见图3.2.78），结果如下：

嵌入式轨道工程应用统计（不含初设前项目）　　　　　　　表3.2.20

序号	类别	工程名称	应用时间	应用长度	应用效果
1	地铁	广州市地铁14号线知识城支线	2017	200m	应用5年，轨道几何形位、减振降噪效果保持良好，钢轨无波磨产生
2		广州市地铁14号线镇龙车辆段出段线	2017	130m	
3		贵阳地铁3号线	2022	810m	试运行，正常
4		福州地铁5号线	2022	357m	试运行，正常
5		苏州地铁8号线	建设中	400m	—
6		青岛地铁6号线	建设中	600m	—
7		深圳地铁3号线延线	建设中	150m	—
8		南昌地铁2号线延线	建设中	260m	—
9		成都新筑股份轨道基地示范线	2014	1290m	应用9年，轨道几何形位、减振降噪效果保持良好，钢轨无波磨产生

续表

序号	类别	工程名称	应用时间	应用长度	应用效果
10	市域	广州地铁22号线陈头岗车辆段	2022	140m	应用近2年，轨道几何形位、结构整体性保持良好
11		广州地铁18号线陇枕车辆段	2021	240m	—
12		广州地铁18号线万顷沙车辆段	2021	450m	—
13		苏州轨道交通S1线	2022	300m	试运行，正常
14	铁路	成德市域铁路S11线	2023	500m	设计上图
15		兰州中川北站专用线	建设中	786m	—
16		许昌专用线	建设中	220m	—
17	有轨电车	成都现代有轨电车示范线R1线	2014—2015	4000m	共享道口开通8年，轨道几何形位、结构整体性保持良好
18		滇南中心城市群现代有轨电车示范线	2016—2017	400m	共享道口开通近5年，轨道几何形位、结构整体性保持良好
19		三亚有轨电车示范线	2017、2019	1350m	共享道口开通近4年，轨道几何形位、结构整体性保持良好
20		成都有轨电车蓉2号线	2017—2019	28950m	应用4年，几何形位、减振降噪效果良好，钢轨无波磨产生
21		文山州城市轨道交通现代有轨电车示范4号线	2020	200m	应用近2年，轨道几何形位、结构整体性保持良好
22		都江堰旅游线有轨电车	2021—	8650m	部分路口、既有桥梁已对社会车辆开通，其余路段陆续实施中
23		黄石现代有轨电车	2021—	3300m	完成实施，路口开通近3年，轨道几何形位、结构整体性保持良好
24		丽江有轨电车	2022	150m	完成实施
25		广州黄埔2期有轨电车	2020—	3500m	部分路口、国内首组嵌入式道岔已对社会车辆开通，其余路段陆续实施中
26		天水有轨电车二期	建设中	5000m	—
27		张掖丹霞有轨电车	建设中	300m	—
28		张掖有轨电车S1线	建设中	1000m	—
合计				63633m	

（a）振动测试　　　　　　　　　　　　　　（b）噪声测试

（c）过渡电阻测试　　　　（d）轨道几何行位监测　　　　（e）轨道频响测试

图3.2.78　嵌入式轨道跟踪测试

两次跟踪监测结果：嵌入式轨道在减振、降噪、绝缘电阻性能方面具有良好性能，在线路服役状过程中保持稳定（见表3.2.21和表3.2.22）。

第一次跟踪监测结果　　　　　　　　　　　　表3.2.21

测试项目		直线段	曲线段
动力学性能	安全性、稳定性	远低于限制要求	同直线段
	舒适性	非常舒适	同直线段
轨道绝缘性	嵌入式轨道绝缘性	25.3Ω·km	同直线段
振动传递	底座基础较轨头垂向振动加速度级峰值衰减	10dB	10dB
	轨头到底座基础的垂向振动平均传递率	↓50%~70%	对比轨道为弹条Ⅲ型普通扣件式轨道	—
车辆振动	车辆关键位置振动加速度	↓10%~40%	—
噪声	轮轨噪声	↓5~7dB(A) 对比轨道为弹条Ⅲ型普通扣件式轨道	↓3~4dB(A)
		↓10dB(A) 对比某高等减振轨道	
	车内噪声	↓5~6dB(A) 对比轨道为弹条Ⅲ型普通扣件式轨道	—
	车外噪声	—	↓4.3dB(A)

对比轨道为弹条Ⅲ型普通扣件式轨道

第二次跟踪监测结果   表3.2.22

测试项目		测试值		插入损失		嵌入式轨道减振能力
	轨道类型	60km/h（dBZ）	80km/h（dBZ）	60km/h（dBZ）	80km/h（dBZ）	
轨道振动	整体道床扣件轨道隧道壁（普通扣件）	74	76	—	—	↓12dBZ
	嵌入式轨道隧道壁	62	64	12	12	—
	某高等减振隧道壁	65	66.3	9	9.7	↓2~3dBZ
车内噪声		↓4~6dB（A）		相对于普通扣件		

3.3 导轨式胶轮系统篇

3.3.1 概述

作为低运量城市轨道交通的创新力量和新生力量，导轨式胶轮系统近几年稳步有序发展。2021年4月16日，重庆璧山线开始初期运营，成为首条导轨式胶轮系统运营线路。2022年12月28日，深圳坪山线也开始载客初期运营。

截至2022年底，全国导轨式胶轮系统的运营里程为32.86公里，在建线路里程为55.09公里，建设规划里程超过200公里，线网规划里程超过1000公里。

标准方面，目前导轨式胶轮系统相关标准以地方标准和团体标准为主，相关国家标准和行业标准暂时处于缺位状态。截至2022年底，已有15省市发布32项地方标准，另外还有5项地方标准尚在编制过程当中。

设计创新方面，导轨式胶轮系统在车辆、智能控制、景观融合、车站、区间、设备系统和综合车场等方面采用小型化、轻量化、集约化设计，使线路可贴近建筑、深入社区，构建城市微循环系统，解决最后一公里问题。

基础设施创新方面，导轨式胶轮系统在传统轨道交通基础上，对轨道梁、道岔、供电等技术均进行了自主研发和创新，尤其是滑块式秒级道岔、高精度钢轨道梁等，实现了核心技术自主化与国产化创新。

工程建设管理模式创新方面，导轨式胶轮系统通常采取全链条式管理，打造"交钥匙工程"，总包方对承包工程的质量、安全、工期、造价全面负责。

为促进大中低运量轨道交通协调发展，行业正在积极推动低运量轨道交通标准体系建设、顶层规划与城市空间的融合发展以及项目建设灵活投融资模式。

3.3.2 标准建设

3.3.2.1 已发布地方标准

由于国家标准和行业标准等上位标准的暂时缺位，导轨式胶轮系统在工程建设时的参考标准，通用标准以国标为主，专用标准以地方标准为主。截至2022年底，已有安徽、广西、重庆、陕西、贵州、长沙等15省市正式发布导轨式胶轮系统相关工程建设地方标准（见表3.3.1）。

部分导轨式胶轮系统地方标准　　　　　　　　表3.3.1

序号	省份	标准名称	标准编号
1	安徽	低运量导轨式胶轮系统设计规程 第1部分：导轨梁式	DB34/T 4251.1—2022
2	安徽	低运量导轨式胶轮系统施工及验收规程 第1部分：导轨梁式	DB34/T 4252.1—2022
3	南宁	导轨式胶轮系统设计规范	DB4501/T 4—2022
4	南宁	导轨式胶轮系统施工及验收标准	DB4501/T 5—2022

3.3.2.2 在编地方标准

截至2022年底，还有山东、重庆和湖北三地的5项导轨式胶轮系统工程建设地方标准在编制当中，所处阶段为征求意见或待报批（见表3.3.2）。

部分导轨式胶轮系统在编地方标准　　　　　　　　表3.3.2

序号	省份	标准名称
1	山东	导轨式胶轮系统设计规程
2	山东	导轨式胶轮系统施工规程
3	重庆	导轨式胶轮系统运营前安全评估规范
4	重庆	导轨式胶轮系统运营管理规范
5	湖北	导轨式胶轮系统交通工程技术规程

3.3.3 设计创新

导轨式胶轮系统具有融合性、轻量化、集成化等特点，体量小、简约、节约、经济，可深入城市社区及周边建筑，灵活程度高，绿色环保，非常适合构建城市微循环系统，解决最后一公里问题。

3.3.3.1 车辆设计

车辆和车体结构设计为整体工程项目建设提供基础要素。导轨式胶轮系统车辆采用轻量化车体、嵌入式一体化转向架系统、永磁同步电机、动力电池（见图3.3.1）。采用动力电池供电，全线不设接触网，制动采用"全电制动"，高速完全使用电制动以满足车辆常用制动需求，机械制动仅用于驻车，搭载智

（a）轻量化车体　　　　　（b）嵌入式一体化转向架系统

（c）永磁同步电机　　　　（d）动力电池

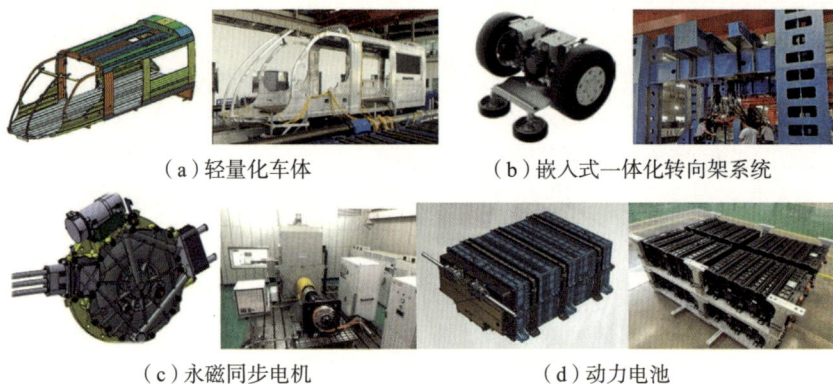

图3.3.1 导轨式胶轮系统车辆和车体结构设计图

能化供电系统，实现电能高效利用。

车辆采用胶轮走行系统，噪声低，且具有较强的转弯、爬坡能力。最高运营速度达到80km/h，最小转弯半径仅为15m，最大爬坡达到120‰，车公里能耗仅为0.5～0.6kWh（其中牵引能耗0.3kWh），嵌入式设计可以使整车抗12级台风，安静的胶轮走行，噪声低至68dB，达到行业领先水平（见表3.3.3）。

车辆主要参数表　　　　　　　　　　　　　　　表3.3.3

名　称		车辆类型	
		Mc	M
车体长度（mm）		8300	7000
车体宽度（mm）		2400	
车辆高度（mm）		≤3500	
轴距（mm）		4200	
轮距（mm）		1380	
地板距走行面高度（mm）		≤910	
最小转弯半径（m）		15	
每辆车单侧车门数（个）		1	
车门开度（mm）		≥1300（双开门）	
车门高度（mm）		≥1850	
轴重（t）		≤7	
载客人数	座位数（个）	19	20
	定员人数（人）	70	70
	超员人数（人）	100	100
构造速度（km/h）		90	

续表

名　称		车辆类型	
		Mc	M
最高运行车速（km/h）		80	
性能	起动平均加速度（m/s²）	>0.9	
	行车制动平均减速度（m/s²）	≥1.0	
	应急制动平均减速度（m/s²）	≥1.2	
	最大坡度	12‰	
	纵向冲击率（m/s³）	≤0.75	
能耗指标	车·公里能耗（kW·h/车·km）	≤0.55	
车载储能	电量（kW·h）	≥150	

3.3.3.2 智能控制系统设计

1. 全自动运行系统

全自动运行系统基于城轨云架构，以列车自动控制为核心，深度集成综合监控、供电、ATS等系统，互联了CCTV、PIS（乘客信息系统）、站台门、门禁、时钟、AFC（自动售检票系统）等系统。系统满足全自动无人驾驶要求，覆盖正常场景、故障场景、应急场景三大板块共83个场景，实现全面由信号防护下的安全行车与设备监控。以运营场景为导向，以用户体验为核心，整合系统架构，统一数据库，统一接口，并结合运营实践将乘客服务纳入FAO（全自动运行系统）范围，提升了系统联动效率和乘客体验，为运营和维保提供了便利。

（1）列车自动控制系统

系统包含车载设备、轨旁设备、中心设备、车场设备和车地无线网络。根据时刻表自动触发列车运行场景，包括自动休眠唤醒及充电作业、多目标自动决策、协同运行控制、关键行车信息状态修的列车控制。

（2）综合承载系统

建立综合承载网络，采用集约型综合承载、开放创新的列车信息网络，实现承载信号、车辆、集群、通信多重业务。配置大容量的车地双向通信系统，车-地无线网络兼容多种的组网方案，设置专用A网为信号控制提供专用车地双向传输通道，设置B网提供信号控制、PIS、车载CCTV、车辆信息等无线传输通道。系统支持宽带集群调度系统，提供音频、视频的集群调度需求。

（3）智能运维系统

通信信号智能运维平台汇集弱电各专业及车辆设备数据，实现设备全联接、数据全融合、场景全联动，实现一体化的运营指挥，最大化数据资产的价值。

（4）综合调度系统

系统具备行车调度、乘客调度、设备调度、车辆调度功能，它以行车指挥为核心，完全集成与行车指挥密切相关的专业子系统，通过统一的人机界面对行车运营调度情况进行监控。调度系统的数据能实现按需共享，并通过统一的平台进行管理。各专业深度集成，实现各专业系统的标准接口、数据共享，协同联动控制，运输组织优化。

（5）站台门系统

站台门系统满足全自动运行的车门－站台门联动、车门－站台门间隙夹人/物防护、站台门状态监测防护、对位隔离等功能要求。

2.乘客信息与服务系统

乘客信息与服务系统具备广播、信息发布、求助对讲和客流监测功能，具有与火灾自动报警系统联动的功能。列车广播系统与列车配套设置，具有自动和人工播音功能，同时可接受控制中心调度人员通过无线对讲系统面向列车中的乘客进行语音广播。可在车站公共区和车厢内部配置信息显示屏、广播扬声器和乘客求助对讲机，控制中心配置广播主机、信息编播设备和求助对讲主机。

3.自动售检票系统

自动售检票系统由中央计算机系统、车站售检票设备等组成，与城市"一卡通"清算系统互联，实现清分结算功能。车站售检票设备利用通信传输系统提供的通道组网，支持现金、移动支付、银联卡等多种方式购买车票。设备可根据实际情况采用闸机或检票读卡器读取实体单程票、二维码车票、储值卡、移动终端和银联卡等车票介质，预留人脸识别无感支付条件。系统根据客流规模进行配置，如车站设有闸机设备，具备紧急状况下自动开启闸机的功能，并与火灾自动报警系统实现联动。

4.安防系统

导轨式胶轮系统根据《城市轨道交通公共安全防范系统工程技术规范》GB 51151—2016要求，并结合运营管理模式需求设置安防系统。视频监控系统为控制中心调度员提供车站运营、列车运行、防灾、救灾及乘客疏导等方面的视频图像信息，具有图像智能分析功能。视频监控系统采用高清网络监控技术，可在车站公共区、车站重要设备用房、站台门、楼扶梯、道岔区域、区间和列车车厢等重要区域设置摄像机。

安防系统在重要设施的通道门、设备用房及管理用房等处设置门禁，并根据安全等级要求进行配置。门禁系统与火灾自动报警系统进行联动控制，满足消防疏散的要求。综合车场、地面线、地面线与高架线的过渡段、地下线与地面线的过渡段设置周界入侵报警系统。

3.3.3.3 景观融合设计

导轨式胶轮系统采用全线高架敷设方式，墩柱小巧，线型设计灵活，线路隐蔽于绿化带内，与道路景观融合一体。重庆璧山项目采用路侧敷设，与周边的树木和公园融为一体，若隐若现，深圳坪山项目设计时，在尊重城市地域特色前提下，适当增强城市的景观效果，风格上与周围环境相协调，既有统一的格调，又有本身的特点（见图3.3.2和图3.3.3）。

图3.3.2　重庆璧山云巴与景观融合　　　　图3.3.3　深圳坪山云巴与景观融合

区间绿化是城市景观风貌的重要体现，绿化主要功能是庇荫、滤尘、减弱噪声、改善道路沿线的环境质量和美化城市。比如深圳坪山工程沿线绿化采用华南常见开花植物，随着线路延伸的不同区段，主次有序、轻重有别的渲染，塑造一年四季皆有花开的绿化景观，展现时空变换景观转变的效果。根据所经区域划分为：楼宇之间——沿线经过建成区，体现城市风貌；绿化公园——以公园绿地景观资源为主，主要在江岭站到燕子岭站之间；厂区文化——厂区和工业园区作为重点站，体现工业风文化气息。

3.3.3.4 车站标准化设计

车站整体具有小型化、标准化、集约化和装配化的"四化"特点。在保证舒适度前提下尽量减小车站体量，将车站融入城市绿化景观带中（见图3.3.4和图3.3.5）。车站设计简约、通透，对原景观基本不影响；布设在绿化带内，对既有道路基本无影响；结合斑马线设置车站，方便对向乘客乘车。弱化专

图3.3.4　重庆璧山云巴车站　　　　　图3.3.5　深圳坪山云巴车站

业，强化功能，车站用房由按专业划分改为按照功能需求划分，分为管理用房、强电用房和弱电用房，集中布置强电和弱电设备。全线基本为标准化车站，采用钢结构、装配式施工，经济、绿色、高效。同时，在有限空间内布置无障碍电梯、卫生间、导视系统等便民设施。

3.3.3.5 区间轻量化设计

区间以小型化、轻量化、绿色化为设计原则，采用"U型"钢结构梁，结构轻巧，自重较小；区间采用连续刚构体系梁，可优化结构受力，降低导轨梁高度，减少支座、伸缩缝工程量及维护工作（见图3.3.6和图3.3.7）。

图3.3.6　重庆璧山线区间　　　　图3.3.7　深圳坪山线区间

以标准化、模块化为设计原则，结合导轨式胶轮系统车辆荷载相对较小的特点，采用标准断面及标准跨距30m，增加舒适度及视觉效果，降低施工对环境及社会的影响；跨路口尽量对原有道路进行渠化设计，合理布设墩位，在分隔带或绿化带中设墩，减少大跨结构数量，降低工程投资。

3.3.3.6 设备系统集成设计

通过深度集成、减少接口，弱化专业、强化功能、智能化、云计算的形式来保证项目经济性，并提升运营管理水平。区别于传统轨道交通，综合调度系统采用去车站化、强中心化理念，各专业深度融合；信号系统正线及车场ZC、CI整合；供电系统高、低压设备房整合。同时，正线车站变电所主接线和设备布置以及弱电系统设备布置均实现了标准化。

3.3.3.7 综合车场集约设计

深圳坪山线综合车场采用一栋楼立体化布局方案。具体为四层建筑体，首层保留社会停车场功能，二层为停车库，三层为控制中心，四层为业主办公区，可满足本线路的初期配属车辆的停放、维修、充电以及运营管理和综合调度等相关需求（见图3.3.8）。

整体遵循轻量化、集约化的设计理念，洗车、清扫线和废水处理站集中布置，临修线、电池更换设施集中布置，取消传统信号集中站概念，充电采用正线充电+车场充电相结合的方式，紧凑布置，减少车场占地面积，降低工程造

图3.3.8　深圳坪山线综合车场

价，节约运营费用。

3.3.4　基础设施技术创新

3.3.4.1　四合一轨道梁结构

基于导轨式胶轮系统低运量轨道交通系统的定位，其建筑体量小，造型轻盈通透，与传统桥梁箱型梁体不同，导轨式胶轮系统采用独创的偏心工字钢结构型式，在保证结构安全可靠的前提下大大优化了用钢量，较传统箱型钢梁节省材料约20%，节省建设成本，减少资源耗费。

U形钢轨道梁"身兼多职"，桥轨一体化，既是承重结构，又是走行和导向轨道，兼具桥梁、轨道、导向、检修疏散功能。具有方案简单、施工简便、成本低、周期短、城市景观好等优点（见图3.3.9）。

图3.3.9　导轨式胶轮系统钢轨道梁结构

2022年7月，在经过层层选拔与评审后，重庆璧山线的钢结构轨道梁被中国建筑金属结构协会授予"中国钢结构金奖"荣誉。

3.3.4.2　滑块式秒级道岔

导轨式胶轮系统道岔创造性采用滑块模式，通过将两侧梁体固定，中间公用梁体通过平移形式与两侧固定梁体形成不同的线路，从而达到换线的目的。滑块式秒级道岔技术的优势体现在整体结构、转辙时间、驱动结构、抗倾覆装置、智能控制、底板与台车导向板一体化6个方面（见图3.3.10）。

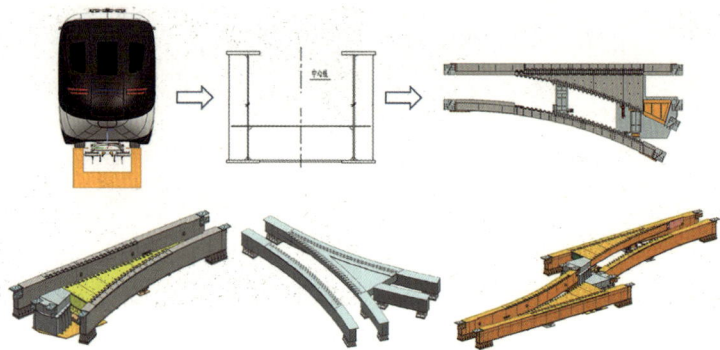

图3.3.10　导轨式胶轮系统道岔结构

道岔更加小型化和轻量化，转辙时间仅8秒，运营效率更高，车辆折返时间仅110秒；操作方便，安全可靠，故障率较低；曲线梁呈圆弧，通过性较好，速度较高；转弯占地面积小，线路灵活穿梭于楼宇之间，做到少拆迁。

重庆璧山线路区间共设道岔平台6座，共25组道岔，有单开、对开、曲线单开、单渡道岔、三开、五开多种类型，几乎涵盖导轨式胶轮系统道岔所有类型。

3.3.4.3　智能供电管理

导轨式胶轮系统采用动力电池供电，取消正线牵引供电系统，无需架设导电轨。顶部授流、柔性充电、全自动充断电，搭载智能续航管理系统、智能充电系统与智能变电所，提供智能电量提醒、智能压力、温度监测和充电工况不办客等功能。变电站具有智能预警、主动运维、网络化信息共享等功能，减少运营过程调度工作量和充电列车对正线运营的影响。比如重庆璧山线在折返轨设置自动充电列位，列车就近在正线或车场自动充电，满足高密度列车运行的需求（见图3.3.11）。

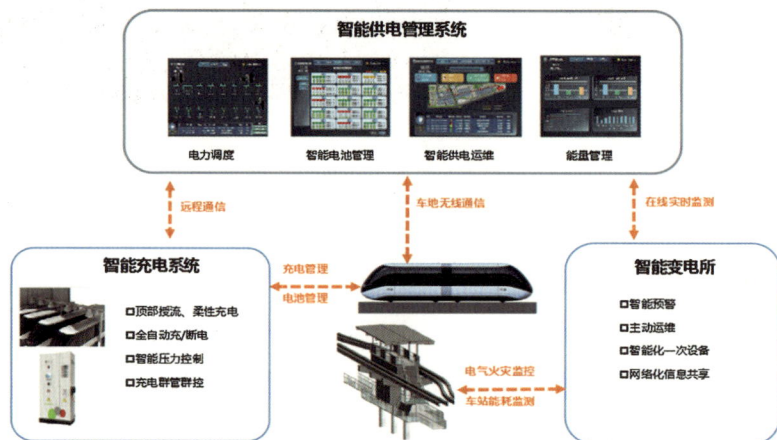

图3.3.11　重庆璧山线智能供电系统

3.3.4.4　装配式施工

桥墩、盖梁采用工厂预制，在项目现场地面上分段拼装成吊装单元，再在空中对接。装配式施工作为绿色施工的代表，能够最大限度降低对施工场地的要求，减小对周边环境的影响，同时施工工期也能大大缩减，实现施工建设过程中的低人工、低能耗（图3.3.12）。

图3.3.12　钢轨道梁安装

3.3.5　工程建设管理模式创新

3.3.5.1　全产业链集成管理模式

与传统分阶段、分企业管理模式不同，导轨式胶轮系统项目通常采用EPC模式，进行全链条式管理。利用总包方的垂直一体化整合能力，按照合同约定对工程建设项目的设计、土建、车辆、机电、通信信号、联调联试、试运行、试运营等实行全过程承包，打造"交钥匙工程"，并对承包工程的质量、安全、工期、造价全面负责。

3.3.5.2　技术质量管控机制创新

与传统2层或3层管控机制不同，导轨式胶轮系统重庆璧山线采取4层质量技术管控机制。①委托首盛建设集团有限公司作为监理单位，按照建设单位要求，监督跟进总包单位的各项工作进度；②委托林同棪（重庆）国际工程技术有限公司作为管理单位，代业主管理整体项目建设；③所有关键安全产品全部进行独立第三方安全认证；④委托业内资深专家作为驻场专家，进行全程技术指导。

3.3.5.3　全寿命周期管理理念

在国家防范化解重大风险攻坚战背景下，与传统分离式管理模式不同，导轨式胶轮系统项目采用全寿命周期成本管理理念，统筹设计、建设、运营、维保，使设计方案更加合理，建设工艺更加高效，服务品质得到提升，整体造价降低，性价比提高，为城市发展提供一种全新的低运量制式选择。采用集约化、轻量化和标准化设计，模块化生产，装配化施工，灵活拆转，降低建设成本。采用动力电池、智能供电、无人驾驶、全自动车辆段、智慧车站、智能运维等创新技术实现公交化运行，少人化管理，降低运营成本。

3.3.6 讨论

3.3.6.1 积极推动低运量轨道交通工程建设标准建设

常规大运量轨道交通经过30年的发展，设计理念已植入人心，各项标准指标已逐渐完善成熟。作为新型低运量轨道系统，导轨式胶轮系统的设计理念和设计标准与传统轨道行业不同，在建设、运营过程中无法完全套用地铁等大运量国家标准，需要建立真正适用于低运量轨道交通发展的标准体系，充分发挥其灵活特点和成本优势。

3.3.6.2 积极推动顶层规划设计与城市空间的有效融合

低运量轨道交通灵活性高，与城市融合具有天然优势，特别是导轨式胶轮系统，适应性强、环境友好，可与建筑和城市空间较好结合。因此，结合系统特性，应在顶层规划阶段整体统筹，推动低运量轨道交通进枢纽、进社区，作为毛细血管在地铁成网的超特大城市充分发挥加密和补充的重要功能，打通城市微循环。在都市圈、城市群的周边二三线城市纳入低运量轨道交通规划，发挥交通骨干作用，提前结合周边设施预留低运量轨道交通衔接通道，构建多层次轨道交通体系，充分发挥城市轨道交通整体效益。

3.3.6.3 积极推动项目建设灵活投融资模式

低运量轨道交通整体建设成本较低，运营模式灵活，资金风险相对较小，完善的多层次轨道交通网络构建对于缓解城市财政压力具有重要作用。为鼓励低运量轨道交通发展，可鼓励探索市场化手段，采取灵活的投融资模式，结合商业或物业开发等方式，建立低运量项目的自负盈亏综合运营平衡机制，为城轨行业提供新参考，为城市发展提供新方案。

3.4 暖通空调、环境控制及能源管理领域专篇

3.4.1 概述

轨道交通暖通空调系统，是调节隧道、车辆基地、车站站厅及站台、设备及管理用房等场所的温度、湿度、空气流速、空气品质、噪声等环境参数的系统，其建设目的是营造一个适用于地铁设备正常运转、人员安全舒适的人工环境。

3.4.1.1 地上线路建筑

为满足轨道交通地上线路运行要求，结合不同城市的气象条件，通常在车站、车辆基地设置有公共区通风或空调系统，在设备用房区域设置有通风、空

调系统，其系统形式与民用地上建筑相似。

1.地上车站公共区

地上车站分为地面车站和高架车站，其中以高架车站为主。

对于地上车站而言，由于其建筑个体相对独立，车站站位一般在城市道路主干线上，与周边城市建筑有一定的距离（环评要求），地上车站一般都具备良好的自然通风条件，因此，国内大多数地上车站的通风空调系统，原则上优先考虑自然通风。当高架车站外围护结构不具备开窗条件，或高架车站与周边城市建筑结合设置，与周边商业综合开发时，自然通风效果无法满足乘客及工作人员的需求，在此情况下设置机械通风系统，进行全面通风换气；局部通风、局部空调、局部采暖设置可以进一步满足乘客的"过渡性"舒适要求，目前已有多个地上站公共区域采用了这种方式；针对不同气候区满足公共区温度参数要求还可能会设置集中采暖、空调系统。

2.地上车站设备管理用房

地上车站设备管理用房是空调季采用空调降温或通风排出余热以满足工艺及人员舒适性要求，在非空调季采用机械通风换气排除余热以保证房间内环境温湿度要求，而在火灾事故时由空调通风运行转换为排烟模式。通常根据房间使用功能、性质和环境温度要求，将地铁设备管理用房分为管理办公类房屋、强电类设备房屋、弱电类设备及其他设备房屋四大类。

地上车站设备管理用房规模体量较小，设置集中冷站的必要性与实用性不强，因此，在地上车站设备管理用房中，其空调系统绝大多数采用了多联机空调＋新风系统形式，设备开启与控制更加灵活，从而满足设备用房的供冷、管理用房的供冷与供热需求。针对多联机空调，其室外机的冷源形式，有风冷和水冷两种。

3.4.1.2 地下线路及建筑

轨道交通地下线路通风空调系统主要由区间隧道通风系统与车站通风空调系统构成。由于城市轨道交通地下空间狭长，又有活塞风的影响，其通风空调形式较为特殊。

1.地下区间隧道通风系统

地铁列车于区间隧道内高速运行时，会带动隧道中的空气产生高速流动，类似汽缸内活塞压缩气体之现象，称之为地铁活塞风，是地下区间隧道通风的关键所在。

区间隧道通风系统主要由活塞风自然通风和通风机设备机械通风两部分组成。完全依靠列车高速运行所产生的地铁活塞风对区间隧道进行自然通风换气，以满足区间隧道新鲜空气供应及隧道内二氧化碳浓度、空气温度的相关要求（地下车站站台边缘设置密闭屏蔽门时，隧道内的空气温度不得高于40℃；地下车站站台边缘设置非密闭屏蔽门时，隧道内的空气温度不得高于35℃）。当区间隧道内因发生事故或活塞自然通风不能满足相应要求时则需要机械通风系统工作。

地下车站隧道段通常指地下车站范围内的车站轨行区域，由于列车进站停靠过程中车载空调会将大量冷凝热排除在该区域空气中，通常在地下车站轨行区域设置一套机械通风排热风系统（简称：车站轨行区域排热系统）。

2.地下车站通风空调系统

（1）地下车站公共区通风空调系统

地下车站公共区通风空调系统（通常简称为"大系统"）与列车内通风空调系统共同为乘客提供一个"过渡性舒适"的环境，其形式一般采用以下三种：机械通风系统、闭式系统（站台设全高/半高安全门或不设门）和屏蔽门系统。

城市地铁以隧道连接众多车站构成一个庞大的地下空间环境，出于基本卫生需求，总是需要设置与外界大气环境相通的通道。通过这些通道，采用机械通风或是自然通风的方式，地铁空间的空气与室外大气得以交换，以满足地铁环境的基本需求，这种形式在地铁中是最为普遍的。

当采用人工制冷或采暖措施后，为了减少消耗，地铁系统在制冷、采暖季节暂时切断（关闭）了地铁环境空间与室外大气环境的通道，从而形成今天业内人士所称的闭式系统。

集成闭式系统是在传统的闭式系统基础上提出的，它将隧道通风系统与车站公共区通风空调系统有机地结合在一起。地铁内部与外界空气基本隔断，仅供给满足乘客所需的新风量，车站采用空调系统，区间隧道的冷却借助于活塞效应携带部分车站空调冷风来实现。

典型车站在车站两端分别设置一条送风道和一条排风道，每端的送风道内设置可自动开启式表冷器（包括挡水板）和空气过滤器，并利用车站送排风道及风道内的送排风机、消声器、组合风阀等组成车站公共区空气处理系统。通过电动组合风阀的开闭转换及表冷器的开启，该系统能满足公共区空调季节最小新风运行、全新风空调运行和非空调季节通风运行等要求。车站公共区通风空调系统同时兼做站台、站厅的排烟系统，排风机兼排烟风机。车站送、排风机均为可逆转耐高温轴流变频风机。正常运行工况下，通过变频调整至车站所需的空调送、回风量和风压。

屏蔽门系统是在车站与隧道之间安装屏蔽门，将两部分空间分隔开，车站安装空调系统，隧道设通风系统（机械通风/活塞通风或两者兼用）。对于屏蔽门系统而言，在空调季较长的地区，可以减少区间活塞风对车站温度场和速度场的干扰，降低车站空调负荷，因此对系统节能比较有利。目前国内在建和已建成的大部分轨道交通线路采用屏蔽门系统，且公共区通风空调以一次回风全空气空调系统为主。

（2）地下车站空调冷热源系统

常规地下车站空调冷热源系统主要为车站公共区、车站设备管理用房的末端空调系统提供冷热水，其水系统多采用一级泵系统。早期使用定流量系统，随着技术的发展，现阶段空调冷冻水系统均为变流量系统，部分城市车站冷却水也采用变频技术。标准地下车站通常由两台螺杆式冷水机组、两台冷却塔、两台冷冻水泵、两台冷冻水泵及定压设备、集分水器、相应的阀门、管路组成冷源系统；市政热源＋采暖循环泵与冷源系统共用的分集水器、阀部件管路组组成热源系统。

（3）地下车站设备管理用房通风空调与供暖系统

地下车站设备管理用房功能及需求与地上车站类似。常见的通风空调系统形式有双风机一次回风（兼排烟）全空气系统、风机盘管＋新风＋通风排烟的复合系统、多联机空调＋新风＋通风排烟的复合系统等。

3.4.1.3 车辆基地、控制中心

车辆基地一般由综合办公、乘务员间休、停车列检、检修维护保养车辆车间、库房和辅助生产工艺厂房等功能建筑组成。人员办公、间休房间和弱电设备机房等设置空调系统，车间、厂房、库房等区域设置通风系统。北方采暖地区的车辆基地设置供暖系统。

目前车辆基地人员办公、间休房间常用的空调系统主要有两种形式：水冷机组＋风机盘管系统和多联机空调系统。水冷系统目前多用于夏热冬暖地区的车辆基地，比如广州地区。风机盘管水冷系统舒适度高，运营费用低，但是需要设置大面积的制冷机房和水泵房，屋面设置冷却塔，荷载较大。随着多联机空调设备性能的逐步提升，夏季制冷和冬季制热的特性使其可在夏热冬暖到严寒、寒冷地区都可使用，适用范围越来越广，加上其系统形式和室外机布置灵活，已经越来越多的成为各地车辆基地的空调系统首要选择，比如厦门、西安、成都、上海、青岛等地区。

控制中心弱电机房常用的空调系统主要有两种形式：机房专用空调和多联机空调系统。机房专用空调可实现恒温恒湿，温控误差小，精密度高，可长期保持弱电机房内的合适工作环境，但其存在占地面积大、运行时噪音大的缺点，前期配合机房方案时需要预留足够的空调位置，机房尽量集中设置且远离人员工作区域。多联机空调系统组合灵活，服务半径大，吊顶安装，不占用机房面积，运行时噪声小，越来越多的运用于弱电机房内。

3.4.1.4 环境与设备监控系统

环境与设备监控系统（常被简称为"环控系统"）对轨道交通建筑物内的环境与空气调节、通风、给排水、照明、乘客导向、自动扶梯及电梯、站台门、防淹门等建筑设备和系统进行集中监视、控制和管理。

环控系统多采用"三级控制"的方式组成控制系统，主要包括中央级、车站级和就地级。设置环控系统的初衷是为乘客、工作人员及关键设备提供舒适的环境，保证地铁安全稳定运行，在"碳达峰、碳中和"背景下还担负着减耗降碳的重要责任。

3.4.2 新技术应用

3.4.2.1 装配式

除采用UHPC预制拼装工艺的广州14号线二期彭边站项目外，广州地铁18号线万顷沙站，应用装配式轨顶风道，长115m，由U形风道板（4.4t）和L形风道板（3.8t）组成，用设备顶升后通过螺栓穿过预留套筒固定于中板，最后安装纵向对拉螺栓。实际工期32天，对比现浇节省60天，目前已开通运营（见图3.4.1）。

在广州地铁10号线中大南门站，应用装配式轨顶风道，由U型支撑构件、风道侧壁和风道板组成。预制方案2.5m长的风管节总重量为1.34t，单个构件最重400kg，最轻260kg。每节轨顶风道安装的时间为5个h，工期16天，较现浇节省约40天。总造价较现浇方案减少约40%（见图3.4.2）。

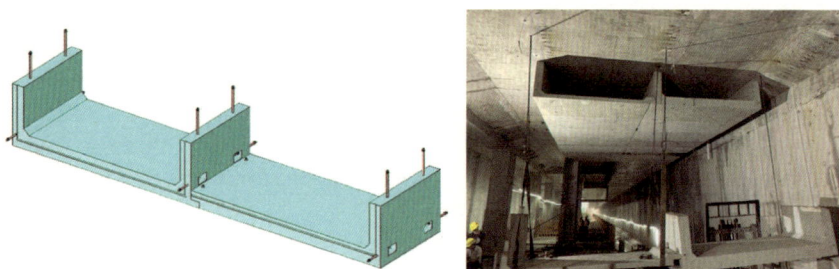

图3.4.1　18号线万顷沙站装配式轨顶风道

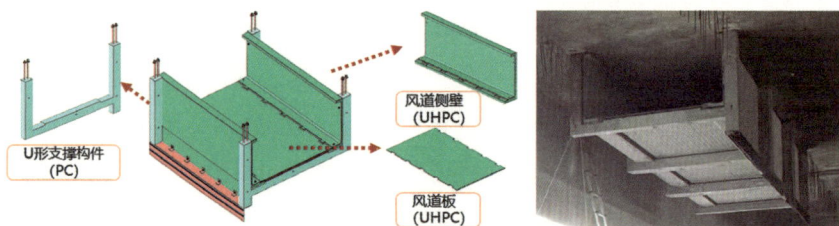

图3.4.2　10号线中大南门站装配式轨顶风道

3.4.2.2 超高效通风空调控制技术

1. 技术原理

地铁通风空调系统能耗是地铁线路除牵引能耗之外的第一大能耗，在整个车站的能耗占比25%～40%。整个空调系统的运行能效偏低，冷水机组、制冷系统、运行能效远低于设计值，同时存在监控阀门调节失效和仪器仪表的参数失准，导致应该自动完成的控制功能，需人工来完成。这是通风空调系统目前普遍存在的问题，如果不降低地铁车站通风空调系统的能耗，随着地铁的建设速度越来越快，运营里程越来越长、车站越来越多，通风空调系统将产生巨大的运行能耗与维护管理成本。

通风空调系统是由冷水机组、冷水泵、冷却水泵、冷却塔、空调机组等末端设备，风机及其管道、阀门、配电、控制系统等组成，对轨道交通车站公共区及设备管理用房进行室内空气温湿度、CO_2 浓度、颗粒物浓度等进行控制的系统。超高效通风空调系统的制冷系统全年运行能效比＞5.0，通过车站通风空调系统负荷特性、系统特征以及能效提升的关键技术，全面提升地铁车站通风空调系统能效，响应国家"双碳"目标。

2. 技术特点

（1）精细化设计

1）动态负荷特性分析

根据客流变化特征，如客流人员停留时间在非高峰期、高峰期站内限流以及安检等因素影响而不同，人体散热量、散湿量也随着时间的变化而不同。大系统新风负荷，受站台与车站隧道的风量交换、出入口进风量等因素产生变化。因此，需建立可应对多扰量的准确负荷预测计算模型，以及全域感知最优化的控制算法。

2）综合能效最优的设备选型

通风空调系统各设备采用一级能效且具有变频功能，对底层设备的能耗进行严格控制，如基于能效限值的冷水机组选型，采用双一级能效等级，并突破单一螺杆机的选型，采用磁悬浮、离心式冷水机组等多机头多机型；水泵、冷却塔变频，采用永磁同步电机，冷却塔采用变流量喷嘴；变频空调器采用EC风机等（见图3.4.3和图3.4.4）。

3）输配系统管路优化

对风系统、水系统设计流速进行标准化规定；冷水机房采用标准化布置，系统管路布置尽量顺、平、直，尽量减少直角弯头和三通，尽量设置顺水弯头或顺水三通（见图3.4.5）。

图3.4.3　地铁车站组合空调机组及空调器采用EC风机

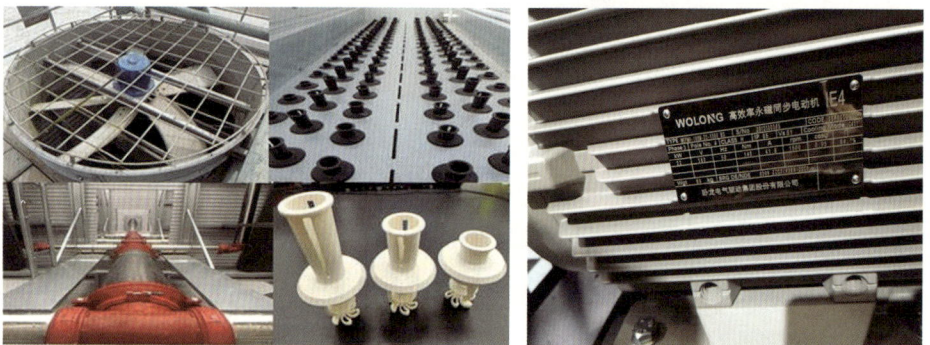

图3.4.4　冷却塔变流量喷头、电机直连、均匀布管技术及永磁同步变频电机

形式简图	流向	阻力系数
	2→3	1.5
	2→3	0.5

弯头类型	阻力系数
	ζ
	0.5ζ

（a）减少66%的阻力损失　　　　　（b）减少50%的阻力损失

图3.4.5　减阻计算

（2）高效自学习及全过程寻优控制系统

风系统和水系统应能实现联合调节功能，遵循变风量、变水量控制整体寻优原则。

1）风系统模块

根据站厅、站台CO_2浓度进行小新风机频率调节，回风温度调节其他风机频率，送风温度调节二通阀开度，二通阀调节速率大于风机。

2）冷冻水系统模块

冷水机组频率根据出水温度调节，冷冻水泵根据冷冻水供回水温差（设计温差为5℃）来进行变频调节，并保证最不利环路的压差。冷水机组调节速率大于水泵，水泵最低频率后压差旁通阀动作。

3）冷却水系统模块

冷却水泵的频率根据冷却水供回水温及温差调节，冷却塔的开启数量及频率根据冷却水流量及保证逼近度（冷却塔出水温度与空气湿球温度之间的温差）调节。两个调节相对独立。

4）风水联动控制

水系统根据末端负荷变化，对冷水机进行台数调节；风机、水泵设最低运行频率保护，尽量采用较小变频速率，运行初期采用最小流量。

按高平峰时间表调整主机出水温度设定，根据蒸发、冷凝温度调整水温差设定和主机、水泵、冷却塔运行台数控制。

（3）精细化施工、调试及运维技术

在完成通风空调系统安装后，须根据《通风与空调工程施工质量验收规范》相应要求进行设备单机运转及调试、系统非设计满负荷条件下的联合试运转及调试；同时根据节能控制系统要求的节能目标及运行要求，进行精细化调试，包括但不限于以下内容（见图3.4.6）：

1）冷冻、冷却水泵的精细化调试；

2）冷却塔的精细化调试；

3）冷水主机的精细化调试；

4）冷源机房系统的精细化调试；

5）末端系统精细化调试；

6）通风空调系统综合调试。

空调系统精细化施工安装技术

空调系统设备安装											传感器设备选取及施工					空调系统精细化调试						空调系统施工验收			
传感器	阀门	水泵	冷水机组	冷却塔	弱电线路	控制电柜	变频器	冷量计	控制电脑	气象站	设计选用、安装与使用要点	温度传感器	温湿度传感器	压差传感器	流量传感器	冷冻、冷却水泵精细化调试	冷却塔的精细化调试	冷水主机的精细化调试	冷源机房系统精细化调试	末端系统精细化调试	通风空调系统精细化调试	功能验收	预验收	最终验收	运营管理

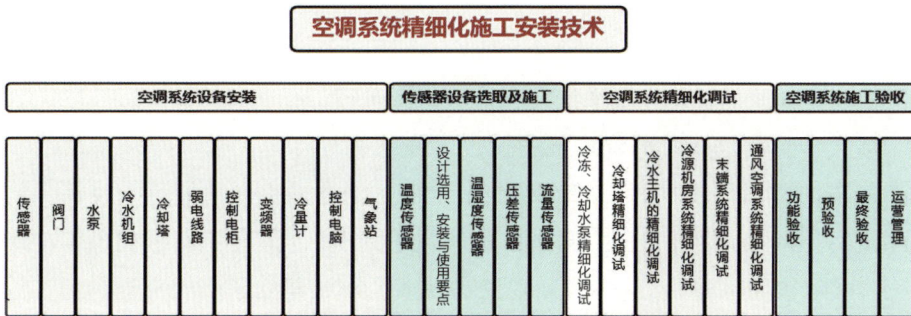

图3.4.6　空调系统精细化施工流程

（4）通风空调实时监测运维智能云平台

通风空调智能运维系统通过智能传感和控制技术、大数据处理技术，实现通风空调设备全自动运行调节功能。智能运维系统可以有效减少人员到现场巡视次数，及时发现设备隐患，为迅速排除故障，节省检修时间，为通风空调系统的检修、运行、预试、调度、项目管理各业务的标准化、规范化管理提供有效的信息支撑平台，提高通风空调系统安全、稳定运行，提高设备的运行维护和管理水平，最终达到对设备的全寿命周期管理目标（见图3.4.7）。

通风空调设备智能运维系统主要功能包含以下几方面：

1）设备运行状态数据采集和监控；

2）风机在线自动诊断功能；

3）环境空气品质监测；

4）冷却塔水位监测、皮带轮、塔体维护提醒功能；

5）空调机组皮带轮维护提醒功能；

6）冷水机组冷凝器清洗提醒功能；

7）水系统能效诊断及运维。

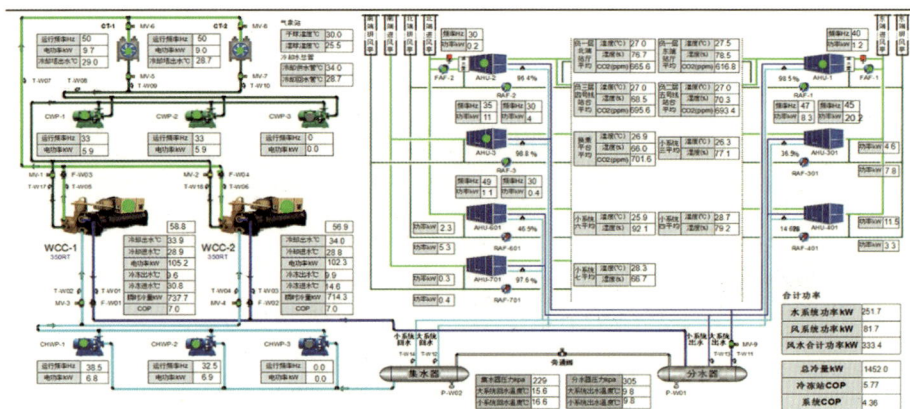

图3.4.7 地铁车站通风空调系统实时运行监测云平台

3.应用情况

轨道交通高效通风空调系统发展历经三个阶段。

第一个阶段是高效空调系统的技术研发和车站示范，分在建车站改造以及新线车站建设同步推进。广州地铁车陂南站的通风空调系统节能改造，制冷系统运行能效达到5.5，空调全系统能效达到4.0，通过专家组成果鉴定结论为"国际领先水平"。此后广州地铁又在多个车站建立了高效空调机房，包括了13号线白江、新塘站，14号线嘉禾望岗站，21号线苏元、天河公园站，累计机房有效COP提升到6.3，累计系统有效COP提升到4.5以上。深圳地铁9号线南山书城站高效空调改造，机房COP达5.0，对比同线路同类型车站，节能率30%以上。成都4号线蔡桥站通风空调系统节能改造，经由业主委托的第三方权威机构检测的节能指标达到36%。苏州市轨道交通4号线三元坊站智能超高效地铁空调系统改造项目机房COP能效目标5.0（见图3.4.8和图3.4.9）。

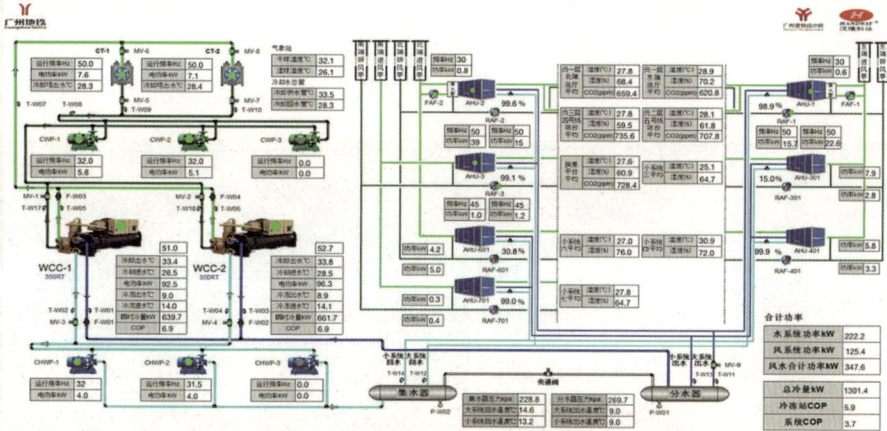

图3.4.8　车陂南站环控节能控制系统

图3.4.9　新塘站高效制冷机房

　　第二个阶段是车站高效空调系统的全面推广。在既有车站节能改造及新建车站试点的基础上，进行了技术优化整合及标准统一，在轨道交通进行了全面推广应用。广州地铁"十三五"在建的10条新线，都应用了能效提升关键技术的成果，所有的车站都是按高效空调系统的标准来建设的。目前18号线、22号线已开通试运行，成为了全国第一条高效机房线路，正式实现了从站到线的跨越。其余线路也正在紧锣密鼓建设，到2025年，广州地铁将拥有10条线路的高效机房，将逐步实现全线到全网的跨越；广州地铁设计研究院股份有限公司设立全资子公司广州科慧能源有限公司，涵盖轨道交通、民用建筑等领域的高效空调系统合同能源管理服务，对广州旧线实施全面改造。第一批实施的是3号线、5号线共计40多座车站的环控系统，在完成由新及旧的能效提升普及后，广州地铁的高效机房，将逐步实现全线到全网的跨越，完成高效空调的网络覆盖。深圳城市轨道交通13号线工程采用智能环控系统，全线能效目标5.0；苏州地铁6号线智能高效空调系统，全线能效目标5.2（图3.4.10）。

图3.4.10　广州地铁18号线智能环控设备监控系统节能控制模块

第三阶段是在既有成果的基础上，进行技术标准化、行业规范化的阶段，主要包括两项工作：①标准的制定；②能效的规范化检测。同时能效提升技术的应用与建设成本之间的平衡，设备在标准工况高能效数据和现场运行条件实际表现的响应匹配，提升服务水平和减碳降耗的统一，是轨道交通高效空调系统发展的方向。

3.4.2.3　蓄冷技术

1.技术原理

2021年7月23日，国家发展改革委、国家能源局联合发布了《关于加快推动新型储能发展的指导意见》（发改能源规〔2021〕1051号），提出以实现碳达峰碳中和为目标，将发展新型储能作为提升能源电力系统调节能力、综合效率和安全保障能力，支撑新型电力系统建设的重要举措，推动储能高质量发展。2021年7月26日，国家发展改革委发布了《国家发展改革委关于进一步完善分时电价机制的通知》（发改价格〔2021〕1093号），提出进一步完善目录分时电价机制，优化了分时电价机制，完善峰谷电价机制，强化分时电价机制执行，加强分时电价机制实施保障。针对国家政策的促进分时电价机制实施，轨道交通作为城市耗能大户，为充分利用电网分时电价机制，降低地铁运营电费，在有富余空间的车站和车辆段建设空调蓄冷，势在必行。

蓄冷空调是指空调制冷设备利用夜间低谷点制冷，将冷量以冷、冷水或凝固状相变材料的形式储存起来，而在空调高峰负荷时段部分或全部地利用储存的冷量向空调系统供冷，以达到减少制冷设备安装容量、降低运行费用和电力负荷削峰填谷的目的。蓄冷空调系统根据蓄冷介质的不同，以及目前行业现状，主要分为水蓄冷和冰蓄冷。

2.技术特点

（1）水蓄冷

水蓄冷是利用水的显热蓄存冷量的空调系统（见图3.4.11），系统主要特点：

1）系统简单、投资少、技术要求较低、维修方便；

2）主机蒸发温度较低，系统运行效率较高；

3）蓄冷槽体积大，承压、防水/腐、保温要求高；

4）蓄冷槽设置位置受限，不容易采用闭式系统；开式水池容易受到污染，输送能耗较大；

5）开式水池直接供水系统，水池承压小、造价低，没有板式换热器和二次泵，运行中没有换热损失，有条件时应优先采用。

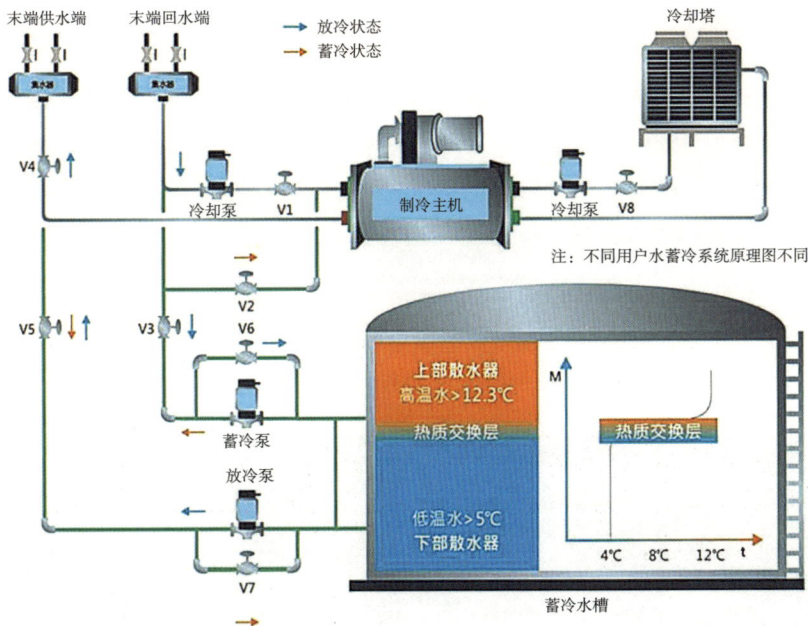

图3.4.11　水蓄冷原理图

（2）冰蓄冷

冰蓄冷通过制冰方式，主要以冰的相变潜热蓄存冷量的空调系统，主要特点：

1）蓄冷密度大，其蓄冷设备的体积较小；

2）冷水系统设板式制热器，双工况主机蒸发温度低，系统运行效率较低；

3）系统较复杂，形式多样，设备数量多。释冷速度受融冰速度约束，运行策略要求高；

4）载冷剂为乙二醇（静态冰），运营维护的成本高，容易泄漏，且对蓄冰设备有腐蚀性。

根据不同峰谷电价政策，对轨道交通的空调蓄冷方案进行技术经济分析和论证，相对于常规系统的增量投资，静态回收期宜小于5年（见图3.4.12）。

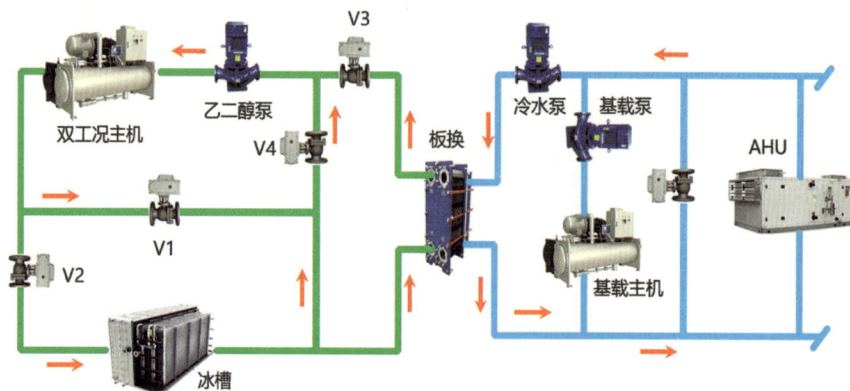

图3.4.12　冰蓄冷原理图

3.应用情况

蓄冷空调在民用及工业建筑中有较多应用，轨道交通领域的应用案例多为大型交通枢纽，包括深圳北站、杭州东站、上海南站、北京副中心轨道交通枢纽、成都天府广场站（1、2号线换乘站及相邻物业）等。考虑设置蓄冷的经济性，建议有富余空间、不增加土建建设面积费用投资的车站设置水蓄冷系统，不宜为设置蓄冷单独新增扩挖车站土建外轮廓建设面积。设置蓄冷的车站，应对采用蓄冷增加的土建及机电初投资及昼夜峰谷电价政策下车站全年制冷节省电费进行计算，并进行车站蓄冷的经济性分析（见图3.4.13）。

图3.4.13　广州地铁2号线萧岗站水蓄冷

3.4.2.4　直膨技术

1.技术原理

地下车站公共区与设备管理用房区环境控制需求差异明显。为公共区乘客乘降服务区域的通风空调系统（通常简称"大系统"）运行时间通常与地铁站运营时间基本一致（如6:30～23:00），空调季室内设计温度不高于30℃，相对湿度40%～70%。设备管理用房区主要为强、弱电系统设备机房及人员办公房间，通风及空调系统（通常简称"小系统"）需要24h连续运行。

如果大、小系统共用一套冷源，会出现显著的不均衡，特别是在夜间仅小系统运行时间段内，共用一套冷源会使得冷水机组处在较低的负荷率下运行，效率很低。因此，宜将大、小系统分开，采用不同的冷源解决各自的需求。

目前大多数地下车站公共区采用全空气空调系统，主要由冷水机组、冷冻水泵、冷却水泵、冷却塔、组合式空调机组及相应的管路组成。地下车站的冷量范围决定了一般采用螺杆式冷水机组，以冷水作为载冷剂，通过循环水泵输送到组合式空调机组，冷水经过表冷器与空气进行热交换。冷量制备及输配的算途径为：冷水机组→冷水泵及冷水管网→组合式空调箱→送风口，其热交换介质是：制冷剂－水－空气，为典型的"5个循环4次交换"的过程（见图3.4.14）。

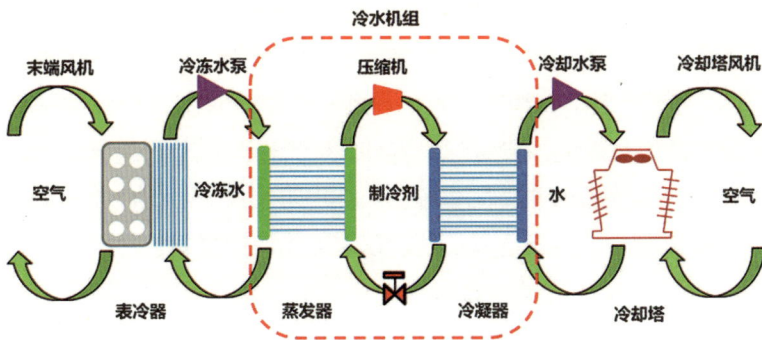

图3.4.14　传统方案工作原理

这种空调系统主要存在以下问题：

（1）设计负荷高，设备选型偏大，大马拉小车；

（2）制冷系统运行蒸发温度低，压缩机运行能耗高；

（3）水泵输配能耗占比大，系统效率低。

对于公共区而言，一般仅在车站两端各设1台组合式空气处理机组，且这两台末端同时服务于一个大空间（站台、站厅），并不需要分配两个末端的冷量，也完全无必要由冷水系统对其进行分配、设置复杂的阀门等调节设备。因此，完全可以取消冷水系统，把制冷压缩机直接与组合式空调箱结合在一起，利用制冷剂的直接蒸发来实现对空气的处理，满足冷量的需求，如图3.4.15所示。水冷直膨空调系统是一种新型的、适用于地铁车站的空调系统。制冷系统中低温低压的液态制冷剂在直膨空调机组的表冷器（蒸发器）内直接蒸发（膨胀），与需要处理的空气直接完成热交换，其热交换方式是：制冷剂－空气，无需进行二次热交换。

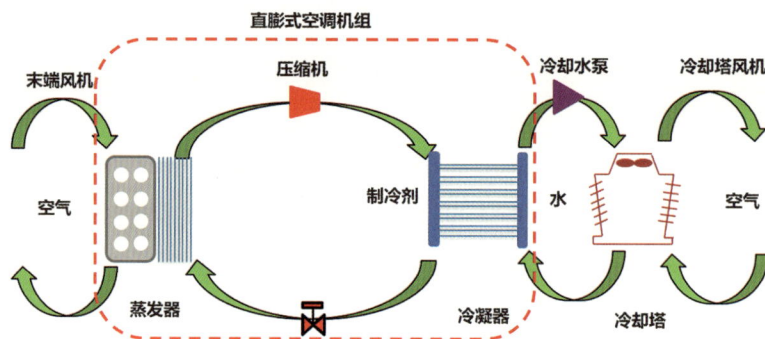

图3.4.15　直膨式空调机组工作原理

2.技术特点

直膨技术主要用于制冷量较小的系统中，在大冷量系统中，特别是对于地铁车站直膨空调机组，其技术开发难点在于选取合适的制冷压缩机、解决蒸发器侧制冷剂分配问题及可能存在的回油问题等。涡旋式制冷压缩机单机容量小，比较适合直膨技术，但是在大容量的空调系统中，通常只能采用多个压缩机并联，其中受到回油的影响通常会采用多个制冷系统，在多回路制冷系统中，某回路卸载时易造成风量旁通。螺杆式制冷压缩机采用滑阀调节，低负荷性能差，且因为制冷系统均存在润滑油，应用于大风量、大冷量直膨系统中存在回油困难的问题，可能会造成长期运行衰减和压缩机缺油故障。

从地铁车站大系统负荷变化特性来看，大系统负荷变化主要受室外新风参数（出入口渗透风等）、室内人员数量的变化的影响，需要制冷系统蒸发侧制冷剂随之变换，但蒸发温度可保持不变。冷凝侧通常采用冷却塔排热，冷却水温、冷凝温度随室外条件改变，蒸发、冷凝侧的变化使得需求制冷循环的压缩比、制冷量均发生显著的变化，从制冷剂压缩机的工作特性来看，螺杆压缩机的压缩比特性并不能适应这种实际需求的变化，在部分负荷、部分冷量需求状况下存在过压缩现象，与实际需求不匹配；而离心式压缩机，采用变频措施可较好地适应这种压缩机变化、冷量输出变化的运行需求。因此，对于地铁车站的直膨式空调机组，应当采用变频离心式压缩机而非螺杆式压缩机。从地铁车站的实际冷量需求来看，250kW～700kW的冷量范围很难选取普通的离心压缩机；而磁悬浮离心式压缩机则完全可以满足这种运行工况的需求，并且完全不存在回油问题，是最适合地铁车站直膨式空调机组的压缩机方式（见图3.4.16）。

采用直膨式空调机组，取消了冷冻水泵和冷水管道，除了减少换热环节，减少水泵、阀门、管道等复杂的系统外，还有助于提高蒸发温度，提升制冷系统的能效。

（a）机组外观　　　　　　　　（b）机组结构布置

（c）机组结构布置　　　　　　（d）机组结构布置

图3.4.16　直膨式磁悬浮空调机组外观与结构（方形截面）

此外，对于地铁车站直膨空调机组通风控制的需求，蒸发器宜采用变风道型式，满足非空调季节旁路通风的要求，除了采用传统蛇形盘管蒸发器的组合式空调机组，也可采用圆形表冷器的直膨式空调机组，这种设计气流可以不经过表冷器而直接通过表冷段，从而降低了机组整体的阻力约200Pa。

3.应用情况（表3.4.1）

直膨技术应用情况

表3.4.1

线路及站点	线路概况	直膨式空调机组应用情况
北京地铁19号线牡丹园站	北京地铁19号线位于北京市西部地区，是一条贯穿中心城南北方向的轨道交通快线，其定位为大运量等级加密线。一期工程线路起于丰台区新宫站，途经丰台区、西城区、海淀区，止于海淀区牡丹园站，线路全长22.4km，全部为地下敷设，共设10座车站	采用水冷直膨磁悬浮式空调机组为车站公共区和设备管理用房区供冷。牡丹园车站设有4台水冷直膨磁悬浮式空调机组。设计进风干湿球温度：28.8/22.1℃，出风干湿球温度：20.0/18.4℃，各机组参数如下：110440m³/h、制冷量660kW共2台；53533m³/h、制冷量440kW共1台；1台56887m³/h、制冷量273kW共1台
太原地铁2号线体育馆站、电子西街站	太原地铁2号线是太原市第一条开通运营的地铁线路，于2016年3月全面开工，于2020年12月开通运营一期工程。太原地铁2号线一期工程北起尖草坪区尖草坪站，途经杏花岭区、迎泽区，南至小店区西桥站，途经人民路、长治路、解放路等太原中心道路，全长23.65km，设23座车站，全部为地下车站	体育馆站和电子西街站的公共区空调采用磁悬浮直膨式空调机组方案。每个车站选用2台额定制冷量为326kW，额定风量为52053m³/h的直膨式空调机组，分别布置在公共区两侧的小端设备机房和大端设备机房。实测在部分负荷下相比于传统的水冷冷水机组实现22%～26%的节能率，节省土建面积约170m²/站

线路及站点	线路概况	直膨式空调机组应用情况
佛山地铁2号线莲塘站	佛山地铁2号线是佛山地铁第二条线路，是东西向骨干线，起点为高明西安，终点为广州南站，该线路连接佛山西江组团和中心城区与区域铁路客运枢纽广州南站，形成了广州佛山第二条城际通道。线路全长55.6km，共设27座车站	该项目采用2台45200m³/h风量、295kW制冷量，占地面积仅23m²的磁悬浮直膨式空调机组，在不增加原组合式空调机组占地面积的前提下，取代原来庞大复杂的冷水机房，高效节能的同时，节省了200m²以上的冷站占地空间
洛阳地铁1号线解放路站、牡丹广场站	洛阳地铁1号线，线路全长为25.3km，地下线敷设，设车站19座。解放路站为地下三层双柱导式站台车站，地下一层为车站站厅层，地下二层为1号线车站设备层及2号线车站台层，地下三层为1号线车站站台层。牡丹广场站为1号、3号线的换乘站，采用平行岛换乘	洛阳地铁1号线解放路站和牡丹广场站的公共区空调采用磁悬浮直膨式空调机组方案。解放路站选用2台直膨式空调机组，分别布置在公共区两侧的小端设备机房和大端设备机房，两台空调机组名义制冷量为282kW，冷却水进出水温度为32/37℃

3.4.2.5 蒸发冷凝技术

1.技术原理

蒸发冷凝空调技术是一项利用水蒸发吸热带走制冷循环中冷凝器散热的制冷技术。在无其他热源的条件下，水与空气间的热湿交换过程是空气将显热传递给水，使空气的温度下降，而由于水的蒸发，空气的含湿量要增加，而且进入空气的水蒸气带入汽化潜热，当这两种热量相等时，水温达到空气的湿球温度。只要空气不是饱和的，利用循环水直接（或通过盘管）喷淋空气就可获得降温效果。条件允许时，可将降温后的空气直接作为送风以降低室温，这种处理空气的方法称为蒸发冷却空调。蒸发冷凝器以水和空气作冷却介质，利用水的蒸发带走冷凝热量。冷却水由水泵送到冷凝器上部的喷水盘里，冷却水均匀地喷淋在冷凝盘管（板管）外表面，形成一层很薄的水膜。板管内高温高压的气态制冷剂被冷凝盘管（板管）外的冷却水吸收热量，冷凝成液态制冷剂。同时冷凝器外表面的冷却水中的少部分吸收热量蒸发成水蒸汽，大部分落入下部集水盘内。风机推动空气流经冷凝器促使水膜蒸发，强化冷凝器外侧换热，吸收热量的水滴在下落过程中被空气冷却。蒸发的水分以水蒸汽的形式随空气迁移到大气中（图3.4.17）。

城市轨道交通地下车站应用的蒸发冷凝空调机组的冷凝器，市场主流产品有盘管蒸发式冷凝器、板管蒸发式冷凝器、盘管与板管式结合的蒸发冷凝器。蒸发冷凝空调机组的特点是集冷凝轴流风机、蒸发式冷凝器、压缩机和冷却水系统于一体，不需要另外配套冷却塔，结构紧凑，安装方便，节能空间。

与传统空调系统相比，蒸发冷凝空调系统在我国干旱、半湿润气候区的城市轨道交通工程中具有较明显的应用优势。

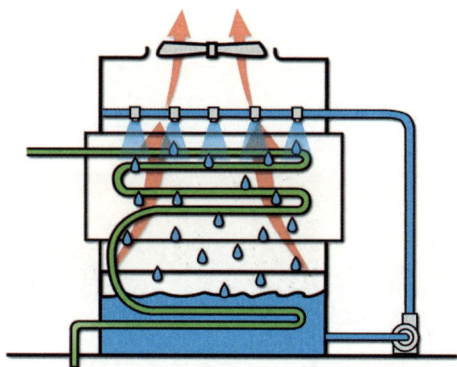

图3.4.17　直膨式磁悬浮空调机组外观与结构（方形截面）

2.技术特点

蒸发冷凝式冷水机组是蒸发冷凝技术的开发应用，能够为城市轨道交通通风空调系统提供能效更高、系统更为紧凑、控制更方便的新型节能空调产品，节省安装占地面积，节约用水达50%以上，对于提高城市轨道交通通风空调系统的节能水平，推动城市轨道交通装备产业的发展有着非常深远的意义。

蒸发式冷凝技术将制冷循环的冷凝环节布置在地面以下，可解决对城市景观的影响问题。应用中需与城市轨道交通的建筑、结构特点以及运行规律相协调，达到各种资源和工况条件的有机衔接，充分利用，最大限度地实现系统的运行节能。能够适应城市轨道交通工程的独有特点，可以满足城市轨道交通实际需求的蒸发式冷凝空调产品的开发应用是基础性的前提，蒸发式冷凝机组是蒸发冷凝技术的开发应用，这个方面解决的合理就能够为城市轨道交通通风空调提供能效更高、无需冷却塔、系统更为紧凑、控制更方便的新型节能空调产品，满足节省安装占地面积，节约用水的需求。

蒸发冷凝技术未来发展应向模块化、高度集成方向发展，以节约资源和能耗。从运输便利性和节能角度分析，蒸发冷凝式机组采用模块化方案在轨道交通中的应用前景巨大。地下车站需求冷量主要受初、近、远期客流及早、晚高峰发车对数的影响，绝大多数时间为部分负荷下运行。当车站采用节能控制系统时，蒸发冷模块机的开启台数更灵活、节能潜力较大。在产品和系统方案方面，推荐采用板式冷凝换热器、自带高静压排热风机，水泵和相关水处理设备集成在模块机组内部，喷淋水处理方式尽量采用物化结合的控制方法等，以降低工程造价、提升现场安装质量。

3.应用情况

蒸发冷凝技术在国内城市轨道交通工程的首次应用案例是北京地铁1号线西单站和建国门站改造项目。西单地铁站目前由4台冷水机组提供冷量，其中包括2台水冷式冷水机组，单台名义制冷量为335kW；还包括2台整体式蒸发冷凝式冷水机组，单台名义制冷量357kW。建国门站采用2台整体式蒸发冷凝式冷水机组，单台名义制冷量450kW（见图3.4.18和图3.4.19）。

图3.4.18　北京地铁西单站蒸发式冷凝机组

图3.4.19　北京地铁建国门站蒸发式冷凝机组

　　近年来，整体蒸发冷凝机组在国内其他城市轨道交通项目中也得到了的更多的应用，相较于传统方案，整体式蒸发冷凝机组方案节能效果显著。部分新建车站在建设初期就选择了蒸发冷方案，如天津地铁6号线迎风道站、石家庄地铁1号线解放广场站、武汉6号线汉口街站、郑州2号线机场南站、重庆6号线会展中心站等，杭州1号线三期全线地下车站均采用了整体蒸发冷机组。广州2号线三元里站改造工程的现场实测报告表明，蒸发冷凝式冷水机组系统所需能耗为常规风冷式空调冷源系统所需能耗的47.2%，节能率52.8%。整体式蒸发冷凝机组方案技术已经相对成熟，并得到了设计人员及建设单位的认可，正在逐步推广使用。

3.4.2.6 其他值得试点应用总结并推广的技术

1.蒸发冷却技术

蒸发冷却通风降温系统是指利用了空气中丰富的干空气能，通过水蒸发时与空气的热质交换，使得空气的显热转化为潜热，以制取低于环境干球温度的冷空气，通过风管将制取的冷空气送入站内空调区，消除空调区域的热负荷；通过全新风直排的形式，来改善空调区的湿负荷，维持站内空调区的温湿度参数在设计的合理范围内，满足站内人员的舒适度要求。

蒸发冷却通风降温技术在我国西北干燥地区地铁站具有很好的应用效果，已应用于兰州地铁1号线兰州大学站项目。

2.温湿度独立控制技术

温湿度独立控制指遵循解耦原则将热、湿两种处理过程各自灵活采取不同的措施满足环境温度、湿度参数需求。具体是在一个空调系统中，采用两种不同蒸发温度的冷源，用高温冷冻水取代传统空调系统中大部分由低温冷冻水承担的热湿负荷，这样可以提高综合制冷效率，进而达到节省能耗的目的。

此技术已在建筑领域得到普遍应用。

青岛地铁2号线麦岛站是迄今为止国内唯一采用温湿度独立控制空调系统的地铁车站。

3.4.3 问题与建议

3.4.3.1 问题

暖通空调专业在城市轨道交通领域内是附属专业，但暖通空调系统能耗在城市轨道交通领域占比很大。既有项目方面，由在用环控系统导出数据及第三方权威检测机构出具的报告结果显示，很多暖通空调系统能效偏低、提升空间很大；新建项目方面，不少线路在规划阶段还在延用多年前的常规规划设计思路，导致建成后的系统运行能效注定不高。暖通空调专业从业者迫切需要更新理念，借鉴其他领域先进且成熟的经验为实现"双碳"目标，建设"绿色、智慧"城轨，促进城轨交通可持续高质量发展而努力。

3.4.3.2 建议

1.建立以目标为导向的全过程精细化工作流程

通常在每条地铁线路建设初期，通风空调设计都要从技术方面进行系统稳态或瞬态的方式以及从经济方面进行系静态或动态的分析方式对这三种系统形式仔细分析研究及比选。不管采用何种分析方法，均要根据客流、线路、行车、车辆、供电、土建等跟通风空调专业紧密相关各专业的设计方案进行通风空调系统的设计，通过详细的计算初期投资成本和运营维护费用，从技术、经济和社会三大效益综合进行分析比较，最终确定适合本工程的通风空调系统形式。之后再根据施工图施工——验收——交付运营。

上述过程以往仅满足了现行规范要求，对系统建设过程及建成后能够持续达到的效果缺乏量化指导。

建议规划阶段就通过技术经济分析明确各区域、各工况的量化指标，并将这些指标分解到实施的每个阶段（即每个阶段都有对应最终指标的量化阶段指标），各阶段按指标验收。

以地下车站冷源建设考核能效指标为例，建议：

在规划初期能借鉴其他在运站点运行数据在保证安全冗余的前提下尽量降低设备容量。

在满足各工况环境需求的前提下进行暖通空调系统全生命周期的技术经济方案比选，最终因地制宜的确定能效目标和实施方案。

按倒序进行目标分解，明确运行阶段随时或定期进行能效监测、调整以持续达到能效目标；施工验收阶段对各工况系统功能及能效进行测试验收以保证交付运行的系统满足使用要求，为此之前还需对各设备和分系统进行单点测试和联合调试；施工过程需要对设备进行厂验或现场验收；设计阶段需要明确给出各工况设备性能指标和系统运行模式。

2.示范引领、扎实推广

第3.4.2章节已列出的和其他领域已经在用的成熟且先进的技术需要结合城市轨道交通领域自身特点，形成可扎实推广的示范工程，起到引领作用。同时希望可以打通示范和推广的途径，让真正的示范技术得到迅速推广。

3.规划建设过程与"双碳"目标结合

可对碳排放计算边界进行研究。在各个环节内界定碳排放单元的计算范围和边界，计算边界的确立是计算方法提出的前提。对轨道交通建设的建筑材料用量及其相关的碳排放进行研究，以基于过程的清单分析为基础，对实际工程项目的材料用量进行统计分析，找出影响轨道交通全生命周期碳排放的关键因子，提出轨道交通在方案设计阶段和施工图阶段快速量化物化阶段碳排放的计算方法，为合理选择低碳建材和优化设计提供指导。

环控系统可与能源管理系统融合，可追溯运营期能耗数据记录范围内碳排放情况，为企业实现"双碳"目标提供数据支撑。

4 勘测篇

4.1 高数

随着城市轨道交通线路里程的增加和运营时间的延长，线路的行车安全越来越受到重视，城市轨道交通检测目的旨在了解受施工影响的城市轨道交通结构现状，为工前、工后结构安全评估提供实测参数，为新建工程设计及施工提供依据，同时为加强既有城市轨道交通设施的维护管理，保证其安全可靠提供数据支持。

检测项目主要包括：结构外观现状调查、结构裂缝检测、渗漏水调查、混凝土强度检测、碳化深度检测、保护层厚度检测、钢筋锈蚀检测、道床结构外观调查、道床与结构底板剥离情况调查、建筑限界测量、轨距与水平情况调查、扣件类型及调高情况调查、扣件各零部件及轨枕完好程度调查、线路平面及纵断面测量。

4.2 典型案例

4.2.1 案例一：北京轨道交通昌平线（S2线）测量关键技术

4.2.1.1 工程概况

北京轨道交通昌平线（S2线）分两期建设，昌平线二期工程北起十三陵景区站，南至一期终点站南邵站。线路北端起点位于昌平区西北十三陵风景保护区南侧，沿京包高速路东侧向南敷设，至八达岭高速路（昌平西关环岛）转向东南，沿政府西街、政府街、府学路穿过昌平老城区。过东沙河后沿昌崔路进入昌平新城东扩区，在昌平东扩区内环东路转向南至南邵站终止。在起点处设十三陵景区车辆段及出入段线工程。

4.2.1.2　项目特点及难点

昌平线二期工程大部分区段位于昌平区老城区，沿线建筑密集，测量控制点布设十分困难，线路沿线道路狭窄、行道树茂盛，对地面控制测量影响很大。针对以上不利因素，在地面控制网布设时，将首级GPS控制点布设在与线路走向垂直交叉的各条主干街道上，既保证了点位稳定，不受施工影响，又保证了GPS控制网的边长及观测精度。昌平线二期工程建成后设计与一期工程接轨，整体运营。因此，确保两期工程的准确衔接尤为重要，衔接问题是本工程的重点、难点。针对此问题，在二期工程地面控制网测量阶段，将本期工程与一期工程衔接部位附近的原一期工程地面控制点纳入二期工程控制网整体平差结算，尽量减小两期工程地面控制网间的系统差。在土建施工阶段，用二期工程的地面控制点测量衔接部位的一期工程预留结构，为设计提供准确可靠的调整依据。在铺轨施工阶段，用二期工程的隧道内控制点联测一期工程预留轨道，采用联测后整体平差的测量控制点测设铺轨基标，确保两期工程轨道的准确衔接。CPⅢ技术在高铁铺轨应用非常广泛，在北京轨道交通昌平线二期工程全线进行了实践，结果显示CPⅢ测量技术完全适用于地铁区间，而且更加便捷，提高了生产效率，为以后在地铁中推广CPⅢ技术提供了实践基础。

4.2.1.3　项目成果

1.在地面控制网布设阶段，采用基于Google Earth的布点方式和精度估算方法，提高了布网效率

Google Earth作为一款三维影像和矢量地图服务软件，具有浏览三维地形地物、获取经纬度和海拔数据、图上测距、绘制路径、漫游浏览等功能。本工程采用了基于Google Earth的控制网选点、布网及精度估算和方案优化的工作流程。首先将地铁线路、车站、车辆段等相关资料标注于图上，参照Google Earth影像图进行GPS控制网、精密导线网和水准网的选点、布网工作。特别是利用Google Earth三维地形地物浏览功能，可以方便的确定点位及测量通视情况，极大的减少了外业踏勘的工作量。待控制网方案稳定后，通过高斯正算，将点位的大地坐标（B、L）转换为高斯平面直角坐标（X、Y），然后利用清华山维NASEW平差软件进行控制网的精度估算、方案比对优化工作，确定最终的控制网布设方案。

2.在联系测量阶段，采用测量机器人自由设站测量方法，有效提高了小井口竖井的联系测量效率和精度

在北京轨道交通昌平线二期工程中，隧道埋深较深，有些施工竖井井口较小，联系三角形、投点等方法受条件限制无法实施。利用测量机器人的自动照准、锁定跟踪、联机控制等功能，采取自由设站方法，将地面平面坐标及方位

传递至井下。作业时在井口架设四块觇牌，利用TCA2003全站仪通过地面精密导线点直接对四块觇牌进行观测。然后将仪器架至竖井底部可同时观测井口四块觇牌的位置，以隧道内的导线点为后视方向，对井口觇牌进行观测，即可将地面坐标及方位传递至隧道内，完成竖井联系测量（见图4.2.1）。同时利用测量机器人进行自动观测，对隧道内所有满足测量观测条件的各导线点边角关系进行测量，通过增加导线观测边数提高测量精度。

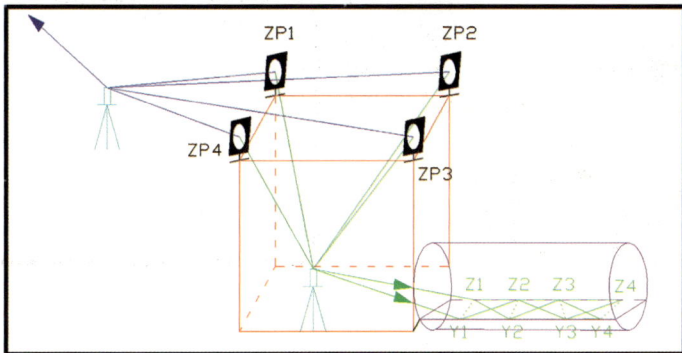

图4.2.1　测量机器人自由设站法联系测量示意图

内业利用Leica自动观测解算程序，对不满足精度要求的观测数据进行剔除，通过计算机平差计算可求解出各观测点三维坐标。通过利用测量机器人，北京轨道交通昌平线二期工程联系测量引进了新的测量方法，洞内导线采用了多方检核观测，提高了测量精度、为隧道贯通提供了有力的保障。

3.在整个测量过程中，导线控制点坐标作为测量放样工作的依据，要求确保正确无误，测量精度复核相关规范要求

采用多测回测角软件进行导线控制点的测量，是现在全站仪的主要数据记录和收集方式（见图4.2.2）。主要用于新建轨道交通项目的精密导线网及日常检测工作，北京城建勘测设计研究院有限责任公司目前在施的轨道交通项目全部采用此程序进行外业数据的采集工作。较之传统的手簿记录和PDA自动记录系统，具有高效、准确、节省人工的特点。多测绘测角程序配合仪器自带的磁浮马达可进行全自动观测，大大提高了测量效率，无需人工读数和记录，实现了控制测量数据的现场自动记录。

程序自身可针对项目技术要求进行相关的参数及限差设定，最大限度的保证外业数据采集的可靠性；同时通过程序导出的记录文件完整的记录了测站所有的观测信息，配合自主开发的相关计算软件，可避免因人为输入数据所导致的错误（见图4.2.3），从而大幅度的提高内业的工作效率。

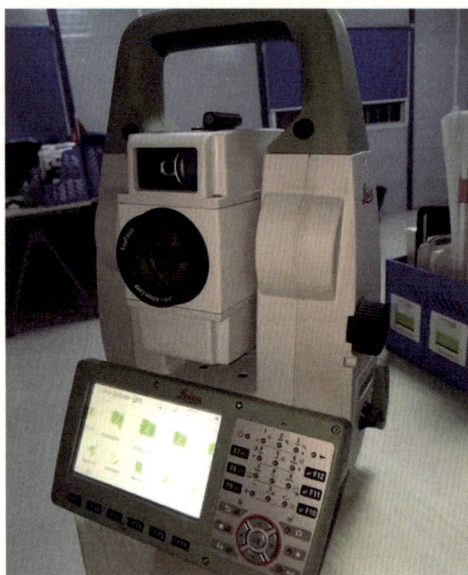

图4.2.2　全站仪

图4.2.3　参数及限差设定程序

4.在整个测量过程中，积极采用测量业务网络审核，实现了无纸化办公，提高了服务质量

在北京轨道交通昌平线二期工程测量中，积极采用了自主研发的城市轨道交通工程测量管理信息系统（见图4.2.4），该系统采用以信息化技术为主的先进技术，将传统方式的轨道交通测量工作实现了网络化、电子化，是信息技术推动生产的典型应用，使得北京轨道交通昌平线二期工程测量工作在工作方式上取得了较大的创新。同时，报告在线审核取代了传统方式的纸质审核，在生产效率方面取得了较大提升，工作模式上取得了革命性的创新，报告审核过程中实现了无纸化办公。特别是对测量成果的存储和检索，相比传统的文件备

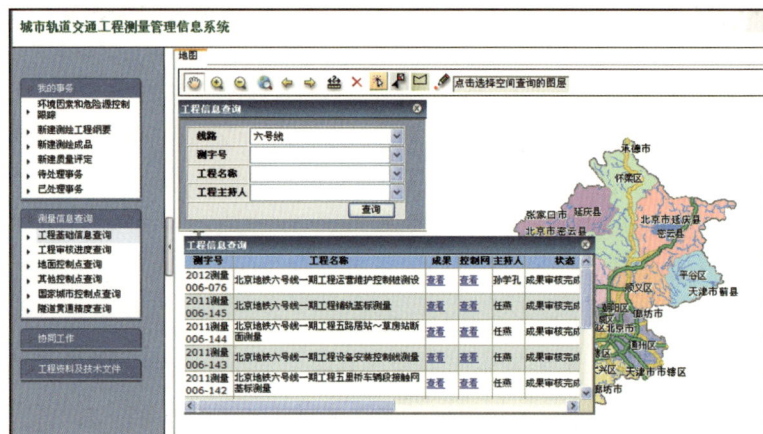

图4.2.4　城市轨道交通工程测量管理信息系统

份，甚至是纸质存档方式，在技术手段上有较大的创新，很大程度上提高了测量成果的管理水平，加强了信息的共享。该系统的顺利实施，规范了工作流程，节省了成本，提高了效率，加快了地铁测量信息化建设进程，提升了行业管理水平和客户服务质量。

5.应用自主研发的城市轨道交通线路测绘软件

城市轨道交通线路测绘软件是针对城市轨道交通工程施工、线路调整和铺轨过程中的主要测量工作自主研发的一款专业测绘数据处理软件，旨在帮助测绘工程技术人员在复杂、繁重的线路测量数据处理工作中减轻负担，提高作业自动化水平和工作效率，增强线路测绘工作的准确性、科学性、规范性。

本软件实现了全线线路、纵断面和超高等设计参数的提取和统一处理；实现了对线路断链的智能判断、实时提示和自动化处理；实现了线路图型的显示和缩放、平移等简单操作；实现了对线路五大要素点的自动判断、提取、冠名；实现了坐标法、极坐标法和偏角法控制基标、加密基标测设数据的计算；实现了控制基标、加密基标高程的自动化计算等（见图4.2.5）。

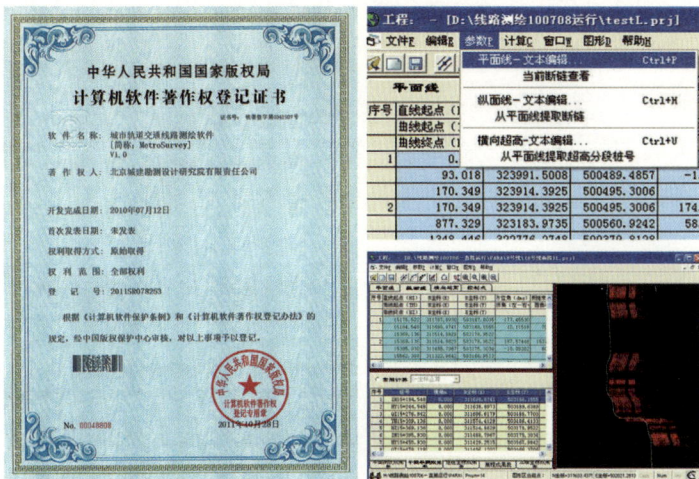

图4.2.5 线路测绘软件

6.成功应用CPⅢ技术进行地铁铺轨

CPⅢ技术在高铁应用非常广泛，在北京轨道交通昌平线二期工程全线进行了实践，结果显示CPⅢ测量技术完全适用于地铁区间，而且更加便捷，提高了生产效率，为以后在地铁中推广CPⅢ技术提供了实践基础。

7.成功应用三维激光扫描技术进行断面测量

三维激光扫描技术又被称为实景复制技术，是测绘领域继GPS技术之后的一次技术革命。它突破了传统的单点测量方法，具有高效率、高精度的独特优势，三维激光扫描技术能够提供扫描物体表面的三维点云数据，因此可以用于获取高精度高分辨率的数字地形模型。三维激光扫描技术是近年来出现的新技术，在国内越来越引起研究领域的关注。它是利用激光测距的原理，通过记录被测物体表面大量的密集点的三维坐标、反射率和纹理等信息，快速复建出被测目标的三维模型及线、面、体等各种图件数据。本工程应用三维激光扫描仪进行断面测量，然后按照设计要求用软件进行数据处理，得出设计调线调坡需要的数据，精度满足规范要求，极大的节省了劳动力，缩短了工作时间，提高了工作效率。

4.2.1.4 项目小结

北京轨道交通昌平线二期工程经过近3年的紧张建设，已于2016年12月顺利建成通车。作为地面控制网测量、施工测量检测、铺轨基标测设以及设备安装及竣工测量单位，在工程施工过程中肩负责任，勇挑重担，科学管理，运用新技术、新方法，合理组织，科学安排，严把质量关，加班加点，敢于吃苦，勤于奉献，为工程顺利完工通车提供了有力保障，得到了各施工单位的认可和业主的充分肯定。在北京轨道交通昌平线二期工程测量实施过程中，合理制定各项测量方案，在充分了解地铁施工全过程的情况下，每个环节工程测量方案都考虑了施工工艺过程及已有测量成果的应用，避免了测量工作的浪费，一定程度上节省了测量费用。另外，测量新仪器和新技术的应用，不仅为地铁施工提供了可靠的施工依据，同时为缩短工期、节约工程费用、保证地铁施工和使用安全产生了无法估算的经济效益和社会效益。

4.2.2 案例二：武汉有轨电车T1、T2试验线工程第三方测量

4.2.2.1 工程概况

武汉东湖国家自主创新示范区有轨电车T1、T2是东湖新技术开发区首次公布在建的两条有轨电车的运营路线，其位于武汉市光谷片区，于2018年1月18日开通运营，至2018年底，日均可运送10万人次客流。武汉东湖国家自主创新示范区有轨电车T1线工程线路全长15.824km（含单线里程2.414km，双线里程13.410km）；武汉东湖国家自主创新示范区有轨电车T2线工程线路全长19.592km（含与T1共线的2.526km及接轨线0.5km）。T1、T2线共设置车站45座。

武汉光谷交通建设有限公司同于2016年4月签订武汉东湖国家自主创新示范区有轨电车T1、T2试验线第三方测量项目合同。本项目主要工作内容如下：（1）对全线控制网进行复测；（2）对全线土建施工、轨道铺设过程中的施工测量进行复核；（3）对全线施工期间的路基、桥墩进行沉降观测。

按期完成了合同内的所有测量工作，并达到了项目预期目标。

4.2.2.2 项目特点及难点

有轨电车测量不同于一般工程施工测量，它有以下特点：

（1）有轨电车工程全线分区段施工，开工时间、施工方法、施工承包商不同，各个工点之间，各道工序之间存在测量成果的衔接问题，测量单位要密切配合施工进度；

（2）有轨电车工程对限界有严格的规定，对施工测量精度要求较高；轨道结构均采用整体道床，轨道铺设一次到位，几乎没有调整余地，所以对CPⅢ及铺轨测量精度的要求为毫米级；

（3）区间及车站的控制点在各道工序中经常使用，应按照相关要求布设足够数量的合格控制点，精心做好标志，要求点位稳定，标识唯一，清晰易找。

4.2.2.3 项目成果

本项目的控制网测量技术报告、施工测量检测报告、CPⅢ控制网（铺轨基标）报告、沉降观测报告等，经过业主组织的专家评审，均获一致通过，得到了业界专家的肯定和好评。在该工程的实施过程中取得的阶段性成果得到了专家认可。

该工程测量的每一个单项除实行三级审核外，还实行出手质量评分制度。明确工程质量目标，确保各项工程合格率达100%，优良率达到95%以上。

本项目的主要创新点为将高速铁路施工中第三级测量控制方法（CPⅢ技术）引进了工程，其主要效益如下：

（1）CPⅢ测量配合轨检小车铺轨，通过自由设站、边角交会网进行相邻测站重叠观测多个CPⅢ的方法，能极大提升有轨电车轨道的平顺性，提高运营期间有轨电车乘坐的舒适性；

（2）CPⅢ控制网可作为施工、运营一体的控制网，可令施工期及运营期的沉降观测具有连续性，运营期的维护测量也同施工期测量控制为同一系统，测量系统完全是统一的；

（3）CPⅢ控制网同传统基标测量方法比较，测量精度高、点位密度高、测量过程中复核条件多，能很大程度避免施工过程中因精度不够、测量粗差造成的返工，避免经济损失。

4.2.2.4 项目小结

武汉东湖国家自主创新示范区有轨电车T1、T2试验线工程经过近1年多的紧张建设，已于顺利建成通车。作为地面控制网测量、施工测量检测、CPⅢ控制网测量检测及沉降观测单位，在工程施工过程中肩负责任，勇挑重担，科学管理，运用新技术、新方法，合理组织，科学安排，严把质量关，加班加点，敢于吃苦，勤于奉献，为工程顺利完工通车提供了有力保障，得到了各施工单位的认可和业主的充分肯定。

武汉东湖国家自主创新示范区有轨电车T1、T2试验线工程的及时通车，方便了人们出行，得到了市民的广泛欢迎，该线路的长期正常运营，将获得不可估量的社会效益。在施工测量过程中，通过应用新技术、新方法，不仅增强了测量准确性，保证了工程质量而且减少了劳动量，提高了劳动效率，大幅节省了工程成本。进行的施工测量检测工作，测量数据准确可靠，有效的避免了由于测量偏差或失误造成的工程损失，经济效益显著。

4.2.3 案例三：合肥市轨道交通1号线一、二期工程测量

4.2.3.1 工程概况

合肥市轨道交通1号线一、二期工程北起合肥站，南至徽州大道站，线路全长24.58km，全部为地下线。设23座车站，最大站间距2462m，最小站间距714.5m，平均站间距1106m，设滨湖车辆段及综合维修基地1座，大连路停车场1座，胜利路主变电所和庐州大道主变电所2座，运营控制中心1座。

合肥市轨道交通1号线一、二期工程总投资额为184亿元。该项目测量工作主要包括：地面控制网复测（GPS控制网复测、精密导线网复测、精密水准网复测）、施工测量检测、贯通测量、断面测量、限界测量、铺轨控制基标测量、设备安装测量、竣工测量。

4.2.3.2 项目特点与难点

该线路多次下穿重要的市政道路、河流、既有铁路，其中里程K6+150附近下穿既有铁路；在里程K7+150～K7+210段下穿南淝河；在里程K8+270～K8+290下穿二里河暗涵；在里程K13+790～K13+860下穿望湖城桂香居小区景观河流；在里程K14+570附近下穿机场专线铁路；在里程K15+365～K15+430段下穿合宁高速（G312）；在里程K16+090～K16+510段下穿骆岗机场用地；在里程K19+025～K19+040、K19+675～K19+690、K19+775～K19+785多次下穿十五里河，加之该线路为合肥市轨道交通首条线路及试验线，业主方对控制测量要求尤为严苛。

4.2.3.3 项目成果

本项目形成的成果主要有：

（1）合肥市轨道交通1号线一、二期工程测量方案（控制网测量方案、施工测量检测及贯通测量方案、CPⅢ测量方案、铺轨控制基标检测方案、竣工测量方案等）；

（2）合肥市轨道交通1号线一、二期工程测量技术报告（控制网复测报告、施工测量检测及贯通测量报告、CPⅢ测量报告、铺轨控制基标测量报告、竣

工测量报告等）；

（3）合肥市轨道交通盾构测量监控信息系统。

本项目主要技术方法有：

（1）创建了合肥轨道盾构测量监控信息系统。在合肥市轨道交通1号线一、二期工程测量中首次研发了合肥轨道盾构测量监控信息系统，实现了盾构导向系统的实时信息联网。利用互联网技术对地铁在施盾构进行在线跟踪，有利于及时了解地下工作的各盾构机的工作状态，及时发现轴线偏位等问题，让盾构施工过程中的相关技术人员及领导能实时掌握当前盾构施工状况，同时该系统还提供了APP手机客户端软件，相关人员可以24h随意查看盾构机的工况。

（2）首次应用自主研发的PDA记录系统进行测量外业数据采集。结合地铁工程测量的特点，自主研发了基于PDA（掌上电脑）的测量数据记录系统。在合肥市轨道交通1号线一、二期工程测量中，采用了PDA记录系统。该系统实现了全站仪和掌上电脑实时交换测量数据，可以接受多个品牌全站仪输出的数据格式，无需人工读数和记录，实现了控制测量数据的现场自动记录。该系统可以按照规范要求的各种等级控制测量的观测顺序，测回数，测站限差进行平面、高程控制测量观测、记录，测站限差判断和多测回平均值计算由掌上电脑程序自动完成。该系统可自动生成符合测量规范要求的外业记录手簿，彻底摆脱了传统测量作业中纸质手簿的束缚。

（3）首次应用针对该工程自主研发的竣工结构断面测量数据处理软件。在合肥市轨道交通1号线一、二期工程测量过程中结合多年结构断面测量经验，开发了一款结构断面数据处理软件并首次在合肥市轨道交通1号线一、二期工程测量中应用。该软件实现了数据输入—数据处理—成果输出的统一处理过程；实现了根据所测结构断面形式不同修改相关参数即可输出所需成果的功能；实现了自动绘制断面图及自动提取相对任意轨道高度的隧道结构尺寸数据的功能；实现了所生成实测断面图形和标准断面图形的直接对比。

（4）成功应用CPⅢ技术进行地铁铺轨。在合肥市轨道交通1号线一、二期工程芜湖路站－南一环站区间进行实验，结果显示CPⅢ完全适用于地铁区间，而且更加便捷，提高了生产效率，为以后在地铁中推广CPⅢ技术提供了实践基础。

（5）成功应用三维激光扫描技术进行断面测量。在合肥市轨道交通1号线一、二期工程芜湖路站－南一环站区间进行断面测量实验，然后按照设计要求用软件进行数据处理，得出设计调线调坡需要的数据，精度满足规范要求，极大的节省了劳动力，缩短了工作时间，提高了工作效率。

4.2.3.4 项目小结

在合肥市轨道交通1号线一、二期工程测量实施过程中，自主研发相关软件和测量系统，运用先进的测量技术和方法，制定合理的各项测量方案。在充分掌握地铁施工全过程的情况下，每个环节工程测量方案都考虑了施工工艺过程及已有测量成果的应用，避免了测量工作的浪费，一定程度上节省了测量费用。另外，测量新仪器和新技术的应用，不仅为地铁施工提供了可靠的施工依据，同时为缩短工期、节约工程费用、保证地铁施工和使用安全而产生了无法估算的经济效益和社会效益。

下一步将根据合肥业主方需求并结合人才技术优势对上述盾构监控平台及三维激光扫描技术进行优化，进一步提高工作效率。

4.3 城市轨道交通检测政策剖析

4.3.1 法律法规文件

（1）《城市轨道交通初期运营前安全评估管理暂行办法》（交运规〔2019〕1号）

第三条 城市轨道交通所在地城市交通运输主管部门或者城市人民政府指定的城市轨道交通运营主管部门（以下统称城市轨道交通运营主管部门）负责组织第三方安全评估机构实施本行政区域内的初期运营前安全评估工作。第三方安全评估机构应当按照城市轨道交通初期运营前安全评估技术规范开展评估工作。

第四条 城市轨道交通工程项目未经竣工验收合格不得开展初期运营前安全评估，未通过初期运营前安全评估不得投入初期运营。

（2）《广州市城市轨道交通工程质量监督与验收管理办法》（穗建规字〔2019〕2号）

第九条 建设单位应在编制工程概（预）算时，单独计列工程质量检测费用，确保专款专用。建设单位应当在项目实施前，委托具有相应检测资质和能力的检测机构实施工程质量检测。委托检测机构的数量及其变更等应当符合相关规定。

第十二条 建设单位应按照本办法第九条规定，委托工程检测机构实施地基基础、主体结构、建筑节能等重要工程实体质量和主要使用功能的检测，并在项目实施前组织设计、施工、监理、检测等单位编制市域轨道交通工程结构实体质量和重要使用功能检测方案，经各方签字确认后作为开展质量检测的依据，并留置现场备。

工程检测机构应按已确认的检测方案实施检测，未经确认的方案不得作为实施检测的依据。

（3）《交通运输部关于加强城市轨道交通运营安全管理的意见》（交运发〔2014〕201号）

规范安全保护区管理。合理划定城市轨道交通安全保护区范围，制定相关管理办法，建立安全保护区巡查制度，组织开展安全保护区巡查，对可能危及运营安全的情形，应当予以制止并及时报告相关行政主管部门或地方人民政府进行处理。

（4）《国务院办公厅关于保障城市轨道交通安全运行的意见》（国办发〔2018〕13号）

明确了保护区范围内作业时的有关程序要求，对作业影响区域进行动态监测。明确保护区作业巡查有关要求，加强城市轨道交通线路保护。对危害城市轨道交通设施设备运行、影响运营安全的禁止性行为进行规定。

（5）《城市轨道交通运营管理规定》（中华人民共和国交通运输部令2018年第8号）

第三十条 在城市轨道交通保护区内进行下列作业的，作业单位应当按照有关规定制定安全防护方案，经运营单位同意后，依法办理相关手续并对作业影响区域进行动态监测。

新建、改建、扩建或者拆除建（构）筑物；

挖掘、爆破、地基加固、打井、基坑施工、桩基础施工、钻探、灌浆、喷锚、地下顶进作业；

敷设或者搭架管线、吊装等架空作业；

取土、采石、采砂、疏浚河道；

大面积增加或者减少建（构）筑物载荷的活动；

电焊、气焊和使用明火等具有火灾危险作业。

4.3.2 主要技术标准

（1）《城市轨道交通设施结构检测技术规程》（DB11/T 1167）；

（2）《地下防水工程质量验收规范》（GB 50208）；

（3）《建筑结构检测技术标准》（GB/T 50344）；

（4）《钢筋保护层厚度和钢筋直径检测技术规程》（DB11/T 365）；

（5）《回弹法检测混凝土抗压强度技术规程》（JGJ/T 23）；

（6）《超声法检测混凝土缺陷技术规程》（CECS 21）；

（7）《混凝土结构工程施工质量验收规范》（GB 50204）；

（8）《混凝土强度检验评定标准》（GB/T 50107）；

（9）《混凝土结构设计规范》（GB 50010）；

（10）《混凝土结构现场检测技术标准》（GB/T 50784）；

（11）《穿越城市轨道交通设施检测评估及监测技术规范》（DB11/T 915）；

（12）《城市轨道交通工程测量规范》（GB/T 50308）；

（13）《国家一、二等水准测量规范》（GB/T 12897）；

（14）《工程测量标准》（GB 50026）

（15）《城市轨道交通设施养护维修技术规范》（DB11/T 718）；

（16）《地铁设计规范》（GB 50157）；

（17）《地铁限界标准》（CJJ 96）；

（18）《城市工程地球物理探测标准》（CJJ/T 7）。

4.4 问题及建议

4.4.1 城市轨道交通勘察行业发展面临的问题及建议

4.4.1.1 城市轨道交通勘察行业发展面临的主要问题

（1）勘察的专业地位有待进一步提升，作为工程建设的先导，技术作用重要性不够突出，专业的影响力有待提升。

（2）技术标准管理有待进一步加强，技术标准体系繁杂和不协调现象仍很突出；一些新的技术应用缺乏适用的标准指导；标准编制的前瞻性、实用性研究有待进一步加强。

（3）城市轨道交通勘察外业工作技术发展缓慢、设备更新缓慢；应用新技术、新方法仍不够充分。

（4）不少企业在内部管理、分配制度、薪酬激励、企业文化等方面存在短板。现代企业制度仍需大力推进，通过体制、机制创新推进企业发展的动力仍显不足。

（5）企业创新能力和核心竞争力仍需进一步增强，勘察企业为轨道交通发展、为业主提供高水平、高质量技术服务的理念还仍未完全确立；优化勘察、精细勘察等方面的创新能力有待加强；勘察产品的附加增值效益未得到有效发掘。

（6）市场监管方法有待进一步创新；诚信体系建设基础仍显薄弱；市场环境仍需进一步净化，地方保护现象仍很严重。

（7）部分城市勘察费用大幅低于取费标准，市场不规范、技术投入低、生存环境差，部分城市项目收款困难。

（8）目前勘察工作从外业采集、内业处理，到提资、归档，各环节信息化工作开展的较为独立，各环节间信息的流动无法做到无损传递。

4.4.1.2 城市轨道交通勘察行业发展问题对策分析及建议

（1）树立企业创新主体意识，坚持创新驱动发展的核心理念，将创新融入行业改革发展，稳步推进行业管理创新、技术创新、业态创新，增强企业适应新形势的能力和核心竞争力。

（2）加强质量安全管理，进一步加强质量与安全监管力度，注重全过程质量安全控制，推动采用信息化手段加强勘察全过程管理，不断强化企业和勘察人员的质量责任主体意识，确保建设工程勘察质量安全。

（3）加强人才队伍建设，坚持"人才强企、人才兴业"原则，进一步完善适应企业改革发展特点的人力资源管理与激励机制，创建多层次人才培养平台、事业平台、竞争平台和服务平台，激发各类人才创业、创新、创效的积极性和主观能动性。

（4）提高服务水平，遵循行业客观规律，参照国际惯例，加快勘察设计及咨询业务结构调整，促进勘察设计咨询全过程协调发展。

（5）完善技术标准，适时调整技术标准，提高建设工程的质量、安全及使用年限；规范行业技术标准管理体系，建立技术标准适用性评价机制，以确保标准的适时立、改、废，促进标准的统一和协调。

（6）推进新兴技术应用，大力推进信息化、数字化、网络化、大数据等新兴技术普及和应用，落实电子签名、签章及存档问题。

（7）加快信息化建设，整合资源，建立实用、高效的基础数据库，提高项目的信息化技术应用水平；大力推广和普及建筑信息模型（BIM）技术，支持相关软件等信息技术产品研发和推广应用。

（8）完善招投标监管方式，强化国有资金投资项目招投标监管，加大资格审查环节的监管力度，引导企业有序竞争；推行电子招投标，完善专家评估制度，加大社会监督力度。评标中重点评估投标人能力、业绩、信誉以及方案的优劣，不得以压低收费、增加工作量、缩短周期等作为中标条件；加大对建设单位压缩合理勘察设计周期等行为的监管力度。

（9）改革勘察计价模式，深化勘察收费制度改革，建立符合国情和工程勘察设计特点的计价模式，推行优质优价；完善优化勘察激励办法，鼓励优质优价。

（10）完善个人执业资格管理制度，规范执业行为，强化执业责任，维护执业者合法权益；建立和完善注册执业人员自律机制，加强执业行为监管；健全执业责任追究机制，加大对人员业绩、从业行为、诚信道德、社保关系等要素的动态监管力度，杜绝注册执业人证分离。

（11）完善行业诚信体系建设，推进企业、人员、项目三大基础数据库建设，建立信用信息共享机制，加大信息公开共享力度；完善行业诚信体系建设，建立诚信行为信息管理办法，开展诚信评估，加强对企业和注册人员诚信行为的监管，引导诚信评估成果的市场应用；完善企业、注册人员不良行为认定标准，建立健全统一、有效的行业守信激励和失信惩戒机制。

4.5 城市轨道交通测量行业发展面临的问题及建议

4.5.1 城市轨道交通测量行业发展面临的主要问题

轨道交通工程测量在建设过程中发挥着极其重要的作用，但是测量行业在发展的过程中也面临一些制约因素。从行业发展的宏观角度出发，目前城市轨道交通行业发展面临四大困境：

（1）行业定位不准，缺乏法律法规依据。目前各地城市委托的专业测量队伍缺乏统一的标准，并且有的城市没有专业的第三方测量主体。这就导致各地测量单位发挥的主体功能不同，定位五花八门，个别地方重视不够。

（2）资金投入不足，影响测量人员的稳定。近年来由于人力物力的成本上升，测量成本大大增加，但许多城市每公里测量费用的投入不升反降，这就导致测量技术优秀人才留不住，难留住，导致测量队伍不稳定，给隧道贯通带来隐患。

（3）测量技术创新使用仍然缺乏动力。测量行业大部分的技术革新依托仪器设备的革新，由于成本的增加，仪器设备售价以及信息系统技术集成费用也随之上升，传统测量人员难以接受新事物，导致技术应用受阻。

（4）技术人员培养有待加强。进一步完善测量专业的人才体系建设，推动注册测绘师在行业中发挥重要作用。

（5）目前测量工作从外业采集、内业处理，到提资、归档，各环节信息化工作开展的较为独立。各环节间信息的流动无法做到无损传递。

4.5.2 城市轨道交通测量行业发展问题对策分析及建议

"十二五"期间，地铁建设飞速发展，到了"十三五"期间，轨道交通建设依然势头强劲，如此庞大的建设体量必然导致了人才的摊薄，技术人员的培养已经跟不上建设速度。面对新形势下的新问题，①尽快在行业内对轨道交通工程测量建立法规依据；②要确保工程投入，根除低价中标的市场土壤；③加大新技术研发力度，积极引导新技术应用；④加强测量技术人员的职业化培训以及后续力量的培养。今后，随着城市轨道交通事业的发展，服务于轨道交通工程建设的工程测量工作，必将从理论与实践上进一步完善发展，工程测量新技术、新方法也将在地铁工程测量中得到更广泛的应用。测量专业进一步的合理化建议如下：

4.5.2.1 推进信息化、网络化管理手段的应用

轨道交通工程建设具有参建单位多、建设周期长、同期开工建设工点多、工程施工工法多样，各工序环节衔接复杂，影响工程安全质量的地质、环境、管理及其他因素复杂的特点，工程建设的质量安全风险高，项目管理难度大。

国内一些地铁建设城市在测量及监测工作的信息化管理方面作出了一定探索，并有工程实际应用，实践证明通过信息化管理手段可建立标准的技术管理模式，能够理顺管理流程，加强管控环节控制，深入分析工程质量、安全情况，及时高效沟通信息，有效存储保留管理证据。

地铁测绘行业应重视信息化、网络化管理平台的应用，自主开发的信息管理系统充分利用GIS技术和网络通讯技术，以轨道交通线路设计图为基本框架，形成数字化信息，构建集成化、标准化的轨道交通测量、监测数据信息系统，在测量、监测项目工程质量安全管理服务方面有着深入的应用。

除技术管理外，通过工程测量及监测信息的网络化管理的实施，可加强对施工单位的测监人员、设备、资质、成果管理；也可对技术资料的传递、审批、归档备案等进行管理，大大缩短资料在审核传递等环节上延误的时间，使管理更直接有效。

4.5.2.2 定期组织测量、监测技术交流及培训工作

测量、监测工作是专业性很强的工作，对作业人员的专业素质要求高，轨道交通工程涉及的测量技术较为复杂，尤其是特殊工序测量精度要求高，对仪器设备使用，各工序管理流程的理解，规范标准的掌握要求高。监测工作需要技术人员掌握勘察、设计、施工、风险管理等基础知识，掌握相应的标准规范，熟悉业主的管理制度，对行业法规有一定深度的理解，具备长期的实际工程经验，才能胜任工作。

建议业主组织加强对相关参建单位进行技术交流及培训工作，定期请专家对相关测量和监测技术进行培训，由业主管理人员对本工程测量与监测管理办法进行培训，请行业专家有关测量、监测国标规范，安全质量风险案例，测量及监测作业方法、新技术应用、监测成果分析等进行培训交流，使在建单位的监测技术水平得到整体提高，确保本条轨道交通线路建设顺利实施。

4.5.2.3 加强与设计沟通及设计交底环节控制

地铁项目工程范围线路长，沿线工程环境复杂，总体设计单位和各工点设计单位的设计工作量大，在施工过程中难免遇到一些事先没有预料的问题，从

而导致经常性的设计变更。测量工作使用的图纸中的数据作为依据，设计资料正确性是保证测量及施工正确性的先决条件。

设计图纸经常更新，有多个版本，对测量检测单位收集最终的权威设计资料增加了操作难度，从而可能影响到各项检测工作成果的正确性。

为确保测量检测工作更好的为城市轨道交通建设质量管理服务，我们建议由业主主持，请总体设计单位对测量检测单位进行最终设计资料的设计技术交底，并在一些关键的节点如图纸强审前增加沟通环节。

4.5.2.4 建立盾构施工参数实时监控系统

在盾构施工中，由于受施工经验、地质条件及数据信息差错等诸多因素影响，盾构施工极易出现偏差。由于盾构隧道一次成形，如果发生方向偏差，无法像矿山法一样通过刷帮修正，轻者引起调线调坡导致隧道使用标准降低，重则拆除重建，这样不仅引起巨大的工程损失和工期延误，而且由于结构完整性遭到破坏，为运营期间结构变形埋下了隐患。

因此，对于盾构法隧道施工，需要时刻保持警惕，不仅要保证隧道按要求顺利贯通，而且要将盾构推进过程中姿态偏差严格控制在设计允许值范围内。在盾构施工过程中，必须采取有效措施，对盾构姿态进行严密控制，以保证整个盾构隧道结构满足设计要求。

盾构施工过程中掘进参数的控制如土压力、推力、扭矩、注浆量不合理可能导致地面塌陷、管线破坏、建筑物过量沉降等风险情况，这些往往是在监测数据变化之前，了解这些有利于监测工作的跟进及数据分析。

因此，建议在条件允许的情况下，建立盾构施工参数监控系统，以便在掌握每个标段盾构机施工进度、施工参数、盾构机姿态，发现问题及时纠正或采取措施。

4.5.2.5 落实环片姿态测量检测制度

根据国内城市轨道交通建设经验教训，对于采用盾构法施工标段，建议加强环片姿态测量。土建承包商在每掘进30环后，须将此30环的环片姿态人工测量成果（纸质和电子文档）报送给业主代表（含负责测量的业主）、土建监理和测量检测单位，横向或竖向偏差超过50mm须立即上报驻地监理、业主、设计、测量检测单位，由设计总体确定采取相关措施。

4.5.2.6 预先考虑地铁施工阶段的扰动对后期运营的影响

在地铁施工阶段，各建设方主要考虑的是在建工程本身结构及周边环境的安全。但是随着若干年后，地铁工程大规模建设趋近尾声，紧随其后迎来的是地铁沿线地块开发建设的高潮。由于地铁结构本体及周边建筑物、管线等在施工期间受扰动会产生一定的变形，变形长期累积下来，会波及到地铁运营期的结构稳定和安全。

这些对结构安全的影响往往源自地铁建设施工期对工程质量控制的不足，对后期地铁运营遗留了很多难以弥补的安全隐患，造成以后运营维护成本的极大浪费（见图4.5.1和图4.5.2）。

图4.5.1　某隧道洞口结构病害情况　　　图4.5.2　某区间隧道结构病害情况

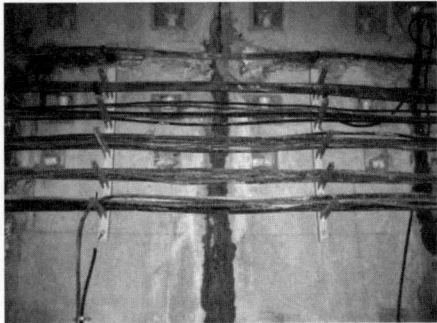

因此，建议轨道交通建设能够未雨绸缪，充分考虑建设阶段由于施工导致的结构变形及对周边环境的影响。在数据安全警戒值的制定和现场风险控制方面，预先考虑相关影响，从严控制。适时调整和优化设计、施工方案、预报警指标体系，将对地铁后期运营安全造成的影响降到最低。

4.5.2.7 建议预先考虑地铁建设期与运营期的监测数据连续性

地铁建设期需要充分考虑到对运营期结构的安全影响。地铁建设期的相关监测数据信息会对运营期的工作起到极重要的指导作用，能指导地铁运营单位判读数据以及工程影响控制工作。因此，如何在建设期就考虑与运营期监测数据的连续性是值得思考的。

测点布置要考虑后期监护工作，比如沉降测点一般埋设于隧道拱底位置，但是在铺设地铁轨道工程阶段时，又会把这些测点覆盖，这样监护工作开展时又会重新进行监测初始化，数据没有传承，对监护工作没有指导作用。如果在一开始就把测点布置在边墙底，轨道铺设阶段也对其没有影响，这样测点就可以在监护工作时继续使用和延续，包括隧道断面收敛点、拱顶沉降、边墙沉降、水平位移点等的布设都应该有所考虑。

4.6 城市轨道交通测试行业发展面临的问题及建议

4.6.1 城市轨道交通测试行业发展面临的主要问题

4.6.1.1 监测方案

目前城市轨道交通工程监测方案分为3种形式：①总体监测方案，也就是整个监测标段编制一个总体方案，一般包括多个车站和区间；②一个工点即一个车站或一个区间编制一个监测方案；③根据工程进度要求以一个区间竖井和横通道或车站主体、附属结构施工而编制的分部方案。无论是总体方案、工点方案还是分部方案，存在的问题主要是：监测方案针对性不强，原则性要求多，不具体，可操作性差；方案内容不全面，一般缺少现场巡视内容、巡视频率及周期，缺少监测技术要求、信息反馈流程及对象，以及监测预警标准等内容。

4.6.1.2 监测点的埋设和保护

在监测工作实施过程中，监测点的埋设和保护存在的问题尤为突出，它将直接影响到监测工作的质量和安全管控的实际效果，应引起高度重视。问题主要表现在：监测方案中要求的监测项目或监测点在现场没有完全落实；监测点的埋设时间与施工进度脱节，不能及时进行监测数据（或初始值）的采集；监测点埋设不规范、无保护措施，或标识不全；监测点被破坏或压占，未采取补救措施，也未履行相关的手续等。

4.6.1.3 监测项目控制指标的问题

监测项目的控制指标是监测预警预报工作的重要依据，是施工图设计文件的重要内容之一，其确定原则是应根据工法特点、周围岩土体特征、周边环境保护要求并结合当地工程经验进行确定，因此，应有由设计方确定。监测项目控制指标的主要问题是：控制值一般由监测单位根据相关经验或参考资料确定，而非由设计单位在设计文件中明确；控制指标只是简单直接套用相关规范中的参考值，未能结合轨道交通工程特点。

地质条件及环境特点的基础上综合确定；对于不同的监测对象及项目，没有认真区别对待，简单地使用了单一的控制指标；同一个施工工点，第三方监测和施工监测的控制指标不一致；施工监测实施过程中，修改监测项目的控制指标没有经过相关程序及审批等。

4.6.1.4 监测预警标准

监测预警标准是监测预警工作的基础和依据，没有标准会造成工作混乱，责任不清。监测预警标准存在的问题主要有：监测预警的等级划分及分级标准不明确；施工监测、第三方监测及安全咨询三者之间的预警标准不统一等。

4.6.1.5 现场巡视方面的问题

传统的仪器监测，其监测范围、频次是有限的，地下工程施工安全问题的发生有时是突发性的，通过现场巡视能够及时了解和掌控工程安全状况，是传统的仪器监测的有效补充。目前，现场巡视主要存在的问题有：巡视内容未能根据工程施工的工法特点、工程地质水文地质条件及周边环境特点进行巡视，针对性不强；现场巡视不能结合工程施工进度，合理调整巡视频次，巡视滞后于施工进度，不及时；巡视观察记录不详细、不规范，不能直接反映工程现场具体情况等。

4.6.1.6 监测成果报告质量问题

从现场实际情况来看，监测成果报告存在的主要问题有：监测成果报告中缺少现场巡视资料及巡视成果；监测周报、月报中无典型时程曲线；监测成果报告格式不规范、内容过于简单，对监测数据与巡视信息的分析不够，监测结论与建议欠缺；现场巡视原始记录缺少巡视人员签字等问题。

4.6.1.7 监测方案评审问题

根据住房城乡建设部《城市轨道交通工程安全质量管理暂行办法》（建质［2010］5号）的要求，监测单位编制的监测方案应经专家论证并经监测单位主要负责人签字后实施。从实际情况来看，在监测方案论证方面存在的问题有：总体监测方案经过了专家评审，但后续各车站和区间的工点方案未进行单独的评审；早期的工点方案虽然经过专家论证，后续站位、施工工法或围护形式发生了变化，修改后的监测方案没有另行评审；各种形式的监测方案均未进行专家评审；监测方案未落实专家意见等。

4.6.1.8 监测信息化推行受阻

目前轨道交通监测工作从外业采集、内业处理，到提资、归档，各环节信息化工作开展的较为传统和独立，各环节间信息的流动无法做到无损传递。从业人员不愿改变传统工作模式，信息化工作在各个环节内的落实情况欠佳，导致专业数据库和复合信息系统工作推行不畅。

4.6.1.9 存在问题的原因分析

结合目前各地城市轨道交通工程监测方面的实际情况，综合问题的原因，主要有以下几个方面。

（1）相关的技术标准和规范性文件相对较少，缺乏有效规范和指导。目前，我国城市轨道交通工程建设发展迅速，建设城市和参建单位众多，各方对"监控量测"的实施和技术要求等方面的了解和掌握程度不够，而现行针对"监控量测"方面的国家、行业、地方标准和政府规范性文件相对较少，缺乏有效的技术指导和规范。

（2）建设单位相关管理办法偏少，监督管理不够。从目前各地实际情况来看，凡是监测工作做的较为出色的在建城市，建设单位对监测的技术要求和管理方面都制定了一系列管理办法或规定，工作过程中的监督管理也比较到位。但大多建设单位对监测工作缺少相关制度要求，在监测方案的编制及审查、监测点的埋设及验收、现场监测实施及巡查、信息反馈的形式及内容、监测预警及响应等方面缺少相关的技术要求和管理规定，工作过程中又缺乏及时有效的管理与沟通，使监测工作质量或多或少都存在些问题。

（3）相关的培训学习较少，技术力量相对薄弱。随着城市轨道交通工程建设发展，从事监测工作的技术人员、作业人员及管理人员越来越多，总体来讲，目前的技术力量和管理水平与建设发展规模不相匹配，不能满足工程需要。一方面有监测经验的勘测单位随着承担监测任务量的不断增大，技术力量不断被摊薄，另一方面监测经验相对缺乏的单位也不断进入轨道交通工程监测市场，再者是随着轨道交通新建城市的增多，建设单位及建设主管部门对监测工作的管理经验还相对薄弱，这些都需要加强相关的学习与培训，提高监测技术水平和管理水平。另外，对现场作业人员也应开展城市轨道交通工程监测方面的知识与技能培训，并颁发相应的上岗证书。

（4）监测费用相对偏低，监测投入不够。由于城市轨道交通工程监测工作量大、周期长、费用偏低，建设单位的履约要求严，监测成本高，监测单位为降低成本，在监测技术人员及仪器设备、元器件方面的投入往往不足，在监测项目的选择，监测点的埋设方式，以及现场监测及巡视的频次方面不规范或不到位。另外对新技术、新方法及新设备的应用方面也表现的不够积极，这些都不同程度地影响到监测工作的整体质量。

4.6.2 城市轨道交通测试行业发展问题对策分析及建议

（1）目前各地对国务院、各部委关于城市轨道交通工程质量安全相关文件的学习、理解及落实不够，特别是对住房和城乡建设部下发的《城市轨道交通工程安全质量管理暂行办法》（建质［2010］5号）的要求不够了解，在监测工作的实施过程中还存在不同程度的问题。建议各地进一步加强各级政府相关文件的学习贯彻和落实。各地从建设主管部门、建设单位以及轨道交通工程的参建各方都要认真学习、深刻领悟相关文件的指示精神，并深入贯彻落实到实际工作中。

（2）制定出台相关的技术标准和管理制度。建议各级政府主管部门进一步制定出台关于城市轨道交通工程质量安全相关的管理制度、规范性文件，组织编写颁布城市轨道交通工程监测方面的地方标准或行业规范，从而进一步指导、规范我国城市轨道交通工程建设工作。各地轨道交通建设单位应建立或进一步完善城市轨道交通工程监测管理体系文件，明确各方职责、工作内容及相关技术要求，加强管理、沟通和协调。与此同时，也需出台信息化推行政策，促进监测行业各环节信息化工作的落实。

（3）加强对监测技术人员、现场作业人员及相关管理人员的专业技能、管理能力、信息化生产工具使用能力培训，目前显得尤为重要。从国家到地方到各参建单位应因地制宜地选择或编制培训教材，分区、分批、分层次地对参建单位的监测人员、建设单位及主管部门的管理人员进行培训，提高监测技术水平和管理水平，保证监测工作质量，满足工程建设及发展的需要。通过培训，也能对现场作业人员颁发上岗证书。

5　规划篇

5.1　概述

2022年是国家"十四五"的第二年，党的二十大召开擘画了以中国式现代化全面推进中华民族伟大复兴的宏伟蓝图，提出坚持人民城市人民建、人民城市为人民，加强城市基础设施建设，加快交通强国建设等具体要求。轨道交通作为城市重要基础设施，在经济降速的大环境下，依旧保持着快速发展的态势。

2月，国务院印发《"十四五"现代综合交通运输体系发展规划》，提出强化重点城市群城际交通建设，有序推进其他城市群城际交通建设；建设都市圈多层次轨道交通网络，推进干线铁路、城际铁路、市域（郊）铁路、城市轨道交通融合衔接，打造轨道上的都市圈；超大特大城市构建以轨道交通为骨干的快速公交网络，科学有序发展城市轨道交通，推动轨道交通、常规公交、慢行交通网络融合发展。2025年纳入国家批准的大中运量城市轨道交通运营里程达到10000km。

4月，中央财经委员会第十一次会议重点研究了全面加强基础设施建设问题。会议强调了基础设施是经济社会发展的重要支撑，要统筹发展和安全，优化基础设施布局、结构、功能和发展模式，构建现代化基础设施体系。要求推进城市群交通一体化，建设便捷高效的城际铁路网，发展市域（郊）铁路和城市轨道交通。

7月，国家发展改革委、住房和城乡建设部印发《"十四五"全国城市基础设施建设规划》。提出强化重点区域轨道交通建设与多网衔接，分类推进城市轨道交通建设，加强轨道交通与城市功能协同布局建设，提升轨道交通换乘衔接效率等重大行动方向。

7月，国家发展改革委印发《"十四五"新型城镇化实施方案》。《实施方案》提出，提高都市圈交通运输连通性便利性，统筹利用既有线与新线因地制宜发展城际铁路和市域（郊）铁路，有序发展城市轨道交通，推动市内市外交通有效衔接和轨道交通"四网融合"。到2025年新增城际铁路和市域（郊）铁路运营里程3000km，基本实现主要城市间2h通达。

12月，中共中央国务院印发《扩大内需战略规划纲要（2022-2035年）》，国家发展改革委印发《"十四五"扩大内需战略实施方案》。《纲要》提出，持续推进交通等重点领域补短板投资，支持重点城市群率先建成城际铁路网，推进重点都市圈市域（郊）铁路和城市轨道交通发展，并与干线铁路融合发展。《实施方案》提出，加快交通基础设施建设，支持重点城市群率先建成城际铁路网，提高超大城市中心城区轨道交通密度。

总体来看，2022年国家层面继续大力支持城市轨道交通发展，陆续批复了长株潭、西安、重庆、武汉等都市圈发展规划，推动都市圈多层次规划交通规划。同时，各地积极推动国家干线铁路、城际铁路、市域郊铁路和城市轨道交通的"四网融合"，积极开展研究中低运量轨道交通系统规划建设工作。

5.2 规划统计数据

自2003年国办发81号文颁布至2022年末，据不完全统计，中国内地城市轨道交通建设项目获国家发展改革委批复的城市为44个，已批复的轨道线网规模约12404km。从历年批复的线网规模来看，2018年以前整体呈现波动增长态势，2018年后受52号文政策影响，批复规模有所放缓。2021年国家发展改革委在52号文基础上出台1302号文，趋严从紧、严控地方债务风险，进一步加强对"十四五"期间城市轨道交通的规划建设的指导，2021年共批复315km，2022年共批复570km左右（其中新增规模约438km）。

至2022年末，从各城市已获批复的城市轨道交通建设规划总规模来看，北京、上海、广州、成都、深圳、武汉、杭州、天津8市均超过了500km，其中北京超过1000km，上海、广州超过700km。重庆、西安、青岛、苏州、郑州、南京、合肥、宁波、长沙、济南、大连、厦门、长春、佛山等14城市已批复规模介于200～500km之间。11个城市获批建设规模在100～200km，其余11个城市获批规模小于100km（见图5.2.1、表5.2.1）。

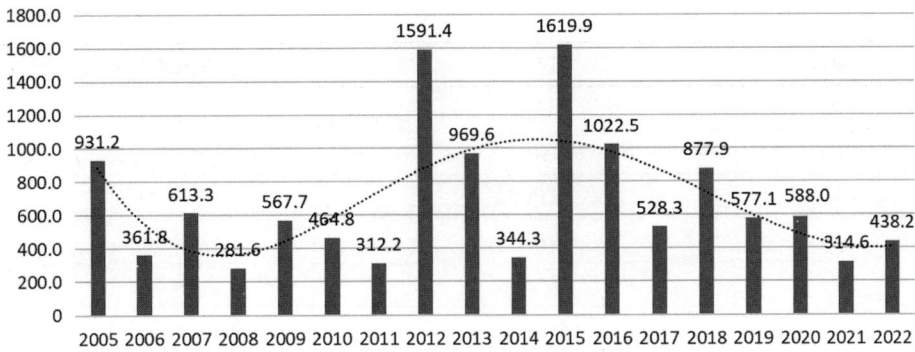

图5.2.1　历年国家发展改革委批复建设规划规模（单位：km）

中国内地城市已获国家批复城市轨道交通建设规模汇总表　表5.2.1

序号	城市	总批复规模（km）
1	北京	1003.7
2	上海	982.2
3	广州	755.5
4	成都	674.0
5	深圳	654.5
6	武汉	629.7
7	杭州	606.1
8	天津	511.7
9	重庆	451.4
10	西安	386.9
11	青岛	375.4
12	苏州	373.2
13	郑州	325.7
14	南京	315.7
15	合肥	280.0
16	宁波	278.7
17	长沙	263.5
18	济南	241.4
19	大连	235.2
20	厦门	234.9
21	长春	221.2
22	佛山	218.0
23	南宁	196.4
24	昆明	187.6

续表

序号	城市	总批复规模（km）
25	无锡	172.8
26	贵阳	170.1
27	福州	166.8
28	南昌	160.0
29	温州	156.5
30	徐州	146.3
31	石家庄	139.3
32	东莞	125.5
33	沈阳	118.0
34	乌鲁木齐	89.7
35	哈尔滨	89.6
36	兰州	81.8
37	南通	59.6
38	常州	53.9
39	呼和浩特	51.4
40	太原	49.2
41	芜湖	46.9
42	包头	42.1
43	洛阳	41.3
44	绍兴	41.1

注：数据来源为2005年至2022年底国家发展改革委正式批复文件及2022年各城市网站公布信息资料。

5.3 年度批复建设规划

5.3.1 苏州

5.3.1.1 轨道交通线网规划

当前苏州市执行的是2021年批复的《苏州市城市轨道交通线网规划（修编）》，根据规划远期苏州轨道线网由15条线组成，线路总长度约795km，其中市区轨道线9条418km，市域轨道线6条377km。远期轨道出行占公共交通出行比例达到50%～60%。

5.3.1.2 轨道建设规划

截至目前国家批复过苏州市轨道交通建设规划（含调整）共5期，当前执行的是2022年2月批复的《苏州市城市轨道交通第三期建设规划调整（2021-

2026年)》，2021至2026年，在第三期建设规划项目的基础上，实施建设2号线北延段、4号线北延段、7号线北延段3个项目，新增规模19.58km。根据规划至2026年，苏州市将形成9条运营线路，总规模373km的轨道交通网络。

5.3.2 东莞

5.3.2.1 轨道交通线网规划

当前东莞市执行的是2018年批复的《东莞市轨道交通网络规划（调整）》，根据规划远期东莞轨道线网由10条线组成，线路总长度约298.6km。远期公共交通出行比例达到30%～35%，轨道出行占公共交通出行比例达到25%左右。

5.3.2.2 轨道建设规划

截至目前国家批复过东莞市轨道交通建设规划（含调整）共2期，当前执行的是2022年4月批复的《东莞市城市轨道交通第二期建设规划调整（2021-2026年）》，根据规划至2026年，东莞市将形成3条运营线路，总规模125.5km的轨道交通网络。

5.3.3 上海

5.3.3.1 轨道交通线网规划

当前上海市执行的是2018年批复的《上海市城市总体规划（2017-2035年）》同步编制的线网规划，根据规划远期2035年上海市轨道交通线网总长度约2200km，其中地铁线路1043km，市域铁路1157km。

5.3.3.2 轨道建设规划

截至目前国家批复过上海市轨道交通建设规划（含调整）共5期，当前执行的是2022年批复的《上海市城市轨道交通第三期建设规划调整》，根据规划至2024年，上海市将形成27条运营线路，总规模1212km的轨道交通网络（含市域铁路342km）。

5.3.4 石家庄

5.3.4.1 轨道交通线网规划

当前石家庄市正在编制《石家庄市城市轨道交通线网规划（2021-2035年）》，根据规划公示稿远期石家庄轨道线网由15条线组成，线路总长度约646km，其中城市轨道交通线路9条，市域郊铁路6条。远期中心城区公共交通出行占全方式出行的比例达到40%，轨道交通出行占公共交通出行的55%。

5.3.4.2 轨道建设规划

截至目前国家批复过石家庄市轨道交通建设规划（含调整）共3期，当前执行的是2022年批复的《石家庄市城市轨道交通第二期建设规划（2022-2027年）》，根据规划至2027年，石家庄市将形成6条运营线路，总规模139km的轨道交通网络。

5.3.5 南宁

5.3.5.1 轨道交通线网规划

当前南宁市执行的是2021年批复的《南宁市城市轨道交通线网规划（2020-2035年）》，根据规划远期南宁轨道线网由13条线组成，线路总长度约593km，其中轨道快线5条，轨道普线8条。远期主城区公共交通出行占全方式出行的比例达到40%，轨道交通出行占公共交通出行的60%。

5.3.5.2 轨道建设规划

截至目前国家批复过南宁市轨道交通建设规划（含调整）共3期，当前执行的是2022年批复的《南宁市城市轨道交通第三轮建设规划（2022-2027年）》，根据规划至2027年，南宁市将形成7条运营线路，总规模196km的轨道交通网络。

5.3.6 杭州

5.3.6.1 轨道交通线网规划

当前杭州市执行的是2021年批复的《杭州市城市轨道交通线网规划（2021-2035年）》，根据规划远期杭州轨道线网由21条线组成，线路总长度约1120km，其中轨道快线4条，轨道普线15条，局域线2条。远期公共交通出行占机动化出行的比例达到65%以上，轨道交通出行占公共交通出行的65%以上。

5.3.6.2 轨道建设规划

截至目前国家批复过杭州市轨道交通建设规划（含调整）共5期，当前执行的是2022年批复的《杭州市城市轨道交通第四期建设规划（2022-2027年）》，根据规划至2027年，杭州市将形成14条运营线路，总规模669km的轨道交通网络。

5.3.7 武汉

5.3.7.1 轨道交通线网规划

当前武汉市执行的是2019年批复的《武汉市轨道交通线网规划（2018-2035年）》，根据规划远期武汉轨道线网由26条线组成，线路总长度约1300km，其中轨道快线12条，轨道普线14条。远期轨道交通出行占公共交通出行比例达到60%。

5.3.7.2 轨道建设规划

截至目前国家批复过武汉市轨道交通建设规划（含调整）共5期，当前执行的是2022年批复的《武汉市城市轨道交通第四期建设规划调整（2019-2026）》，根据规划至2026年，武汉市将形成14条运营线路，总规模649km的轨道交通网络。

5.3.8 广州

5.3.8.1 轨道交通线网规划

当前广州市执行的是2020年批复的《广州市轨道交通线网规划（2018-2035年）》，根据规划远期广州轨道线网53条，共2029km，其中高速地铁5条，广州境内452km；快速地铁11条，广州境内607km；普通地铁37条，970km。远期市域公共交通出行占机动化出行的比例达到60%，轨道交通出行占公共交通出行比例80%。

5.3.8.2 轨道建设规划

截至目前国家批复过广州市轨道交通建设规划（含调整）共6期，当前执行的是2022年批复的《广州市轨道交通第三期建设规划调整》，根据规划至2026年，形成18条线路，总长830km的轨道交通网络。

5.4 发展与趋势

5.4.1 加快推进轨道交通系统化建设

2022年7月，住房和城乡建设部国家发展改革委联合发布《"十四五"全国城市基础设施建设规划》，明确了"十四五"时期城市基础设施建设的主要目标、重点任务、重大行动和保障措施，以指导各地城市基础设施健康有序发展。其中，提出了加快推进轨道交通与地面公交系统化建设的新要求和发展方向。

5.4.1.1 强化重点区域轨道交通建设与多网衔接

以京津冀、长三角、粤港澳大湾区等地区为重点，科学有序发展城际铁路，构建城市群轨道交通网络。统筹考虑重点都市圈轨道交通网络布局，构建以轨道交通为骨干的1h通勤圈。统筹做好城市轨道交通与干线铁路、城际铁路、市域（郊）铁路等多种轨道交通制式及地面公交、城市慢行交通系统的衔接融合，探索都市圈中心城市轨道交通以合理制式适当向周边城市（镇）延伸。

5.4.1.2 分类推进城市轨道交通建设

优化超大、特大城市轨道交通功能层次，合理布局城市轨道交通快线，统筹建设市域（郊）铁路并做好设施互联互通，提高服务效率；支持中心城区网络适度加密，提高网络覆盖水平。Ⅰ型大城市应结合实际推进轨道交通主骨架网络建设，并研究利用中低运量轨道交通系统适度加强网络覆盖，尽快形成网络化运营效益；符合条件的Ⅱ型大城市结合城市交通需求，因地制宜推动中低运量轨道交通系统规划建设。

5.4.1.3 加强轨道交通与城市功能协同布局建设

构建轨道交通引导的城市功能结构与空间发展开发模式，建立站点综合开发实施机制，实行站城一体化开发模式，不断提高轨道交通覆盖通勤出行比例。优化轨道交通线路走向和站点设置，提高与沿线用地储备和开发潜力的匹配性，加强与城市景观、空间环境的有机协调。合理确定轨道交通建设时序，实现轨道交通建设与旧城更新、新区建设和城市品质提升相协调。

5.4.1.4 提升轨道交通换乘衔接效率

提高轨道交通与机场、高铁站等重大交通枢纽的衔接服务能力，推动优化铁路、民航、城市轨道交通等交通运输方式间安检流程。依托城市轨道交通建设线路优化调整地面公交网络，推动一体化公共交通体系建设。完善轨道站点周边支路网系统和周边建筑连廊、地下通道等配套接驳设施，引导绿色出行。

5.4.2 科学理性推进低运量轨道交通发展

由于地铁和轻轨等大中运量城市轨道交通项目审批门槛提升，同时受国家尚未放开首轮城市轨道交通建设规划报批等因素影响，越来越多的城市将建设轨道交通的希望转向了仅需要省级发展改革部门审批的低运量轨道交通系统。2022年，拉萨、合肥、广州、郑州、南宁、西安等地积极开展研究利用中低运量轨道交通系统适度加强网络覆盖，并制定低运量规划，规划线路总长度超过400km。此外，中低运量"智轨"系统已在株洲、宜宾、哈尔滨、苏州等多个国内城市开通运营。云巴方面深圳坪山云巴1号线开通运营，天津、济南、青岛等地也积极探索推动云巴项目。

在各地积极推动低运量轨道系统发展的同时，我们也看到珠海、上海张江、天津泰达现代有轨电车拆除的相关新闻报道，拆除的原因包括客流量小、运营成本高、道路交通拥堵、无法发挥应有的作用等等，引起了较大的社会争议。

为实现低运量轨道交通的科学、可持续发展，在未来规划中应重点关注以下几点：

5.4.2.1 合理把握功能定位，避免"小马拉大车"

一般而言，低运量轨道交通的功能定位主要包括：(1)在大城市中心城区作为大中运量城市轨道交通的联络线或补充，在城市核心区客流走廊上发挥补充和加密线网的作用；（2）大城市外围新城、开发区等内部的骨干线路，强化外围区域与中心城区联系，促进新片区发展；（3）作为中小城市的骨干线路，满足城区内部交通需求，承担公共交通体系的骨架作用；（4）作为特色旅游交通线路，承担景区接驳与旅游观光功能。

为实现低运量城市轨道交通的可持续、健康发展，应做好顶层设计，在前期规划研究阶段对其功能定位进行充分论证，进而明确其服务范围和服务对象。避免因为政策等原因，期望利用低运量轨道交通解决大中运量客流需求。

5.4.2.2 充分考虑客流走廊和交通道路条件

在明确功能定位的基础上，因为低运量轨道交通的运输能力区间有限（5000-10000人次/h），需要做更为精准的客流预测，选择合适与其能力相匹配的客流走廊，充分考虑客流效益，使其有充足的客流支撑。对于作为骨干线或补充线的线路，应使其走向覆盖城市主客流走廊，尽可能串联主要客流集散点。对于旅游观光线，应注重其观光效果及与沿线景点的结合程度。

同时，应充分考虑走廊布设的道路空间条件，做好交通影响分析。地面敷设要考虑建设空间和道路工程改造数量，高架敷设应充分考虑景观影响与道路两旁建筑的协调，有条件时尽量跟建筑结合，提高乘客出行便捷性。避免因走廊选择、道路空间条件问题导致后续客流支撑不足、交通拥堵严重等问题而带来的风险。

5.4.2.3 审慎选择制式与敷设方式

在运输能力上，按照已公布行业标准《城市公共交通分类》（CJJ/T114-2007）、中国城市轨道交通协会的团体标准《城市轨道交通分类》（T/CAMET 00001-2020）、国标《城市轨道交通分类》（征求意见稿），低运量轨道交通系统一般小于1万人次/h。但在具体轨道交通制式选择上，悬挂式单轨、自动导向轨道、导轨式胶轮、有轨电车、电子导向胶轮等系统均能提供低运量的运输能力。同时，以地面为主的快速公交系统（BRT）也能提供同样的运输能力。

因此，在规划研究阶段要科学客观分析运输需求和建设条件，对比不同制式适用的条件，选择适合的制式，尽量发挥各种制式的优势。在敷设方式选择上应综合考虑投资经济、环境影响、道路条件等因素审慎选择。

5.4.3 市域（郊）铁路规划重点关注的问题

近年来，在中国的规划建设和运营管理实践中，提供都市圈核心圈层与外围圈层轨道交通服务的市域（郊）铁路存在基于不同运营管理体系的常规市域（郊）铁路和市域快线两种技术体系，其技术标准和运行规则存在较大差异。同时，城市群发展较为成熟的城际铁路实现公交化运营，同样承担或兼顾了城市通勤服务功能。由于各城市的社会经济和城市发展阶段、背景不同，发展什么样的市域（郊）铁路存在较大差异和争论。如何提高线路的客流效益，实现其可持续的发展模式是规划设计的重点。

5.4.3.1 市域（郊）铁路的客流效益与可持续发展

2018年6月《国务院办公厅关于进一步加强城市轨道交通规划建设管理的意见》（国办发〔2018〕52号）明确提出"拟建地铁、轻轨线路初期客运强度分别不低于每日每公里0.7万人次、0.4万人次"的要求。远期应以《城市轨道交通线网规划标准》（GB/T 50546—2018）中市域轨道交通快线"客流密度不宜小于10万人·km·(km·d)-1"的要求作为规划建设（或开行）市域（郊）铁路客流需求基础进行研究。市域（郊）铁路不管作为经营性项目还是政府主导的准公益性项目，终极的目标是为城市和乘客提供公共交通服务，客流需求是市域（郊）铁路是否可持续发展的根本。虽然政府主导的市域（郊）铁路具有准公益公共交通服务属性，城市政府可以做出规范性和制度性补贴安排，但是，保证市域（郊）路本身具有一定的盈利能力，维持基本的财务平衡是其能否健康发展和持续运营的基础。最终实现自负盈亏、自主运营应是我国市域（郊）铁路发展追求的目标。

5.4.3.2 市域（郊）铁路空间规划与城市社会经济发展

如果市域（郊）铁路与外围组团城镇产业规划、建设时序一致，市域（郊）铁路的建设才可以促成中心城区功能的疏解，带动产业功能区或新功能组团的开发。中国市域（郊）铁路在都市圈核心与外围组团协调发展的案例并不多，根本原因就是我国快速城市化发展进程中并未为市域（郊）铁路规划发展做好空间规划和预留，从而导致了中国市域（郊）铁路发展面临主客流通道上没有市域（郊）铁路经济高效发展的国土空间，只能采用建设和运营成本高昂的地下敷设；或者勉强规划建设较为经济的具备地上敷设条件的市域（郊）铁路走廊布设，但客流条件却不理想，且大部分经济发达地区仅剩走廊，一般为城市空间发展管控区域，并不具备远期规划发展前景。

因此，在市域（郊）铁路规划建设中应高度重视与城市国土空间规划的协调，实现城市发展与交通发展的良性互动；应重点关注沿线和站点周边土地利用规划、市域（郊）铁路建设和用地开发时序的协调，以及政府、企业和居民各方利益诉求和平衡。只有做好空间规划的协调和适度超前建设市域（郊）铁路，才能实现经济高效的建设与绿色低碳低成本运维的市域（郊）铁路可持续发展。

5.4.3.3 做好"四网融合"规划发展，高效便捷的交通衔接，是实现市域（郊）铁路客流效益的关键

目前，中国超大和特大城市的城市空间拓展几乎都是由中心城区向市域范围拓展和延伸。城市功能核心区和重要交通枢纽的建设超前市域（郊）铁路的规划建设。已经造成市域（郊）铁路规划建设的客流需求和经济高效走廊不能共存的尴尬局面。

在我国已经基本完成城市化进程的超大和特大城市为中心的都市圈规划建设、具有客流效益的市域（郊）铁路的建议是：（1）在城市群和都市圈规划发展中高度重视"四网融合"规划，按照国家相关政策文件开展体制机制建设，充分利用铁路资源的经济高效实现市域（郊）铁路和城际铁路公交化服务，实现铁路和城市双赢局面，这方面北京、上海、深圳、成都等城市已经开展相应的探索和尝试；（2）市域（郊）铁路规划建设必须落实国家相关政策要求，切实做到经济高效建设和可持续运营发展，按照相关政策确定的技术经济标准进行规划建设，通过良好的交通衔接（包括城市轨道交通、常规公交和慢行系统）增加客流吸引范围、提升客流效益；（3）为提升都市圈市域（郊）铁路的服务质量和水平，减少通勤门到门出行时间，市域（郊）铁路应尽可能引入城市功能核心区和重要交通枢纽，减少换乘距离和时间，增强线路的客流吸引力。

5.4.3.4 系统制式、敷设方式和运营管理模式与客流效益并不存在必然联系

从目前各城市市域（郊）铁路的实践情况看，客流效益差距巨大。总体趋势是城轨制式的项目客流效益好于传统铁路制式。但是，也有采用全地上敷设的传统铁路制式和运营模式的城际铁路（如广深城际）客流效益高于市域快线的项目。因此，系统制式、敷设方式和运营管理模式与客流效益并不存在必然联系。

而作为广深之间新建的穗莞深城际铁路，2019年开通的穗莞深城际76km（部分区段采用地下敷设），设站15座，日均客流0.6万人次，每座车站日均客流量近0.04万人次。同样作为广深两市的城际线，客流效益差异巨大的主要原因是规划建设时，铁路部门和地方政府未对市域（郊）铁路的发展背景、功能定位、客流特征和技术标准形成共识，而是基于制式选择确定线路规划和建设标准。因此，经过实施效果反思，提出了线路规划的改善和优化线路方案（如采用网络化运营引入城市核心功能区和交通枢纽），以期提升客流效果（见图5.4.1）。

5.4.3.5 敷设方式和系统制式与建设运营的经济性存在必然联系

新建市域（郊）铁路项目的系统制式和技术标准选择是目前研究较多的课题。在国办函〔2020〕116号的指导意见中，明确了市域（郊）铁路新建线路主要技术经济建设标准。要求合理确定新线敷设方式，原则上以地面建设为

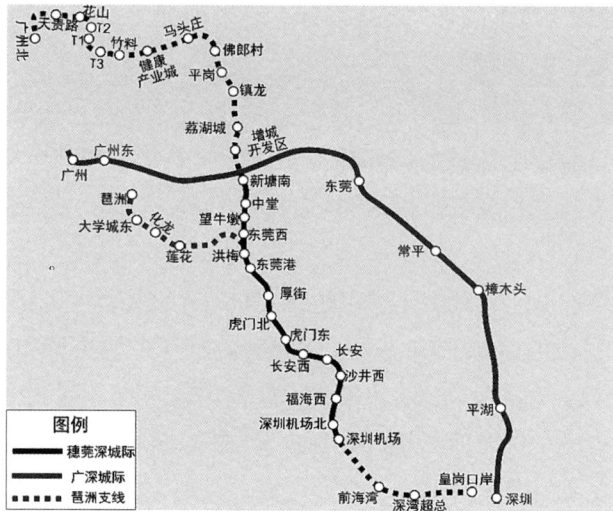

图5.4.1　广深城际与穗莞深城际平面示意图

主，困难路段可考虑采用高架方式，进出枢纽的个别路段可研究采用地下方式（而从目前项目操作角度，除既有铁路改造利用外，新建市域郊铁路能做到地面敷设为主的市域（郊）铁路新建项目非常少见）。系统制式的核心包括车辆选型、牵引供电系统和列车运行控制系统。在从严控制造价的要求下，尽可能采用地上敷设方式是最为直接有效的方式；同时，供电制式和列控系统对地下敷设的市域（郊）铁路经济性也将产生重大影响。因此，对于供电制式与信号列控系统的选择须根据项目实际情况认真研究和慎重决策。

6 设计篇

6.1 背景

6.1.1 国家政策

《交通强国建设纲要》(中发〔2019〕39号)提出"推动交通发展由追求速度规模向更加注重质量效益转变,由各种交通方式相对独立发展向更加注重一体化融合发展转变,由依靠传统要素驱动向更加注重创新驱动转变。""建设城市群一体化交通网,推进干线铁路、城际铁路、市域(郊)铁路、城市轨道交通融合发展"。

《国家发展改革委关于培育发展现代化都市圈的指导意见》(发改规划〔2019〕328号)要求"推动干线铁路、城际铁路、市域(郊)铁路、城市轨道交通'四网融合'"。

《关于推动都市圈市域(郊)铁路加快发展的意见》(国办函〔2020〕116号)要求"加强市域(郊)铁路与干线铁路、城际铁路、城市轨道交通一体化衔接,鼓励多线多点换乘,统筹协调系统制式,推动具备条件的跨线直通运行,充分发挥轨道交通网络整体效益。强化与机场、公路客站等重要交通枢纽高效衔接,按照零距离换乘、一体化服务和快速集散要求,推进基础设施、标识信息、运营管理等资源共享、互联互通"。

《国务院办公厅转发国家发展改革委等单位关于进一步做好铁路规划建设工作意见的通知》(国办函〔2021〕27号)要求"统筹推进干线铁路、城际铁路、市域(郊)铁路和城市轨道交通多网融合、资源共享、支付兼容,具备条件的线路尽快实现安检互信、票制互通"。

6.1.2 地方新形势要求及发展现状

6.1.2.1 上海

《上海市城市总体规划（2017-2035）》提出，以公共交通提升空间组织效能：构建城际线、市区线、局域线等多层次的轨道交通网络，以公共交通为主导，实现上海市域1h交通出行可达。10万人以上新市镇轨道交通站点的覆盖率达到95%左右。轨道交通站点600m用地覆盖率主城区达到40%，新城达到30%。

城际线：形成由21条左右线路构成的市域公共交通骨架，规划总里程达到1000km以上。通过市域枢纽节点转换和部分区段的跨线直通运行，实现多模式轨道交通系统之间的互联互补。

市区线：在主城区规划25条、总里程1000km以上的市区线，其中中心城轨道交通线网密度达到1.1km/km^{2}以上。围绕轨道交通枢纽及站点提升公共活动功能，加强轨道交通沿线新建和更新项目的控制和引导，加强土地集约、综合利用和立体开发。

局域线：在市域构建1000km以上的局域线网络。在嘉定、青浦、松江、奉贤、南汇、金山、城桥、惠南等城镇圈构建以中运量轨道和中运量公交等为骨干的局域公共交通网络，并沿主要客流走廊构建城镇圈之间、主城片区和城镇圈之间的骨干线路（见图6.1.1）。

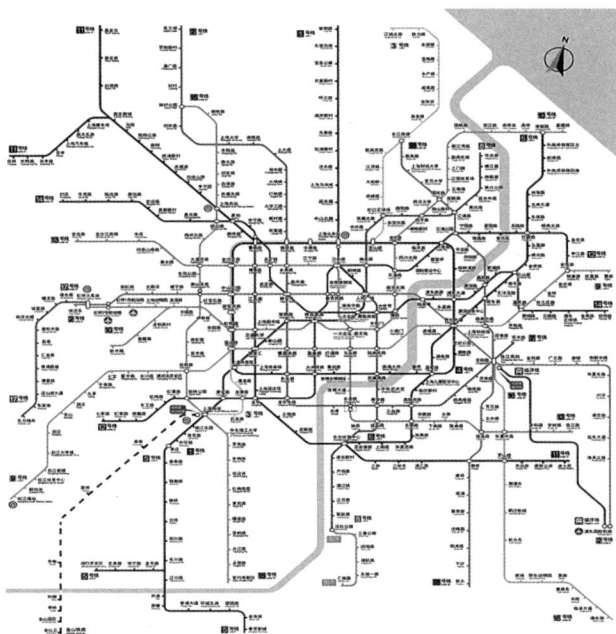

图6.1.1 上海市轨道交通线网图

金山线是利用既有铁路开行市域列车的线路，是中心城区连接金山区的一条快速市域（郊）铁路。线路自上海南站起，途经上海市徐汇区、闵行区、松江区和金山区4区，止于新建的金山卫站，全长56.4km。最小行车间隔6min，全日开行36对车；采用大站快车+站站停的运输组织模式，站站停旅行时间60min、大站快车旅行时间32min（见图6.1.2）。

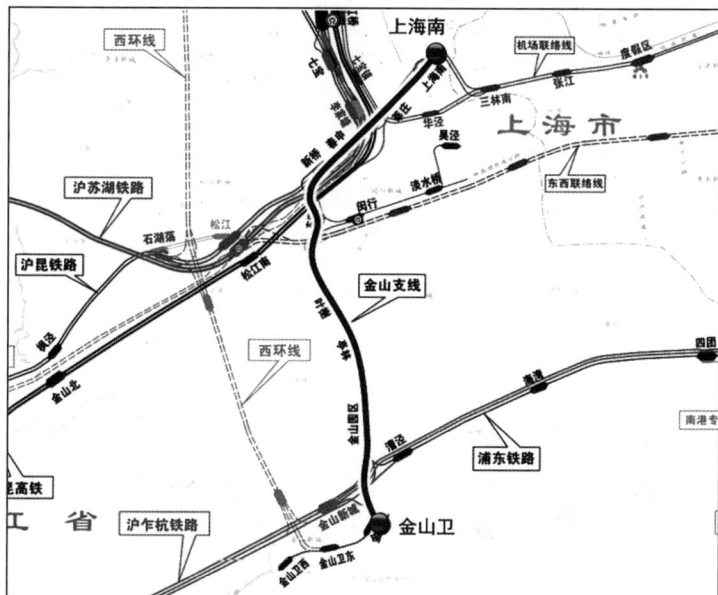

图6.1.2　金山线示意图

6.1.2.2 广东省

习近平总书记在深圳经济特区建立40周年庆祝大会上，做出了"要抓住粤港澳大湾区建设重大历史机遇，推动三地经济运行的规则衔接、机制对接，加快粤港澳大湾区城际铁路建设"的指示。

2019年以来，中共中央、国务院相继出台了《粤港澳大湾区发展规划纲要》《交通强国建设纲要》《国家综合立体交通网规划纲要》《国务院办公厅转发国家发展改革委等单位关于进一步做好铁路规划建设工作意见的通知》等政策文件，国家发展改革委也颁布实施了《国家发展改革委关于培育发展现代化都市圈的指导意见》等政策文件。

《粤港澳大湾区发展规划纲要》提出"加强基础设施建设，构筑大湾区快速交通网络，提升客货运输服务水平，推进大湾区城际客运公交化运营，推广'一票式'联程和'一卡通'服务"的规划。

《国家综合立体交通网规划纲要》要求"粤港澳大湾区实现高水平互联互通，推动干线铁路、城际铁路、市域（郊）铁路融合建设，并做好与城市轨道交通衔接协调，构建运营管理和服务'一张网'，实现设施互联、票制互通、安检互认、信息共享、支付兼容"。

相关工作会议要求按照国家相关建设标准、技术、制式等要求，抓紧研究做好城际铁路线网规划、线路衔接、运营调度、票务清分等顶层设计专题，推动多层次轨道交通融合发展，实现大湾区城际铁路"互联互通、换乘便捷、一票通达"。并指出：深入开展线网规划、技术标准运营模式等专题的研究优化工作，确保大湾区城际铁路"一张网"实现"统一规划、统一标准、统筹运营"。

经过多年建设，大湾区轨道交通逐渐形成"干线铁路、城际铁路、城市轨道交通"多级巨型网络。

大湾区干线铁路由高速铁路和普速铁路组成，远期规划里程超3000km。其中高速铁路：运营线路6条，在建线路5条，湾区里程合计近1500km；普速铁路：运营线路11条，在建4条，湾区里程超1100km。

根据2020年7月《关于粤港澳大湾区城际铁路建设规划的批复》，粤港澳大湾区城际铁路由珠三角城际铁路和都市圈城际组成，共24条线，合计超2000km；已运营城际线路7条，湾区里程近500km；在建城际线路13段，合计里程超500km（图6.1.3）。

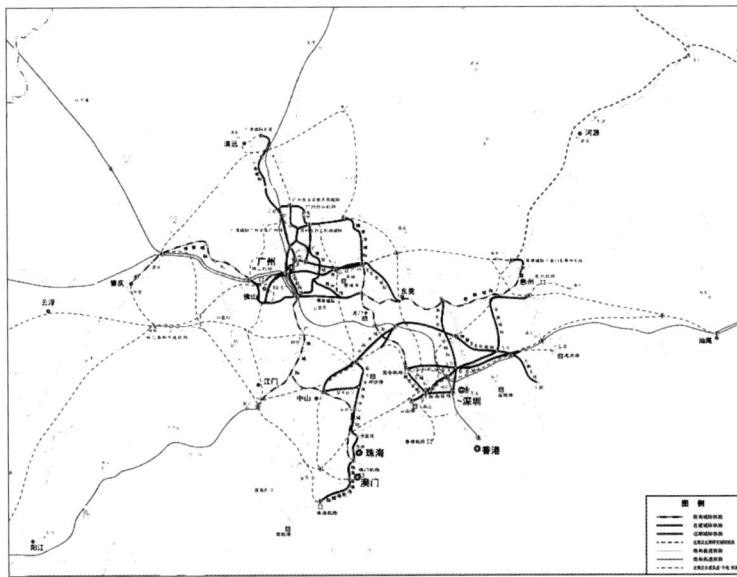

图6.1.3　粤港澳大湾区都市圈城际建设规划示意图

大湾区内地8个城市已编或在编了城市轨道交通线网，其中广州、深圳、东莞、佛山已开通地铁运营线路39条（含地铁、APM、有轨电车等），运营里程超1300km，在建线路24条，合计里程近500km，远期8个城市规划线路长度超5000km。

2020年7月国家发改委批复的《粤港澳大湾区城际铁路建设规划》提出：构建大湾区主要城市间1h通达、主要城市至广东省内地级城市2h通达、主要城市至相邻省会城市3h通达的交通圈，打造"轨道上的大湾区"，完善现代综合交通运输体系。经过多年建设，粤港澳大湾区已形成铁路干线、城际铁路、市域铁路（地铁快线）、地铁等多层次轨道交通体系，形成多个建设主体、多种技术标准、多功能通道交叠的现状，轨道交通规模不断扩大。

6.2 轨道交通基本情况

6.2.1 轨道交通网络

轨道交通包括干线铁路（高速铁路、普速铁路）、城际铁路、市域（郊）铁路、城市轨道交通。以空间和需求为导向，依据各层次网络的服务功能及技术特性，推动干线铁路、城际铁路、市域（郊）铁路、城市轨道交通"四张网"由相对独立发展向一体化融合布局是网络一体化的核心理念。从综合一体化的角度，对现有规划进行再优化，从"一张网"的角度统筹考虑各层次网络的组合供给，减少不同线网的功能定位重叠和重复建设。

下面以粤港澳大湾区情况为例进行描述。

6.2.1.1 规划特征

经过多年建设，大湾区轨道交通逐渐形成"干线铁路、城际铁路、城市轨道交通"多级巨型网络。粤港澳大湾区境内既有国铁干线：武广、贵广、广深港、广深、厦深、南广、江湛等高速铁路以及京广、京九、广茂等普速线路；既有城际铁路：广珠、广佛肇、莞惠、穗莞深等线路，基本形成以广州为中心，联通广东省内粤东西北各区域，辐射华东、中南、西南地区的放射型路网格局。

1.干线铁路

大湾区是参与全国竞争的重要空间载体，需要建立大湾区与其他城市群的交通圈；干线铁路实现全国范围内城市群或重要城市之间联系，推进国家级战略规划落地，接入大湾区或都市圈重要枢纽点。

2.珠三角城际

根据2020年7月《关于粤港澳大湾区城际铁路建设规划的批复》，粤港澳大湾区城际铁路由珠三角城际铁路和都市圈城际组成，共24条线，合计超2000km。珠三角城际铁路在大湾区空间下，促进大湾区空间范围内城市间同城化，推进区域级战略规划落地，接入城市枢纽或城市郊区。

3.都市圈城际

都市圈中心至外围的通勤圈空间下，都市圈承担中心城市向外围城镇的辐射功能，需要建立市域交通圈；都市圈城际铁路促进都市圈范围内中心城区与外围区域之间联系，推进城市规划战略落地，穿越城市中心区和外围郊区。

国家发展改革委已批复线路及车站改造的广州都市圈城际包括南沙至珠海（中山）城际（南中珠城际）、佛山经广州至东莞城际（佛穗莞城际）、广州东至花都天贵城际（广花城际，已开工）、芳村至白云机场城际（芳白城际，已开工）、广南联络线、新塘至广州东五六线、广州至广州东三四线、广州站（改造）、广州东站（改造）等。广东省发改委已批复线路的广州都市圈城际包括广佛江珠城际、广佛环线西环。

国家发展改革委已批复线路的深圳都市圈城际包括深惠城际前海保税区至惠城南段（含大鹏支线）、深圳机场至大亚湾城际深圳机场至坪山段、塘厦至龙岗城际、常平至龙华城际等。

4.城市轨道交通

城市中心城区或通勤圈层空间下，城市承担中心城区交通功能，需要建立中心城区通勤交通圈。城市轨道促进中心城区内部联系，主要推进中心城区规划战略落地，位于城市中心区范围（图6.2.1）。

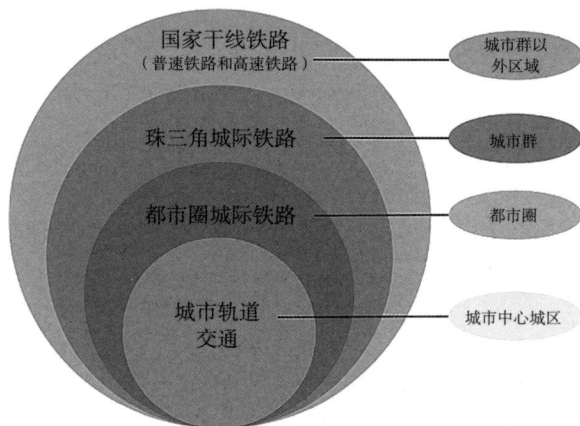

图6.2.1 轨道交通规划特征分析示意图

6.2.1.2 功能特征

1.干线铁路

全国空间下，出行服务需求是从大湾区到达其他城市群，客流以商务、公务为主，相邻城市群核心城市之间的出行时间目标为3～4h；干线铁路服务于全国范围内客货运输的铁路网，主要有高速铁路、普速铁路等，在全国国土空间层面解决城市群对外的中长途运输。

2.珠三角城际

大湾区空间下，出行服务需求是大湾区内中心城市之间或中心城市至周边节点城镇的交流，客流近期以商务、公务为主，出行时间目标为1h；珠三角城际铁路服务于大湾区空间范围内城市间公务、商务、旅游、通勤等出行，在大湾区空间下主要解决核心城市之间及与大湾区内其他城市之间的出行。

3.都市圈城际

都市圈中心至外围空间下，出行服务需求是中心城区与外围城区、周边城镇间的交流，客流以通勤、生活为主，商务、公务出行为辅，出行时间目标为1h；都市圈城际铁路服务于都市圈外围到中心城内通勤交通，主要有广花城际、芳白城际等。

4.城市轨道交通

城市中心城区或通勤圈层空间下，出行服务需求是门到门，客流为中心城区内的通勤、通学人员，出行时间目标为0.5～1h；城市轨道服务主城区、中心城区内部出行通勤、通学、日常生活出行，有地铁、轻轨、有轨电车等。

6.2.1.3 技术特征

1.干线铁路

全国空间下，干线铁路提供250km/h及以上的高速铁路服务。服务于长距离出行，站间距50km以上，采用设计速度为250～350km/h的2.5kV交流供电CRH系车型，车载CTCS列控系统。

2.珠三角城际

大湾区空间下，珠三角城际铁路提供140～200km/h的城际铁路服务。服务于中、长距离出行，站间距5～20km，采用设计速度为140～200km/h的2.5kV交流供电CRH系车型，车载CTCS列控系统。

3.都市圈城际

都市圈中心城区至外围空间下，都市圈城际铁路提供120～160km/h的城际铁路服务。服务于中、短距离出行，站间距5～10km，采用设计速度为120～160km/h的2.5kV交流供电市域D车型/CRH车型，车载CTCS/CBTC列控系统。

4.城市轨道交通

城市中心城区或通勤圈层空间下，城市轨道交通提供80～120km/h的城市轨道交通服务。服务于中心城区短距离出行，站间距1～3km，采用设计速度为80～120km/h的1500V直流供电A、B、L、APM、有轨电车等车型，车载CBTC列控系统。

6.2.2 存在问题

打造轨道交通"一张网",实现干线铁路、城际铁路、市域(郊)快线、城市轨道等形式的轨道交通一体化组织运营,无缝化衔接服务,避免行政体制藩篱造成的各行业部门之间的"闭门造车",达到"以一本规划绘一张蓝图"的效果。

多网融合关键技术在于网络联合、信息融通、规划合一,即通过构建路网规模化、结构网络化、制式多样化、技术智能化、管理集约化的综合轨道交通体系,将规划成果纳入到国土空间规划中,引导都市圈经济空间拓展与城镇空间演化,以达到集约节约利用都市区土地、线位、空间、资金等资源的目标,实现城市群与都市区空间紧凑、精明、高效增长。

下面以粤港澳大湾区情况为例进行描述。

6.2.2.1 规划层面

1.已运营城际与地铁线网规划未统一规划、协调性不足

粤港澳大湾区现状运行的城际线路未考虑与高速地铁线路的互联互通。目前城际网与地铁网的联通关系主要为地铁网集疏市区客流换乘至城际网,实现城区客流的跨市出行。随着都市圈一体化的发展,人口流动密度、频率、范围均随之剧增,目前仅凭两张网的简单换乘已难以实现人民的快捷化出行需求,急需提供跨线运输、无换乘直达的运输功能。另外,部分城际线路与地铁网之间的换乘衔接关系较差,即使是仍然保持换乘模式,也需要优化换乘方案,改善换乘条件,提高服务质量。

因此,应从全网角度出发,统筹布局城际网和地铁网,系统分析互联互通的必要性和可行性,实现部分线路的互联互通,改善部分节点的换乘功能,切实提高整个轨道交通网的服务功能,提供高质量的出行体验,优化综合运输结构。

2.城际网设站远离市中心,需地铁衔接

相等条件下,深入城市中心的城际线路能够吸引更多客流,节省旅客换乘接驳时间,缩短整体出行耗时,提升城际铁路竞争力,扩大吸引范围(见图6.2.2)。

以城际客流市场培育最为成熟的广深走廊为例,深入城市中心的广州站、广州东站至深圳的城际列车,其受欢迎程度远超广州南至深圳北的城际车。广州站、广州东站、深圳站地处城市中心的空间区位和交通接驳条件是城际旅客最为看重的,区域城际客流对出行时效性诉求高、换乘便捷性要求高的双重双高要求。

已运营通车的广珠城际,其止于广州南站,距广州中心城区(以公园前地

图6.2.2　深入城市中心城际线路的优势

铁站测算）约20km，通过地铁2号线与中心区连接，乘客需半小时以上才可抵城市中心区。

3.进一步推动深入城市段建设

项目建设历程：开通运营广珠、佛肇、莞惠、穗莞深新塘至深圳机场段；新塘至白云机场段、广清城际广州北至清远段开工建设；广佛环线佛山西至广州南段、广州北至白云机场段广州南至机场段先后开工。除开通运营较早的广珠城际外，受广州、深圳等地中心城区段落工程实施相对困难、征地拆迁难度颇大影响，"三环八射"环放式既定线网仅广珠、佛肇两线为整体开工、同期运营，其余各线均分段启动，且总体上呈现在建及前期进展较快线路基本位于外围状态。

以在建穗莞深城际为例，存在新塘、琶洲支线、广州北三条抵近广州通路。分析各通路吸引范围，琶洲支线通路对广州中心城区乘客而言旅行时间最短、竞争优势最显，且深入城市中心；新塘至广州东通路受广深四线及广州东车站能力限制，仅能开行40对车/日，服务频率有限；广州北交路则仅利于吸引增城、白云、花都客流。基于客流需求与运营效益，目前穗莞深城际新塘至深圳机场段已开通运营，琶洲支线及深圳机场至前海湾段尚在建设中。

6.2.2.2　公交化服务层面

2019年，莞惠、广佛肇城际分别发送旅客749万人、271万人，莞惠和广佛肇客运量为全年客运量，客运量整体较低。广佛肇城际现状发车班次12对，同方向高铁动车87对，城际仅占整体的12%，城际列车仅比普速列车节约10min，但比普速列车16.5元的票价高出3倍有余。穗莞深城际旅行时分为2h44min，超过了同方向大巴的2h30min，也远大于广深高铁和广深城际1h40min左右的旅行时分，且票价比大巴高出18～30元。莞惠城际与同方向大巴在旅行时分和平均旅速方面没有太大差异，但大巴发车间隔为12min一班，远远优于城际将近100min每列的发车间隔，且大巴票价比城际节省20

元左右。

综合上述分析，目前城际与其他交通方式相比不具备竞争优势，整体呈现旅时长、旅速慢、发车频率低、票价高的问题。同时，既有广深城际、广珠城际能力趋于饱和，主要承担城际客流的同时仍需兼顾少部分中长途列车，通道服务水平低，无法满足大湾区日益增长的轨道客流需求。

除服务频率较差外，既有城际铁路的运营管理模式、售检票模式沿袭国铁标准，相比地铁，旅客进出站耗时较长，出行便捷性有待改善。

6.2.2.3 联程联运层面

首先票制不统一。由于目前城际铁路的票务系统采用12306系统，与地铁票务系统不能兼容，不能实现付费区换乘，轨道系统的服务水平有待优化。普遍来讲，目前的城际铁路之间以及城际铁路与地铁系统之间的换乘均需要通过多个换乘廊道，并经历购票、安检及候车，整体时间均超过20min，对旅客"门到门"旅行时间的影响很大，尤其是相邻城市之间的城际客流，难以满足都市圈一体化发展的要求（见图6.2.3）。

图6.2.3 城际与地铁换乘流程示意图

其次实名制问题。目前，大湾区各城市地铁推行的非接触式AFC识别卡、单程票等尚未实现实名验证，而莞惠、穗莞深等城际铁路依托国铁票制，支持乘客城配实名验证进站。

6.3 发展与趋势

下文将以粤港澳大湾区情况为例进行描述。

6.3.1 规划层面

6.3.1.1 探索多网融合规划路径

充分借鉴国内外轨道交通融合发展案例，突破既有线网规划聚焦单一城市、单一线网的局限性，聚焦大湾区九市两特区多线网，推动多层次、多制式、多运营主体的轨道交通融合。其次，扭转既有线网规划基本重视增加覆盖、增加走廊与增加节点的"增量规划"趋势，提出"盘活存量、用好增量"

的优化思想，共享走廊，减少多网融合中的重复规划与混乱定位。再次，总结高铁与珠三角城际进城进枢纽的经验与教训，以高铁下线、珠三角城际与都市圈城际互联互通，城际与城市轨道交通付费区换乘，形成大湾区"规划一张网、出行一张票、联通一串城"的线网规划理念。

顺应大湾区城市演变趋势，从广州、深圳等城市独立发展，到广州与佛山同城、深圳与东莞同城，再到城市群一体化与广州、深圳中心城市共同协调发展。基于粤港澳大湾区"三极三轴"结构特点，依据城市群一体化与中心城市共同发展理念，统筹考虑城市群轨道交通网络总体布局，构建以轨道交通为骨干的交通圈。

强化规划引导：聚焦城市群一体化与中心城市共同发展，以轨道交通为骨干，形成广深"双核"之间、"双核"与两翼等区域次中心城市之间45min通勤圈，1h交通圈，实现共生、共商、共建、共赢、共享，构建城市群发展利益共同体。

促进多网融合：基于城市群一体化，推动国铁、城际、城市轨道交通高质量互联互通，满足人民美好出行（见图6.3.1）。

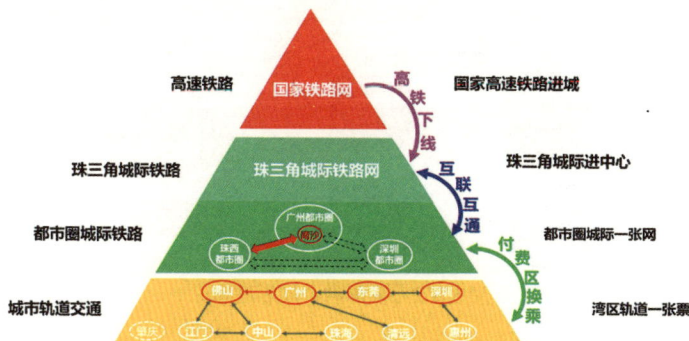

图6.3.1 多网融合路径示意图

推动双城联动：增加广州、深圳之间轨道交通密度，推动广州都市圈、深圳都市圈之间通勤线路融合。

强化中心城市辐射：推动中心城市广州轨道交通适当向佛山、东莞、中山、珠海、中山、肇庆、清远等周边城市延伸，深圳轨道交通适当向东莞、惠州、中山和珠海等周边城市延伸，提升中心城市对周边城镇的辐射和带动力。

推动不同层次之间的融合：实现高铁与珠三角城际间的融合、珠三角城际与都市圈城际之间的融合、城际与城市轨道交通之间的融合。

促进珠三角城际与都市圈城际融合，推动珠三角城际进中心：珠三角城际与都市圈城际之间的增设联络线，利用都市圈城际通道资源进入中心城区，引领和带动都市圈带核心功能区发展，盘活既有珠三角城际存量，并推动珠三角城际运营公交化。

促进城际与城市轨道交通付费区换乘：做好城际与城市轨道交通衔接协调，构建运营管理和服务"一张网"，实现设施互联、票制互通、安检互认、信息共享、支付兼容。

6.3.1.2 创新多网融合规划理念

利用广州高速地铁网作为城市高速穿心通道，城际铁路通过设置联络线或在节点位置与广州高速地铁线路互联互通，通道共用，实现外围城际进中心，联枢纽的目标（见图6.3.2）。

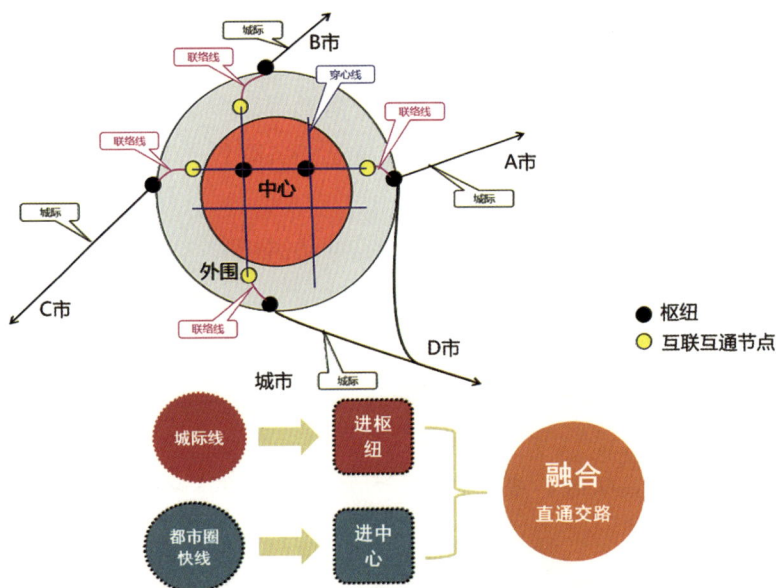

图6.3.2 多网融合规划理念

1.客流交互情况

广州十八线与广清城际段、广花城际段、南珠中城际段的客流交互中最高的组团为广花城际与18号线。南珠中城际段内部组团交互量相对较高，广花城际与广州18号线全日远期双向客流达20.5万人/日，占比16%，南珠中城际与18号线组团交互客流达11.6万人次/天，占比9.1%，根据客流预测结果，18号线与广花城际和南珠中城际具备较大的贯通运营客流需求。

广州22号线与芳白城际段、22号线南延段的客流交互中最高的组团为芳白城际与22号线，其次是芳白城际内部组团和22号线内部组团，芳白城际与22号线远期全日双线交互客流达27.8万人次/天，占比组团交互比例的25.3%，根据客流预测结果，具备较大的贯通运营客流需求。

2.互联互通情况

（1）广花城际与芳白城际的贯通

广州东至花都天贵城际、芳村至白云机场城际位于广州市西北部，是粤港澳大湾区城际轨道交通网的重要组成部分。广花城际线路起自广州东站（不含），经天河区、白云区、空港经济区、花都区至新白广城际花城街站。线路全长约39.6km，设站7座，均为换乘站，平均站间距5.7km，均为地下线。芳白城际线路南起芳村站（不含），经过荔湾－越秀老城区、白云区、空港经济区，止于白云机场中的机场北站。线路全长约41.1km，设站10座，均为换乘站，平均站间距4.1km，均为地下线。

根据广州市城市轨道交通线网规划方案（2018-2035年），广花城际与芳白城际与既有18、22号线贯通运营，共同构成了城市南北客流走廊，既是广州市市域骨干快线，也是粤港澳大湾区区域快线。广花城际与芳白城际在白云城市中心站、方石站采用同台换乘，车站采用双岛四线设置，区间为四线并行，两线通过车站内配线，实现互联互通。

芳白城际串联了白云国际机场、广州火车站、白云站、广州南站等区域，广花城际串联了广州北站、广州东站、珠江新城、万顷沙等区域，两线以交错形式形成广州市域南北向骨干快线。通过区间四线并行、连续两站同站台换乘的互联互通条件可使两线覆盖区域均可便捷通达城市各个重点区域，提升服务水平和客流直达性，满足中山市、南沙副中心、广州东站与白云机场的快速联系，增强白云机场竞争力。

（2）广花、芳白、南珠中城际与18和22号线的贯通

广花城际与18号线、南珠中城际贯通运营，芳白城际与22号线贯通运营，广花、芳白城际通过白云城市中心站及方石站配线实现互联互通，从而实现五条（段）线路跨线直通运营。五条（段）线路贯穿广州南北，连接中山、珠海，通过广清联络线接入广清城际，直达清远。线路定位为：湾区城际线、都市圈快线、枢纽快线。

贯通线路串联花都主城区、空港经济区、白云城市中心、广州火车站片区、白鹅潭商务区、广州东站、珠江新城商务区、番禺主城区、广州南站商务区、南沙区等一系列重点发展区域，焕发老城新活力，促进外围的发展；连接了白云机场、南沙站、广州南站、广州火车站、广州东站、白云站、广州北站等重要的机场、铁路交通枢纽；芳白城际直接串联白云机场内T1/T2/T3三座航站楼，其他线路通过与芳白城际互联互通可直达机场。

6.3.1.3 跨制式融合的联络线规划

联络线的建设是助力轨道交通互联互通、四网融合的先行示范线，推动形

成布局合理、功能完善、衔接顺畅、运作高效的基础设施网络。对于制式不同的线路间，通过设置联络线实现互联互通。通过增设联络线，推动珠三角城际与都市圈城际深度融合，引导外围城际进中心、联枢纽、衔接都市圈城际车站。构建以轨道交通为骨干的通勤圈，推进大湾区城际客运公交化运营，落实地铁＋城际协同高质量发展，构建便捷出行，是推动粤港澳大湾区经济社会发展的有力举措。

例如广清城际、佛肇城际、广佛江珠城际等珠三角城际铁路与广花城际、芳白城际、佛穗莞城际间设置联络线。

广清城际、佛肇城际、广佛江珠城际全线采用CRH6型城际动车组，线路速度目标值200km/h，只开行旅客列车。采用开行大站快车和站站停车两种列车、大站快车越行站站停列车的运输组织模式。线路采用无砟轨道。列车运行控制方式采用CTCS2＋ATO功能的自动控制系统。

广花城际、芳白城际的选型采用市域D型车，线路速度目标值160km/h。采用开行大站快车和站站停车两种列车、大站快车越行站站停列车的运输组织模式，线路采用无砟轨道，CBTC制式信号系统。

广清城际与广花城际、芳白城际的联络线将推动广州都市圈北向空间拓展，促进广清一体化、广清接合片区发展，实现清远直通广州中心城区和交通枢纽。广清城际与18号线贯通，实现清远中心40min直达广州"珠金琶"地区。目前已纳入规划预留。

佛肇城际与佛穗莞城际联络线，通过与佛穗莞城际贯通，实现肇庆60min直到广州中心。

广佛江珠城际与佛穗莞城际联络线，通过与佛穗莞城际互联互通，实现江门30min和60min直达佛山、广州中心。

6.3.1.4 生产力设施资源统筹布局

秉承检修集中、运用分散、一次规划、分步实施、近远结合、逐步到位，充分利用既有设施和能力、充分资源共享，按照与运输组织、线网规划相适应的原则进行统筹布局。

1. 城际网四五级修线网不再新增，充分利用既有资源或返厂

车辆维修实行计划性预防修和状态修相结合的检修制度，采取单元部件换件修和主要零部件专业化集中修相结合的检修模式。车辆修程分为一、二、三、四、五级修。一级修是运用整备、消耗件更换补充及各主要部件的检查检测，二级修增加车上设备的检测、除尘等专项维修，三级修增加转向架检修，四级修是对各主要系统的分解检修，五级修是对全车、全系统的分解检修。

从三级修检修周期较短、检修范围较小、专业程度较低、设施设备投资较

少、收益率较好、管理便利等角度考虑，并充分结合既有检修资源，建议城际网三级修由线网自身承担。综合考虑运营管理及事权，广州都市圈城际及深圳都市圈城际各新增1处线网。从四五级修检修周期较长、检修范围较大、专业程度更高、设施设备投资较多、收益率较差等角度考虑，并充分结合既有检修资源，建议城际网四五级修线网不再新增，充分利用既有资源或返厂。

2.培训资源线网不再新增，充分利用既有资源

炭步培训中心和西塱培训中心承担培养结构合理、素质优良的一体化复合型人才队伍。近期不新增培训设施。

6.3.2 公交化服务层面

6.3.2.1 增加自主公交化票务系统

为实现公交化运营，在广清城际及广佛东环城际铁路增设公交化多元支付票务系统，如支持实名认证的普通羊城通、岭南通、全国交通一卡通、广州地铁乘车码等。系统通过接入广州地铁清分中心及信管中心，实现城际铁路票务管理功能，以及与城际乘车码第三方支付渠道、羊城通平台、银联收单平台、广州地铁APP、电子发票服务平台、公安实名认证系统的对接（见图6.3.3）。

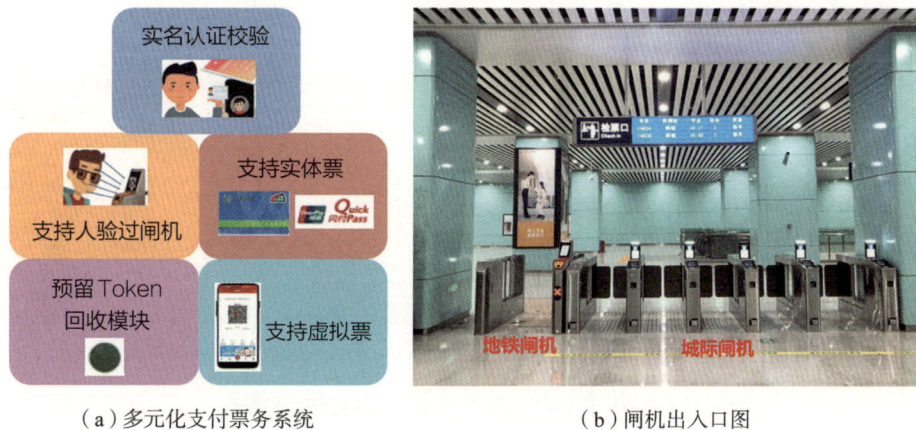

（a）多元化支付票务系统　　　　　　（b）闸机出入口图

图6.3.3　自主公交化票务系统示意图

公交化多元支付票务系统满足铁路旅客车票实名制的要求，支持身份证等实名认证功能，可实现乘客行程记录、计费、收费、统计、管理、产生电子发票等全过程的自动处理，按中心级和车站级两层架构设置。

城际公交化多元支付票务系统是城际铁路建设自主票制的国内首次应用案例。多元的支付方式，实现城际和地铁的同一个APP的一次注册、一票通行，实现公交化运营随到随走，提升了乘客乘车体验，较好地满足城际乘客对服务速度、支付体验的需求。

满足城际铁路与地铁双网融合、互联互通、换乘便捷、一票通达的要求，是构建"一张网、一张票、一串城"轨道交通运营模式的重要基石。下阶段将推广至集团及其即将接管的佛肇城际、广佛南环城际、佛莞城际、莞惠城际四线。

6.3.2.2 城际、地铁安检互认的安检系统

从城际地铁互联互通的需求分析出发，加上快速换乘的趋势和要求，统一设置安检系统。设置原则满足城际铁路和地铁的安检要求（需要城际铁路和地铁运管单位统一协商制定设置原则），在安检互认互信模式下，仅需配置一套安检设备以及安保人员，换乘客流只需一次安检，旅客体验好、换乘时间成本低，利于快速换乘。

1. 广州地铁与国铁安检互认

2021年2月8日起，在高铁广州南站换乘地铁的乘客可通过单向免安检通道进入地铁站，无需再次在地铁站安检即可搭乘地铁。据统计，地铁广州南站90%的客流来自高铁换乘，实施单向免安检将减少旅客"二次安检"的时间。

地铁广州南站的11个出入口中，位于高铁出站层大厅南北端的C、E、G、J、K、L共6个出入口离高铁出站区域最近，设置为单向免安检进站口，仅供高铁换乘地铁的旅客进入地铁站使用；位于大厅中部的D、F口则仅供地铁乘客出站使用；剩下的B、H、I口仍可供乘客自由进出（见图6.3.4）。

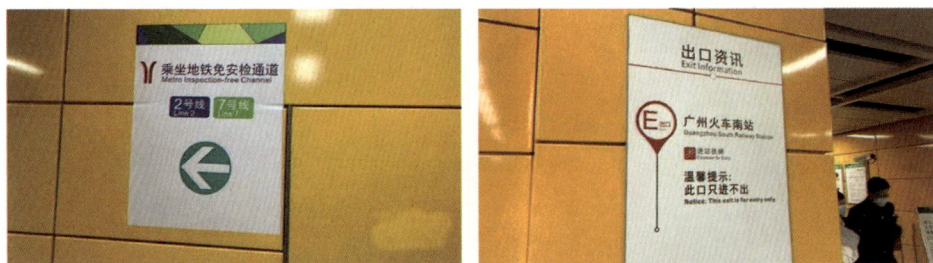

（a）免安检通道指向图　　　　（b）免安检出入口资讯图

图6.3.4　广州南站高铁－地铁单向免安检示意图

2. 城际铁路和地铁安检互认

对于已建城际线路（如广清城际）和地铁线路换乘车站，采用"双向安检互认"，即城际、地铁执行各自安检标准，双方互相信任对方安检工作，同时在空间上采取必要的物理隔离措施，对于在限定物理空间内的换乘客流，不用进行二次安检。

对于新建城际线路和地铁线路换乘车站，城际线路与地铁线路须实现贯通运营，且换乘车站采用付费区换乘。二者之间须实现安检互认，安检系统配置应满足城际及地铁标准，在车站出入口或通道设置一套安检设施，配置一套安

检人员。

6.3.2.3 地铁城际枢纽一体化布局

为实现城际站的一体化运营，针对一体化车站的出入口、安检设施、旅客流线、候车、票务设施布局、导向标识、综合开发等多方面内容，提出一体化布局原则。

1.共性原则

（1）出入口一体化布局原则

1）应实现出入口的功能一体化，充分利用城际和地铁站一体化后的各出入口同时，应尽可能增加出入口的数量，以便于旅客就近进出车站。

2）应实现出入口的管理一体化，确保各出入口均能到达站内各功能区，方便旅客就近出入车站，提高服务水平。

3）必要时结合周边规划新增出入口，并宜结合车站周边建筑增设连通型出入口，方便旅客就近出入车站。

（2）安检一体化布局原则

1）应结合车站出入口设置和旅客流线组织，按照城际与地铁安检互信的原则，统筹和优化安检设施布置，确保旅客进站只需一次安检。

2）与城际站换乘的一体化地铁站，需做好与城际站安检设施的协调统一。

（3）旅客流线一体化布局原则

1）应结合一体化需求，优化站内旅客流线，实现双向进、出站台，确保满足安检、购票、检票、进站、候车、上下车、出站、换乘等流程顺畅，最大程度缩短旅客流线，并减少站内客流交叉。

2）应最大程度采用换乘车站之间的"付费区"换乘。

（4）候车一体化布局原则

1）城际站候车应采用站台候车为主的方式。

2）高架车站可考虑气候因素，设置站台空调候车室。

（5）票务设施一体化布局原则

1）结合一体化运营和旅客流线组织等要求，城际站应设置地铁AFC售、检票设施。

2）应保留既有城际站的12306票务设施，并统筹12306及地铁AFC票务设施的布局。

3）进、出站台票务设施应尽量按照满足双向进出站台的原则进行布局。

（6）导向标识一体化布局原则

1）应统一一体化车站导向标识系统的标准。

2）应根据一体化车站布局和旅客流线组织，统筹导向标识系统的设施布局。

（7）综合开发一体化的布局原则

应结合城市规划、一体化车站发展需求及既有车站的综合开发情况，完善一体化车站的综合一体开发。

2.对于不同建设时序的车站处理原则

（1）对包含既有站的一体化车站，应重视车站各功能的总体性、系统性和原事权单位的意见，充分考虑改造工程的可实施性、安全性、经济性和必要性，充分利用既有设施，减少改动，减少对运营的影响。

（2）对于既有运营车站的一体化改造，需结合换乘地铁站的一体化改造或新建等情况，应尽量与车站一体化运营的时序相一致，可结合一体化运营需求和实际情况采用适宜的过渡措施或运营管理方式，分步分阶段实现一体化车站布局。

（3）对于既有在建车站的一体化改造，应尽快协调，同步完成改造，尽量避免后续运营期再改造。

（4）对于规划中的车站，应按照一体化和公交化运营要求进行规划、设计和建设，对受外部条件制约短期内实现一体化确有困难的，应充分预留实现一体化的条件。

（5）针对既有城际站候车厅、进出站厅、人工售检票、卫生间、饮水处等公共空间，应在满足一体化需求的前提下，可对富余空间结合旅客服务等功能要求进行调整。

（6）针对既有城际站的一体化车站设备管理用房，如站长室、会议室、交接班室、办公室、票务票据室、客运等各类值班室、维修工区和间休室等，均应结合一体化车站管理要求进行集约化整合利用；改造车站中富余房间可结合实际需求调整为公共区、旅客服务、办公或其他必须的设备管理用房。

（7）既有城际站改造后的站厅候车空间如有富余，可结合商业、旅客服务等功能需求进行改造。

（8）针对既有进、出站台的自动扶梯，每个站台上下行仅分别设置1部，且受功能布局、规模等因素限制，无法实现各进出站口在一个连续无分隔区域的，应按照进站厅调整为满足12306和AFC票制的双向进出站，同时出站厅满足12306和AFC票制的出站原则。

3.其他原则

1）宜在规划一体化车站的站台设置公共卫生间。

2）针对受车站管理等因素的制约暂时无法实现一体化的车站，应充分预留后期一体化改造工程的条件。

3）一体化车站包含的其他相关建筑及空间形态、机电设备系统、装修等功能应具体结合车站要求进行规划、设计和建设。

4）一体化车站布局宜结合规划等条件，为城市功能融合、增值服务、交通配套和综合开发等功能的弹性发展需求预留必要的一体化工程条件。

4.案例

花城街为广花城际、新白广城际、地铁35号线换乘站。广花城际、新白广城际、地铁35号线预留付费区换乘条件，实现地铁和城际深度融合。城际+地铁车站开展一体化设计，打破城际与地铁之间的物理隔离，增设地铁城际便捷换乘通道，实现换乘车站一站式服务。

石榴岗站为11号线、18号线换乘站，两线车站统一规划、统一设计、统一建设，换乘车站内安检互认、票制互通、付费区换乘。

6.3.3　标准体系层面

多网融合线路须满足公交化运营要求，目前尚无对应的工程建设标准体系。国铁的相关标准不适用于公交化运营，城市轨道交通的相关标准不适用于长距离运营，故不能直接采用，制定适用于长距离公交化运营的建设标准是十分迫切的。

技术标准体系构建原则（见图6.3.5）：

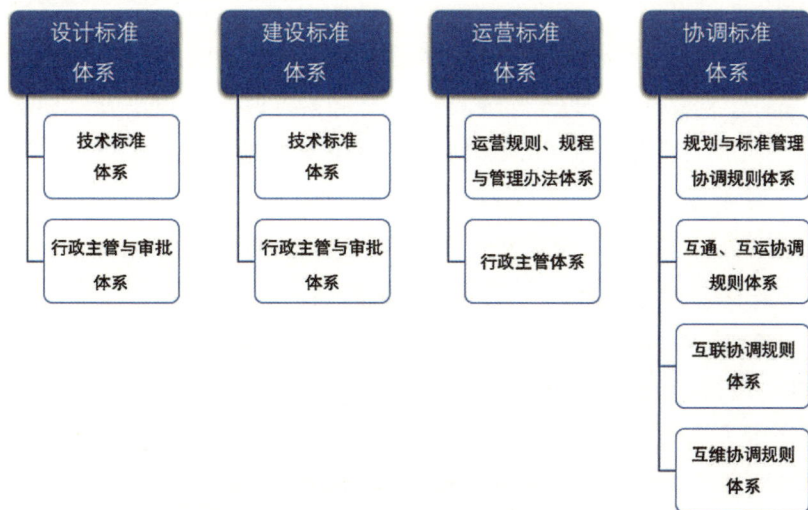

图6.3.5　标准体系拓扑图

执行国家强制性标准，尊重既有标准体系。

结合轨道交通一体化运营需求，仅研究互通、互联、互运、互维四类标准，其余基础性标准维持不变。

6.3.3.1　互通

影响跨线运行的关键性标准。按专业进行分类，影响互通的主要专业有线路、基础设施（桥梁、路基、隧道及地下结构、轨道）、限界、车辆、站台门、供电、信号等。

线路：最小曲线半径影响不同定距车辆的适应情况，最大坡度影响车辆的牵引制动性能，到发线、停车线、折返线的长度影响车辆的停车及折返条件。

基础设施：桥梁计算荷载及变形控制标准、路基计算荷载及沉降控制标准、隧道及地下结构计算荷载及变形控制标准、轨道静态铺设精度标准等，上述标准决定了列车能否在线路上安全、快速、平稳运行。

限界：限界参数，包括车辆轮廓线、设备限界和建筑限界。限界是列车运行、停放及救援疏散的设计基础，限界若不同难以实现线路互通。

站台：长度决定了可以满足何种类型的车辆乘客上下车。

车辆：车辆技术参数，如轴重、授电制式、车门数、车门开度、有无厕所、车载通信及信号设备的兼容性等。

站台门：对不同车型的适应性。

供电：车辆授电制式及受电弓的工作高度范围、牵引供电与整流设备的匹配性。

信号：CBTC与CTCS-2两种信号制式不兼容无法实现列车跨线运行，即便均为CBTC，若采用不同供货商的设备及程序，也需进行改造才能实现兼容。

6.3.3.2 互联

不跨线运行，但影响联程运输的关键性标准，如调度指挥及云平台、通信、信息、票务、车站等影响联程运输（一张票、付费区换乘等）的关键性标准。

互联层面的通信包括专用电话通信、专用无线通信和车地无线通信，通信标准和传输数据的统一，是实现线网互联和一体化运营的基础。

信息系统主要包括旅客服务、办公管理、公安管理以及计算机网络与信息安全设施，线网一体化运营，必须做到信息互联。

"一张票"是轨道交通的规划目标之一，票务票制系统的统一可实现乘客"一张票"出行，清分中心的搭建，可实现各城市各线路的长远发展。

车站是乘客上下车的地方，车站整体布局、流线设计、导向标识、换乘便捷性、车站服务等影响运营效率和对轨道交通的整体评价。

6.3.3.3 互运

统一的运输组织和运营管理标准，便于统一调度指挥、协调运输方面的技术标准。

互运类技术标准主要包括行车组织标准、调度指挥标准、乘务管理标准、应急救援标准和协同运输标准。

6.3.3.4 互维

实现维修作业的一体化、集约化需要逐步统一的维护标准，包括运营设备的统型、维修设备的统型，维修标准的统一。分车辆维修和综合维修两大类。

6.3.3.5 广东省城际铁路建设标准体系

按照粤港澳大湾区轨道交通"统一规划、统一标准、统筹运营"原则，多市共同构建粤港澳大湾区轨道交通一体化管理组织架构，制定湾区共同执行的包含规划、设计、产品、施工、验收和运营管理等建设全过程、全产业链的技术标准体系，满足安全可靠、功能合理、运行高效、融合创新、经济适用的基本功能需求，实现湾区轨道交通互联互通、网络化、公交化、一体化管理，构建更高质量的交通运输体系，助力建设轨道上的大湾区，更好地服务国家和湾区发展战略（见图6.3.6）。

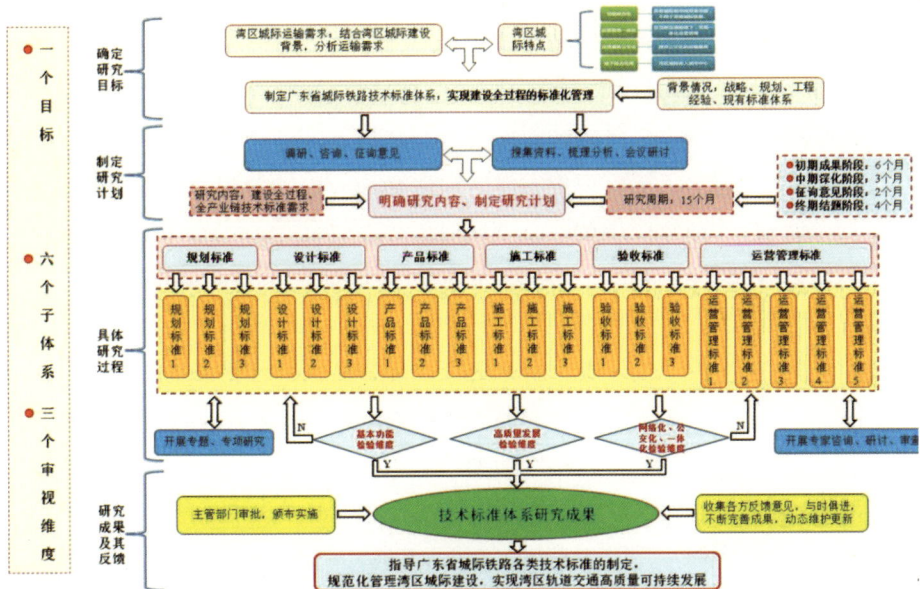

图6.3.6 标准体系框图

一个目标：以满足运输需求为目的，实现湾区城际全过程、全产业链、全生命周期的规范化、标准化管理（以一套完善的技术标准体系提高湾区城际建设标准化水平，实现湾区城际高质量可持续发展）。

三个审视维度：是否满足基础功能要求（安全可靠、功能合理、运行高效、融合创新、经济适用）；是否满足网络化、公交化、一体化管理要求（互联、互通、互运、互维）；是否满足湾区城际高质量发展要求。

六个子体系：包含湾区城际建设和运营管理全过程，全产业链的规划、设计（标准化、枢纽站、标识等）、产品、施工、验收、运营管理六个子体系。

6.3.4 运营管理层面

为实现城际铁路一体化运营管理，建议建立一体化组织架构和制度体系、一体化调度指挥中心和客票清分中心以及智慧轨道交通平台。

（1）一体化运营管理组织架构和制度体系。为实现城际统筹运营管理，实现不同运营主体负责项目之间的互联互通，建议研究构建一体化运营管理组织架构，制定统一的运营管理规则和服务标准，为一体化运营管理提供组织基础和制度保障。

（2）一体化调度指挥中心。建议建立城际一体化调度指挥中心，承担运输计划总制定、运营总协调、行车总监督、资源总调配、应急总指挥等管理和协调职能。

（3）一体化客票清分中心。建议建立城际一体化客票清分中心，负责统筹不同运营单位之间的票务管理与票款清分工作。

（4）智慧轨道交通平台。建议以广州和深圳地铁既有智慧平台为基础，构建智慧轨道交通平台，以科技创新助力区域轨道发展。

围绕一体化运营目标，基于大湾区轨道交通线网情景和一体化运营总体策略，近、远结合，制定分步策略。

6.3.4.1 一体化服务

1.近期

在车站方面，广、深城市内部，都市圈城际铁路与城市轨道交通换乘车站一体化管理，包括一班人马、一套服制、一致标识、统一装修风格。

在车上管理方面，广、深城市内部，都市圈城际全部站台候车、不固定车次、随到随走。

在票务方面，广、深城市内部，都市圈城际铁路、城市轨道交通实现票制互认、安检互认、一票通达。

在上述工作基础上，注重既有珠三角城际的公交化运营改造，包括安装自动折返功能等。

2.远期

在车站方面，广、深都市圈城际各自向周边城市延伸，延伸段落车站属地化管理、一体化管理，既有珠三角城际通过引入城市轨道交通，增加出入口数量，与城市功能融合，如东莞西。

在车上管理方面，广、深都市圈珠三角城际同步完成改造，依客流需求组织公交化运营，向站台候车转变。

3. 远景

大湾区内部轨道交通全面实现公交化运营，珠三角城际、都市圈城际、各市轨道交通之间实现一张票。

6.3.4.2 一体化运输

1. 近期

行车组织方面，在广、深城市内部，都市圈城际跨线运营、跨制式跨线运营。都市圈城际与城市轨道交通运营时刻协调，方便换乘出行。

乘务管理方面，在广、深城市内部，培养跨制式驾驶的司机；制定基于长交路运营、长时运营的服务标准和司乘作业标准；完成跨主体（珠三角城际、都市圈城际）的行车司机交接管理协商。

2. 远期、远景

行车组织方面，在广、深都市圈内部和都市圈之间，珠三角城际铁路、都市圈城际铁路跨线运营、跨制式运营。珠三角城际、都市圈城际、城市轨道交通运营时刻协调，考虑换乘出行。

乘务管理方面，在广、深都市圈内部和都市圈之间，跨制式驾驶管理标准化；统一制定长交路、长时运营的服务标准和司乘作业标准，共用乘务设施设备；跨主体乘务管理成熟运行。

6.3.4.3 一体化调度

1. 近期

调度管理体系方面，在广、深城市内部，都市圈城际调度管理体系建成，在跨线节点设置枢纽调度台，管辖周边区段列车行车；都市圈城际与城市轨道交通调度管理能够协同联动。

调度平台建设方面，在广、深城市内部，都市圈城际与城市轨道交通线网级中心能够互相通信、协作调度。

2. 远期、远景

调度管理体系方面，在广、深都市圈内部，延伸线调度台纳入核心城市调度管理体系；联系广、深都市圈的骨干通道协作运输。

调度平台建设方面，在广、深都市圈内部，延伸线纳入都市圈调度指挥系统；广、深都市圈骨干线路协作调度指挥；跨线运营量形成规模后，择机建立大湾区级调度指挥中心，统筹全网跨线运输。

6.3.4.4 一体化清分

1. 近期

换乘情景，在广、深城市内部，实现都市圈城际之间、都市圈城际与城市轨道交通之间、城市轨道交通之间的清分。广、深核心城市与周边城市非付费区换乘，广、深都市圈之间非付费区换乘。

过轨情景，在广、深城市内部，实现都市圈城际之间、都市圈城际与城市轨道交通之间，基于都市圈线网的抵消清分。

技术上，对于票价率不同的换乘清分，可加设统计闸机。

2.远期

换乘情景，在广、深都市圈内部，将核心城市清分中心改造升级为都市圈清分中心。对都市圈内部，都市圈城际之间、都市圈城际与城市轨道交通之间、城市轨道交通之间，内部自动清分。广、深核心城市与周边城市付费区换乘，广、深都市圈之间非付费区换乘。

过轨情景，在广、深都市圈内部，基于湾区全网的抵消清分。

技术上，对于票价率不同的换乘清分，全面采用生物感知技术，去掉统计闸机，提高一体化程度。

3.远景

建立大湾区级清分中心，统筹全网换乘清分、过轨清算。与国铁运营线路，采用第三方会计公司清分的办法，实现与国铁的一票通。

6.3.4.5 一体化运维

1.近期

综合维修方面，在广、深城市内部，都市圈城际与城市轨道交通线下设备区域化管理，线上设备专业化管理。

车辆维修方面，在广、深城市内部，都市圈城际与城市轨道交通之间的维修技术标准兼容性调整。

2.远期

综合维修方面，在广、深都市圈内部，都市圈之间，线下设备区域化、线上设备专业化管理。大机设备设施、检测设备基于全网配置和使用。

车辆维修方面，在广、深都市圈内部，既有场段兼容性改造，实现多种车型的维修养护资源共享。

6.3.4.6 一体化应急

1.近期

实现广、深城市内部的"一案三制"体系。

2.远期、远景

实现广、深都市圈内部，都市圈之间，大湾区级的"一案三制"体系。

6.4 问题和建议

6.4.1 地方城际铁路接入国铁线路跨线运行问题

按国铁集团目前关于不同管理模式城际铁路跨线运营的相关政策，已由地方自管自营的城际线，由于在标准、安全、规章制度等方面存在差异，自管的城际列车较难跨线至国铁干线运营。

建议由行政管理部门牵头统一明确城际线路接入国铁跨线运营的相关标准规范，指导地方城际铁路接入国铁线路跨线运营。

6.4.2 公交化运营问题

目前城际铁路普遍存在客流低迷、行车低频、亏损严重等问题，且上述因素相互交织造成恶性循环。以穗深城际为例，工作日高峰时段平均候车时间约80分钟，采用非规格化的列车运行图，旅客难以掌握列车运行规律。

建议将既有城际铁路逐步移交地方自主运营，通过调动地方运输企业参与城际铁路运营，以更好服务城市群（都市圈）融合发展的积极性，促进城际铁路公交化运营。鼓励地方运输企业多措并举，实行小编组、高密度行车，不断增强城际铁路客流吸引力。

6.4.3 网络化运营问题

以广东省为例，根据省管城际铁路分工方案，广东省城际铁路拟划分为广州、深圳两个都市圈，分别由广州地铁集团和深圳地铁集团承接运营既有珠三角城际铁路。该方案落地后，城际铁路运营将同时存在广州地铁集团、深圳地铁集团和中国铁路广州局集团三个主要运输企业。在城际铁路跨运输企业的网络化运营上，关于列车运行交路、开行对数、车底担当、司乘担当、线路/接触网使用费、票务清分等方面仍然缺乏必要的统一管理办法和协调解决机制。

考虑城际铁路跨地连市、牵涉广泛，各省市内部之间，以及与国铁集团之间，均存在类似问题。建议国家层面加强顶层设计，制定有关城际铁路网络化运营后，跨运输企业间运营合作的政策指导性文件。

6.4.4 一体化协同服务标准问题

6.4.4.1 运营服务时间协同服务标准

城市轨道交通、城际铁路运营时间的协同服务标准主要包含地铁城际换乘站首末班车的协同服务标准和各条轨道交通线路的运营时长两部分。衔接线路的首末班车时间设置应匹配乘客出行特征，尽量满足两市乘客乘坐跨市衔接线路的出行需求。具体为首班车尽量满足市郊乘客前往市区方向的出行需求，末班车尽量满足市区乘客返回郊区的出行需求，同时考虑与各自线网其他线路的协调匹配。

6.4.4.2 运输能力协同服务标准

线路运力配置原则上要与客流特征相匹配，同时兼顾衔接线路间的换乘匹配：一是在高峰时段按"以需定运"原则安排运力，当运能不能满足乘客需求时，按照设备能力安排运力；二是非高峰时段在满足客流需求同时兼顾运输成本安排运力；三是在列车运行计划编制时应考虑衔接线路的换乘匹配，协调换乘站列车到、发时刻，缩短乘客的换乘时间，提高换乘乘客的出行便捷性和乘客服务水平。

6.4.4.3 票务服务协同标准

票务系统需要考虑在网络一体化运营条件下乘客的购票需求和信息化管理需求。地铁城际一体化运营，其票务系统应以"一票连乘"为原则，从票种、票制及支付手段三个方面研究。但是考虑到目前国铁的12306售票中心和地方轨道交通在清分上比较困难，同时由于国铁列车限制载客量和固定座位等因素，故在研究过程中应分为两种情况：一是城际列车为粤港澳大湾区城际铁路的本线列车，在该种情况下，城际列车与地铁列车在票务服务方面，应以"一票连乘"为基础。二是城际列车为长途跨线列车时，跨线列车乘客进入本线后需要再次购买粤港澳大湾区轨道交通车票；本地轨道交通乘客乘坐国铁跨线列车时，需要使用12306购票系统购买国铁车票。

6.4.4.4 客运服务协同标准

客运服务标准包含安检互认服务标准、导向协同服务标准、乘客资讯服务标准、诉讼处理标准等内容，具体如表6.4.1所示。

地铁城际铁路客运服务协同服务标准

表6.4.1

车站服务标准	安检互认服务标准	禁止携带的物品种类	枪弹类（含主要零部件），爆炸物品类，刀具以及电击器等器具，易燃易爆物品，剧毒性、腐蚀性、放射性、传染性、危险性物品，危害列车运行安全或公共卫生的物品等
		安检方式	人走安检门，物过安检机
	导向协同服务标准	通过标识、广播、视频设备、网络等多种方式提供线网示意图、进出站提示、换乘指示、票价、车站周边换乘交通方式、列车运行等信息	
	乘客资讯服务标准	人工问询服务标准	员工按要求穿着制服，在岗时精神饱满，使用十字文明服务用语、恰当称呼，服务期间做到心到、话到、眼到、手到
		信息系统查询服务标准	搭建多元化、全维度的综合智能客服平台，使轨道交通咨询服务深度融入乘客线上、线下全方位的服务渠道，实现乘客–客服之间的快速、精准的服务响应
	投诉处理标准	投诉回复率	100%
		投诉响应时间	及时回复
		投诉渠道	建立一体化投诉信息平台，保障乘客投诉渠道的多样性
车上服务标准	站立标准	地铁的站立标准不宜高于5人/m²，城际铁路的站立标准不宜高于4人/m²	
	车上是否开空调	地铁和城际列车均应装设空调	
	车上座椅布置方式	地铁列车应采用纵列式座椅，城际列车应采用横列式座椅	
	车上厕所设置	城际宜在列车上设置厕所	

7 施工篇

7.1 概述

随着我国城市化建设的快速发展，城市轨道交通施工和管理方面也取得了长足进步，尤其是我国各城市的工程地质和水文地质条件各不相同，许多城市在施工方法中应用了一些新的工艺工法，解决了对应的工程难题。

在盾构区间方面，管片接头连接应用了新型承插式接头管片，更好地解决了隧道在局部区域出现错台和裂缝等问题。在富水地层盾构始发时，极易发生洞门渗漏、涌水涌沙、地面塌陷等事故，盾尾脱出洞门时，隧道口与洞门之间的间隙填充不密实，会发生渗漏水等风险。短钢套箱与盾尾钢丝刷相结合的盾构始发工法和盾尾割除的盾构接收工法可有效防范上述风险，保证盾构顺利始发接收。此外，在国内大盾构超长区间推进中的应急处置措施方面也积累了宝贵经验。

在基坑施工方面，应对周边复杂条件的各种新工法也不断涌现。如避让高压走廊的超低净空深基坑施工综合技术为基坑开挖条件受限的情况下提供了借鉴思路。超深地下连续墙施工中，从改变反力箱取出方式入手，用侧向剥离反力箱的方式取代顶拔反力箱的新型超深地下墙十字钢板接头工法，解决了反力箱起拔困难的问题。在上软下硬的地层中，地下连续墙采用上墙下桩的围护结构形式，缩短了工期，有效节省了工程造价。

在地铁车站结构施工方面，连续沉井法预制装配技术为提高工程装配化率提供了新思路，全预制装配式建造技术也在逐步推广。型钢混凝土柱梁施工技术解决了型钢混凝土框架中的梁、柱节点处型钢与钢筋在空间上的矛盾，实现了柱中主筋自下而上连续、贯通，保证了结构的整体性。车站桩墙叠合结构有效解决了明挖地铁车站渗漏水的技术难题，同时降低了能耗，提高了工效。大跨度无柱地铁车站结构形式使车站的空间效果开阔明亮，公共区视线无遮挡，可为车站空间美学艺术提供更好地平台。

在文明施工和节能减排方面，通过在施工场地搭设覆罩法大棚，极大地降低了周边环境的声污染、光污染、扬尘污染。地铁建筑配套光伏发电技术同样可为城市用电提供部分清洁能源。

此外，在地铁运营前的线路多专业联调联试方面和自动驾驶技术方面也丰富了地铁建设案例经验库。

7.2 工法与应用

7.2.1 上海地铁

7.2.1.1 新型承插式接头管片拼装技术

1.技术背景

目前国内盾构隧道结构，基本上采用钢筋混凝土管片配合螺栓构成，由不同类型的螺栓将管片拼装连接，管片接缝间设置弹性密封垫防水。但在施工过程中，可能出现因混凝土管片承载力削弱导致管片局部开裂、管片间错台量较大导致接缝渗漏水及管片螺栓手孔处渗漏水等问题，影响隧道运维，甚至缩短隧道使用寿命。

2.技术内容

预埋承插式接头管片采用钢筋混凝土通用环管片，错缝拼装，每环管片最大楔形量为39.6mm。管片外径：6.6m；内径：5.9m；厚度：350mm；环宽：1.2m；管片分6小块：1块封顶块（VF）、2块邻接块（VL1、VL2）、3块标准块（VB1、VB2、VB3）。

纵缝连接方式为管片端部预留承插滑入式连接件，采用铸钢材料制成，锚固钢筋长度405mm，连接件与管片端面垂直设置（见图7.2.1）。环缝连接方式为布置双头带丝的插入式连接件，由预埋套筒、衬圈和连接螺杆组成，螺杆内嵌钢筋，外包增韧改性聚酰胺（见图7.2.2）。

根据管片分块位置，缩回千斤顶，形成拼装空间，管片运至拼装机下方，拼装机吸起管片，前移旋转至拼装位置。管片分块精确定位，纵向和环向错台控制在0.5mm以内，由推进油缸将管片顶推到位，管片纵向和环向止水条挤压密实，拼装封顶块，先径向搭接1/3，纵向插入，两侧卡槽卡实后，将封顶块顶推到位，完成整环拼装。依次循环往复。

管片防水采用两道遇水膨胀密封垫（遇水膨胀橡胶结合非膨胀橡胶）和一道挡砂条（表面结皮的海绵橡胶）。管片防水粘贴前需对粘贴面进行清灰处理。

图7.2.1　纵缝承插滑入式连接口

图7.2.2　环缝连接细部图

因密封垫为预制成品，每一块管片不同位置对应的密封垫都不相同，要求厂家出厂的防水材料有对应标识，防水粘贴时，每一道密封垫均须按标识在对应位置进行粘贴。

　　新型承插式接头管片拼装流程与普通混凝土管片流程大体相同，其中需注意的是，在管片拼装过程中，因为VB2块管片的特殊形式，第一块管片必须先拼装VB2块，然后再拼装VB1块或者VB3块。详见新型承插式接头管片拼装流程图7.2.3。

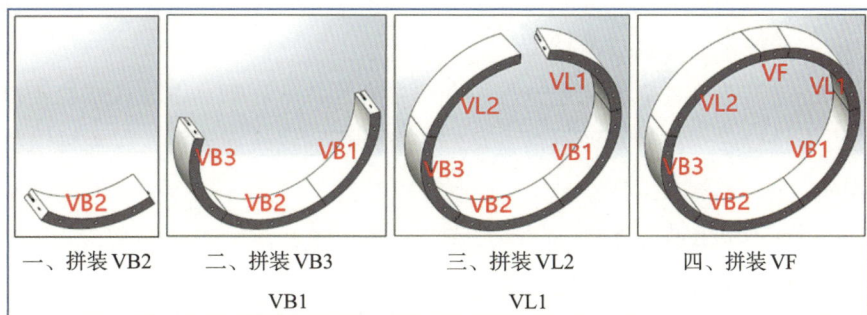

图7.2.3　新型承插式接头管片拼装流程图

点位选择（见图7.2.4、图7.2.5）：

（1）操作手根据预选择点位，使盾构机姿态往预计方位靠近。

（2）根据推进油缸行程和盾尾间隙进行选择错缝拼装点位，同时尽量避开相邻环相邻点位拼装。

（3）盾构机采用了管片拼装自动选型系统与人工选型相结合的方式。

（4）所选择的拼装点位拼出的管片姿态与盾尾姿态一致时，该点位为最佳点位。

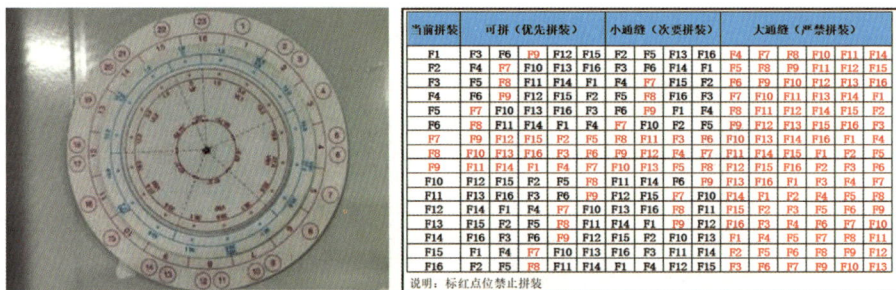

当前拼装	可拼（优先拼装）				小通缝（次要拼装）				大通缝（严禁拼装）					
F1	F3	F6	F9	F15	F2	F5	F13	F16	F4	F7	F8	F10	F11	F12
F2	F4	F7	F10	F13	F16	F3	F6	F14	F1	F5	F8	F9	F11	F12
F3	F5	F8	F11	F14	F1	F4	F7	F16	F6	F9	F10	F12	F13	F15
F4	F6	F9	F12	F15	F2	F5	F8	F16	F3	F7	F10	F11	F13	F14
F5	F7	F10	F13	F16	F3	F6	F9	F1	F4	F8	F11	F12	F14	F15
F6	F8	F11	F14	F1	F4	F7	F10	F2	F5	F9	F12	F13	F15	F16
F7	F9	F12	F15	F2	F5	F8	F11	F3	F6	F10	F13	F14	F16	F1
F8	F10	F13	F16	F3	F6	F9	F12	F4	F7	F11	F14	F15	F1	F2
F9	F11	F14	F1	F4	F7	F10	F13	F5	F8	F12	F15	F16	F2	F3
F10	F12	F15	F2	F5	F8	F11	F14	F6	F9	F13	F16	F1	F3	F4
F11	F13	F16	F3	F6	F9	F12	F15	F7	F10	F14	F1	F2	F4	F5
F12	F14	F1	F4	F7	F10	F13	F16	F8	F11	F15	F2	F3	F5	F6
F13	F15	F2	F5	F8	F11	F14	F1	F9	F12	F16	F3	F4	F6	F7
F14	F16	F3	F6	F9	F12	F15	F2	F10	F13	F1	F4	F5	F7	F8
F15	F1	F4	F7	F10	F13	F16	F3	F11	F14	F2	F5	F6	F8	F9
F16	F2	F5	F8	F11	F14	F1	F4	F12	F15	F3	F6	F7	F9	F13

说明：标红点位禁止拼装

图7.2.4　拼装点位选择

图7.2.5　盾构管片拼装示意图

3.主要技术性能和技术特点

承插式接头管片采用的是一种不同于常规管片的弯螺栓以及直螺栓连接方式，纵向接缝采用插销式连接件，环向接缝采用插入式连接件，仅需推压就可以紧固接头，无需复紧作业。

4.适用范围或应用条件

推进控制标准见表7.2.1。

成型管片控制标准见表7.2.2。

推进控制标准 表7.2.1

项目	控制标准（mm）	测量方式
单环盾构姿态纠偏量	≤5	—
盾尾间隙	每个点位均≥35	尺量
推进速度	≤40	—
盾构机姿态	水平、垂直±30	—

成型管片控制标准 表7.2.2

项目	拼装时	脱出盾尾后	测量方式
错台	≤1mm	≤2mm	管片拼装时测量
环、纵缝张开	≤0.5mm	≤1mm	
椭圆度	≤6.6mm（1‰）		L块间距≤2mm
管片上浮	—	≤20mm	—

注：3mm以下错台量必须控制在70%，出现4mm错台立即停机分析原因，制定措施。

5.已应用情况

已应用于上海地铁13号线西延伸工程，是国内首条采用预埋承插式新型接头工艺施工的地铁正线隧道，该区间将采用快速接头连接的方式代替传统管片螺栓连接方式，建成后将极大提升隧道成型质量和结构整体刚度。

7.2.1.2 崇明线大盾构穿越长江施工技术

1.技术背景

上海轨道交通市域线崇明线是"十四五"期间上海市轨道交通建设的重点工程，崇明线108标和111标盾构区间施工主要面临超长距离推进、浅覆土始发接收、小半径施工、穿越地下障碍物、穿越众多重要建（构）筑物及管线等各项施工重难点的问题（见图7.2.6、图7.2.7）。

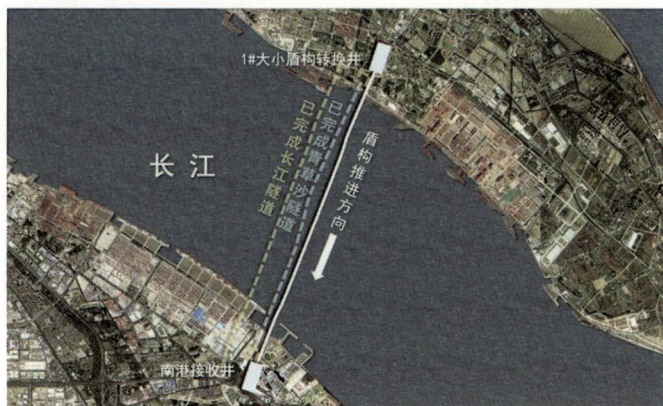

图7.2.6 盾构推进平面图

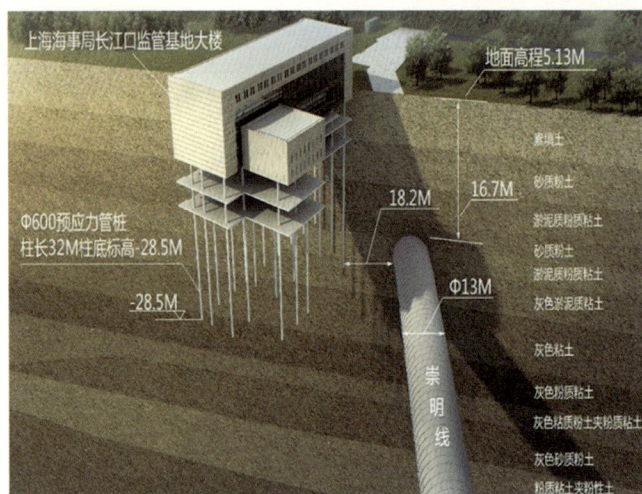

图7.2.7　盾构穿越周边建筑物示意图

2.技术内容

北港大盾构长约9000m，盾构推进过程中面临着开挖面的稳定、刀盘刀具磨损、管路磨损、盾尾密封的可靠性和测量精度等众多风险。

针对超长距离盾构掘进施工情况，盾构机做如下针对性设计：

（1）主驱动采用经过多次检验的高强度/耐用的整体结构设计，设计寿命大于1000h，密封环安装了耐磨的特殊密封，最大可承受10bar压力，满足长距离、高水压盾构掘进。

（2）盾构机盾尾钢结构设计可承受10bar压力，盾尾密封为4道钢丝刷+1道钢板刷+1套止浆板，其中具有更换2道钢丝刷的能力。搭配盾尾间隙自动监测装置，能有效防止纠偏导致的盾尾渗漏。

（3）盾构机配备人闸舱，确保人员进行安全带压换刀。

（4）采用开口率40%的常压换刀刀盘，针对不同强度的地质条件配置不同形式的齿刀，同时布置周边刮刀、正面刮刀和保径刀等，合理布置各类刀的高度和间距，并配备刀盘检测磨损装置。

（5）配备1台高流量中心冲刷装置，用于刀盘中心冲洗。依靠大流量和多点位中心冲刷系统，有效防止刀盘结泥饼。

（6）盾构机多处配备气体检测装置，防止有害气体超标，引起爆炸或人员窒息。

针对始发、接收浅覆土掘进施工情况，盾构机做如下针对性设计：

（1）采用高精度气压平衡调节系统控制正面泥水压力，该系统对压力波动较敏感，便于正面压力平衡控制，对沉降控制精度高。

（2）盾壳预留注浆孔，必要时可通过注浆孔向盾壳外压注克泥效以控制沉降。

（3）自动监测盾尾油脂压注，可根据压力情况自动补压，杜绝了人为欠压现象的发生。

（4）盾构机配置高精度自动导向系统，实时提供盾构姿态，便于操作人员控制好盾构姿态，可有效防止由于不当纠偏引起的沉降。该系统也可自动监测显示隧道的变化趋势，便于操作人员精确控制。

南港隧道区间平面最小转弯半径为1000m，北港隧道区间平面最小转弯半径为800m，曲线段的掘进施工，盾构推进易出现管片错台较大、角部破损，接缝密封垫渗透漏水概率加大，隧道轴线偏差较大，盾尾间隙不均造成渗漏等问题。针对上述情况，盾构机做如下针对性设计：

（1）盾构设备最小转弯半径为700m。

（2）盾构机壳体预留整圈注浆孔，必要时可通过注浆孔向盾壳外压注克泥效，有利于控制地面沉降及辅助纠偏。

（3）刀盘配置两把超挖刀，可用于辅助盾构转弯。

3.主要技术性能和技术特点

（1）盾构机配备超前探测系统，持续监测开挖面前方地层，及时发现前方可能存在的不明障碍物，在不影响推进的前提下提前预警。

（2）刀盘结构刚度要满足工程要求，刀盘配置液压磨损监测系统，部分刀具可常压下进行更换，中心旋转接头上设置冲刷装置。

（3）盾构机提供3套注浆系统，包括盾尾单液注浆系统、双液注浆系统和盾体浆液注入系统，能够及时有效填充建筑空隙，有效控制壳体通过阶段、盾尾通过阶段和后期土体固结阶段三阶段大堤沉降。

（4）通过盾构机本身所配备的高精度气压平衡调节系统可以控制盾构机对土体的扰动，有效地降低切口到达前建（构）筑物及管线沉降。且盾构机配备有1套数据采集与监控系统，可以对盾构机的施工数据进行实时分析，有效协助工程人员做出正确的判断和决策。

（5）盾构机配备8点同步注浆系统，及时充填掘进时产生的建筑间隙，可控制地表沉降至很小的范围，从而确保大堤及周边环境的安全。

（6）可通过盾壳上的注浆孔进行注浆，确保盾构在穿越过程中，减小因壳体通过时对大堤造成的沉降。

（7）盾构机配备高精度的自动导向系统，以保证线路方向的正确性。

4.适用范围或应用条件

根据工程的施工特点，深入研究盾构区间的地质情况、地面环境，得出需要何种类型和具备何种功能的盾构机才能满足工程的施工需求。同时，开展对盾构机选型的深入研究，使参建的各方和具体操作者深知盾构设备所具备的性能和薄弱点，面对复杂的地质情况和地面环境，能充分发挥设备的功能和技术性能以实现安全、顺利施工目的。再针对盾构机自身所特有的局限性或薄弱处在施工前进行加强和施工中重点关注，从施工前、施工中最大限度地规避会面临的施工风险。

5.已应用情况

该技术已应用于上海轨道交通崇明线大盾构穿越长江工程。

7.2.1.3 大跨度矮塔斜拉桥施工技术

1.技术背景

随着科技的不断发展，新型技术层出不穷，不断推进着我国轨道交通建设工程质量向前发展。在轨道交通建设工程中，为了针对大跨度河流桥梁制造的困难，工作人员采取了矮塔斜拉桥的施工技术。

2.技术内容

（1）0号块支架法施工

在主墩承台上各安装一台塔式起重机，采用翻模法分段施工主墩墩身，墩身施工完毕后，搭设0号块支架并预压，在支架上施工0号块；施工完毕并具备拆模条件后，按照顺序拆除端头模板、内模、墩顶部分0号块专用外模，保留挂篮用的外侧模；按照设计要求张拉预应力束，并进行压浆。

（2）索塔施工

索塔总高度26m，索塔采用翻模进行分段施工，浇筑原则为每节段浇筑高度≤6m。

（3）斜拉索施工

利用挂篮悬臂浇筑施工工艺施工1～20号主梁节段，施工到有挂斜拉索齿块和索梁的梁段时，先将挂篮和外模前移，露出齿块后进行对应斜拉索的施工。其中A4～A18节段都设有斜拉索横梁和齿块，结构复杂。为了使挂篮模板能够适应不断变化的形状，外模为钢模板，内模均采用竹胶板与盘扣支架组合的形式。

安装斜拉索之前，先安装PE外套管，然后逐根从PE管内穿入PE钢绞线，斜拉索穿过主塔索鞍内分丝管，两端分别锚固于箱梁中腹板处。采用逐根张拉、单根调索的施工方法。

施工到边跨A18后，在对应的P107、P110号墩顶支架上浇筑边跨现浇段，挂篮同步继续施工A19、A20节段。然后安装合龙吊架，先合龙边跨合龙段A21，施工对应的预应力；再合龙中跨合龙段A23，施工对应的预应力，拆除临时固结措施，完成体系转换。

随后进行桥面工程和附属结构的施工，同时进行全桥索力测试和调整。

（4）上部结构总体施工工艺流程见流程图7.2.8

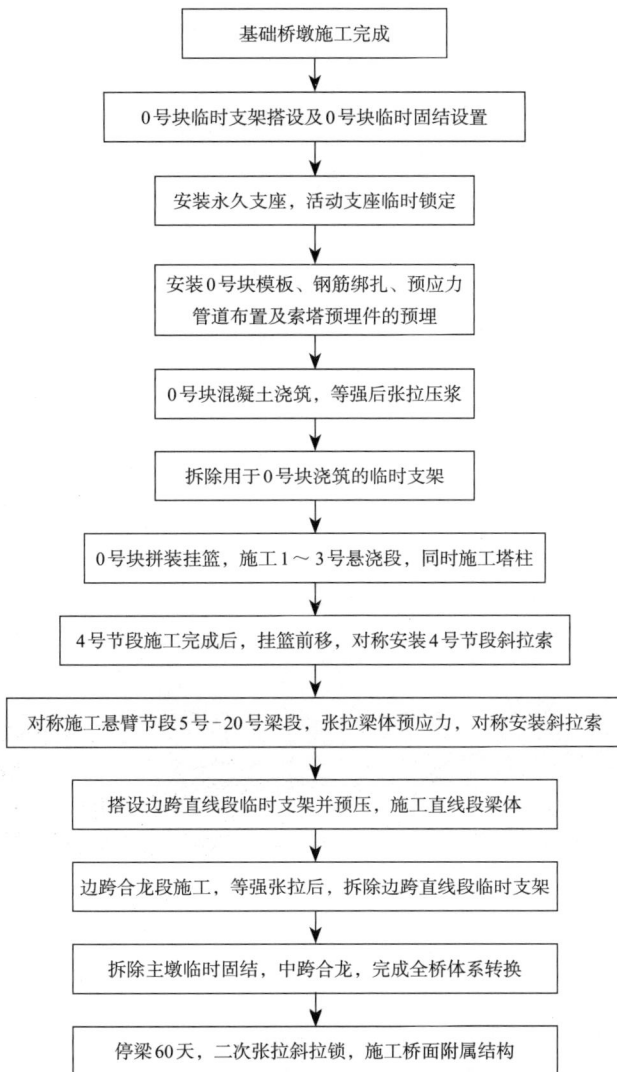

```
┌─────────────────────────┐
│      基础桥墩施工完成       │
└─────────────────────────┘
            │
┌─────────────────────────┐
│ 0号块临时支架搭设及0号块临时固结设置 │
└─────────────────────────┘
            │
┌─────────────────────────┐
│  安装永久支座，活动支座临时锁定  │
└─────────────────────────┘
            │
┌─────────────────────────┐
│ 安装0号块模板、钢筋绑扎、预应力 │
│   管道布置及索塔预埋件的预埋    │
└─────────────────────────┘
            │
┌─────────────────────────┐
│ 0号块混凝土浇筑，等强后张拉压浆 │
└─────────────────────────┘
            │
┌─────────────────────────┐
│  拆除用于0号块浇筑的临时支架   │
└─────────────────────────┘
            │
┌─────────────────────────┐
│ 0号块拼装挂篮，施工1～3号悬浇段，同时施工塔柱 │
└─────────────────────────┘
            │
┌─────────────────────────┐
│ 4号节段施工完成后，挂篮前移，对称安装4号节段斜拉索 │
└─────────────────────────┘
            │
┌─────────────────────────┐
│ 对称施工悬臂节段5号-20号梁段，张拉梁体预应力，对称安装斜拉索 │
└─────────────────────────┘
            │
┌─────────────────────────┐
│ 搭设边跨直线段临时支架并预压，施工直线段梁体 │
└─────────────────────────┘
            │
┌─────────────────────────┐
│ 边跨合龙段施工，等强张拉后，拆除边跨直线段临时支架 │
└─────────────────────────┘
            │
┌─────────────────────────┐
│ 拆除主墩临时固结，中跨合龙，完成全桥体系转换 │
└─────────────────────────┘
            │
┌─────────────────────────┐
│ 停梁60天，二次张拉斜拉锁，施工桥面附属结构 │
└─────────────────────────┘
```

图7.2.8　上部结构总体施工工艺流程图

3. 主要技术性能和技术特点

（1）塔高与其他类型桥梁相比较为低矮，拉锁的倾角较小，拉索可以为主梁提供更大的轴向力。

（2）以梁作为桥梁的主要部分，拉索作为桥梁的辅助部分，在该类型的桥梁设计中，其梁体的高度一般为同样跨度长桥梁的一半左右，与同样跨度长度的斜拉桥相比，能够达到其2倍左右的长度。通过合理分配荷载，能够使大桥在正常工作时稳定性更佳，同时有利于荷载能力稍弱的地区，不会在正常使用过程中受到突然激增的荷载，造成结构损坏或应力失衡。

（3）主梁无索区与一般的桥梁类型相比更长，有较明显的无索区段在渠道内部设置任何的端锚索。

4.适用范围或应用条件

适用于大跨度桥梁工程，大桥合理分担日常使用中的应力分配，使大桥在正常使用过程中能够更加稳定。

5.已应用情况

上海市轨道交通17号线西延伸工程（东方绿舟站－西岑站）的区间段拦路港节点桥位于上海市青浦区，设计采用（100+180+100）m斜拉索加劲－预应力混凝土连续刚构矮塔斜拉桥，全长380m，箱梁顶面宽12m，梁底面宽8.5m，跨越拦路港航道，是国内轨道交通同类型中跨度最大的矮塔斜拉桥（见图7.2.9）。

图7.2.9　主桥立面布置图

7.2.1.4 地铁车站覆罩法封闭施工技术

1.技术背景

车站深基坑在建设施工过程中极易产生噪声、粉尘、夜间光照等污染，对周边小区造成扰民及环境污染，同时在基坑开挖阶段，由于开挖深度达数十米，易造成墅外高层住宅居民视觉上的恐慌情绪。除此之外，室外施工作业也受到特殊天气的影响，大风、雨雪、雾霾等恶劣天气会给施工带来不利。

2.技术内容

本工程为东靖路站覆罩法大棚，为保障周边交通，最大程度减少居民环境影响，基坑、结构、盾构施工全过程采用覆罩法，内设长8.5m宽栈桥板。大棚内布置一部32/5t龙门吊，跨距24m，用于钢支撑安装、盾构管片吊装等需求。大棚内布置通风、照明、降温除尘、消防、视频监控等系统（见图7.2.10）。

覆罩法大棚屋面排水坡度6.36%，柱距9.00m/7.50m/6.0m，单跨，跨度30.90m/28.40m，檐口高度19.710m，总长度约160m，总建筑面积4840m²。

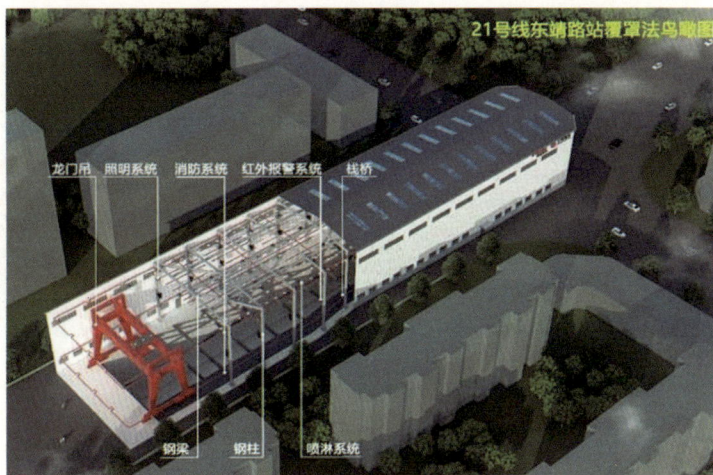

图7.2.10 21号线东靖路站覆罩法大棚鸟瞰图

覆罩大棚结构构件屋面板采用灰色RS-820钢板（厚度0.6mm）+50mm厚16KVR贴面保温棉，大棚建筑外墙1.2m高以下为蒸压加气混凝土砌块，1.2m高以上墙面板为掰白色WS-820压型板（厚度0.5mm）+WS-1110压型板（厚度0.5mm）+50mm厚16K保温棉（标注为尺寸250包括檩条）；檩条为C形镀锌冷弯薄壁型钢和Z形镀锌冷弯薄壁型钢；横梁结构采用焊接Q355B型钢刚架，刚架之间采用高强螺栓（10.9s）连接；其中钢梁安装最大跨度30.9m。地脚锚栓材质采用Q235B，钢结构钢柱、钢梁材质为Q355B；高强螺栓采用10.9s级，安全等级为二级（见图7.2.11、图7.2.12）。

张江站同样配套覆罩大棚设施，大棚西侧基础置于西侧地下二层附属地连墙上部，将附属第一道圈梁（顶标高2.7m）作为大棚基础，在圈梁上部设置900mm×900mm混凝土立柱作为钢结构大棚支座基础。大棚北侧基础置于

图7.2.11 东靖路站大棚安装示意图

图7.2.12 东靖路站大棚现场图

机场联络线地墙上部，利用机场联络线既有圈梁（顶标高2.8m），圈梁上部设置混凝土立柱。其余部分采用800mm钻孔桩基础，桩顶设置承台及立柱作为支座基础，大棚支座底标高设置为5.2m（见图7.2.13）。

图7.2.13 张江站大棚外部效果图

主体网架结构跨度59m，长度130.1m，结构高度23.550m，净高20m。钢网架由上弦杆、腹杆与下弦杆组成，上下弦杆为圆管截面，腹杆为圆管截面，钢网架高度3.55m，结构找坡，坡度4%。

根据目前施工现场的空间位置条件及钢网架自身结构特点，结合现场地形及施工现场区域的限制，采用地面小单元拼装，确保连接质量。拼装完成后应相关检测，合格后采用小单元整体吊装的方案，然后采用高空散装的方案，4台200t汽车吊（全配重50t）进行小单元整体吊装。采用25t汽车吊进行网架拼装和高空散装（图7.2.14）。

施工工艺流程：钢网架区域地面平整地面→测量放线→钢网架地面的拼装→网架拼装检测→小单元整体吊装→网架高空散装→两端网架剩余8m后安装山墙抗风柱→剩余网架安装并与山墙抗风柱连接→补刷油漆、查缺补漏。

图7.2.14 张江站大棚网架拼装图

在地面上用临时钢支座找平网架下弦支撑点，临时钢支座为500mm×500mm的钢马镫，其中网架拼装区处有22.8m宽，深2.3m的凹坑，此处采用直径325mm×10mm支撑管，上下设置16mm厚钢板，钢支撑柱设置在下部砼梁上。网架螺栓球离平整面高度为700mm～1290mm的范围，用水平仪或拉线的方法测量水平度和平直度，保证拼装台在水平面上（图7.2.15）。

图7.2.15 张江站大棚内部效果图

网架单元是由杆件、螺栓球及配件拼装而成，网架从制作到安装进行了逐一标识。作业人员采用吊链或吊车将杆件、螺栓球及配件进行小单元的拼装。网架单元的安装由左向右延伸拼装，上下弦同时安装，跟踪检测安装尺寸。在每个螺栓球上的各个杆件全部安装后，及时检查螺栓是否拧紧到位，不可有松动和缝隙，并在下弦做好临时固定点，各螺栓球支座要求平稳放置。

网架在安装下一个网格时要复查前一个网格节点高强度螺栓是否拧紧到位，不得有松动。网架构件全部安装完成后，检查每个螺栓球节点，测量上下弦轴线，水平标高及挠度，其偏差必须在允许范围内，然后安装支托，拧紧支座螺栓（见图7.2.16）。

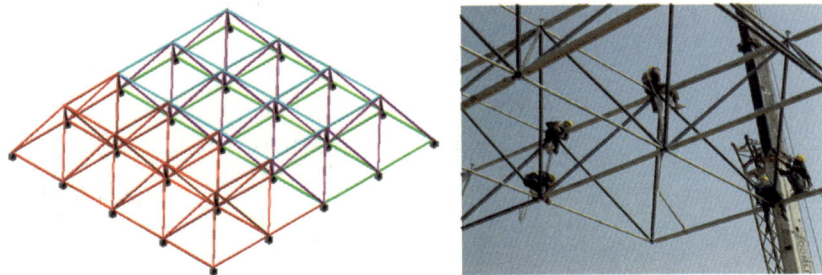

图7.2.16　网架安装图

大棚内根据现场施工需要，共布置以下系统：

（1）AI识别+广播实时告知系统

大棚内安装AI智能识别设备，实时抓拍现场违章作业行为，并通过场内广播实时播报，系统后台将相关人员违章作业行为信息推送至工地管理人员。

（2）视频监控系统

大棚内设置多路视频实时监控，监控全部采用专网专线，具备视频回放功能。

（3）对射式红外线报警系统

利用红外感应设备，防止大棚内起重设备触碰围护墙和顶棚。

（4）噪声扬尘在线监测系统

噪声扬尘在线监测系统主要具备以下功能：

实时监控—实时监控功能包括扬尘监控、噪声监控、气象数据监控和设备位置监控。

报警提醒—报警提醒功能包括扬尘报警提醒、噪声报警提醒和离线报警提醒。

视频取证—视频取证功能包括扬尘报警后的视频取证和噪声报警后的视频取证。

数据分析—数据分析功能包括扬尘实时排名、噪声实时排名、扬尘分析和噪声分析。

（5）智能感应式降温除尘系统

降温除尘系统具备室内温度及$PM_{2.5}$感应、自动喷雾降尘功能，同时配置1辆移动式多功能喷雾抑尘车。

该系统以粉尘浓度及环境温度为控制指标，通过物联网技术+边缘计算，实时在线远程监测目标参数变化，基于内置模型算法，自动控制喷雾系统的开闭，实现无人值守自动化喷雾工作。通过布设温度感应器与粉尘感应器，直接传输信号至PLC控制的继电器，在感应器超过预设阀值后，自动开启喷雾系统进行抑制，待阀值下降后再自动关闭。所需设备投入小、占地面小，运行、维护费用低。

（6）照明系统

大棚内采用屋面阳光板采光带（518m²）加夜间高天棚工厂灯组合照明采光方案。

（7）消防系统

大棚内共设置2个消防主出入口和6个应急消防门，设置室内消防水箱＋专用消防供水系统，满足消防要求。

（8）通风系统

大棚内通风主要采用高侧窗自然通风，共设置17个6m×1.5m自然通风窗。

3. 主要技术性能和技术特点

覆罩法封闭施工技术的优点：

（1）将施工现场与周围环境进行有效隔离，达到降噪效果，符合目前环保形势的要求。

（2）棚内可形成独立作业空间，配备相应的环保设备，改善施工作业条件。

（3）覆罩法大棚的应用减少了钢筋、模板等材料受雨雪天气影响的腐蚀程度。

（4）覆罩法大棚的钢结构构件、墙体封闭面板、檩条等材料可重复利用，减少材料的浪费，符合绿色建造的要求。

（5）大风、雨雪等特殊天气对施工影响较小，可正常施工。

（6）覆罩法大棚提高了地面相关工序的工作效率，减少高温、寒冷天气对员工的影响。

覆罩法大棚的隔声、降噪、遮光、降尘功能极大地降低了周边环境的声污染、光污染、扬尘污染，对保护城市的安全文明形象起到了很大作用。

4. 适用范围或应用条件

适用于对城市中心区、环保要求高以及对商铺、居民区影响较大的明挖车站基坑工程。

5. 已应用情况

本技术已用于上海轨道交通在建21号线张江站、东靖路站，效果良好。

7.2.1.5 超深地下墙十字钢板接头新型反力箱施工技术

1. 技术背景

在十字钢板接头中使用反力箱，大多是使用引拔机顶拔，随着地下连续墙深度的增加，反力箱被绕灌混凝土抱死的风险加大，顶拔存在困难，严重影响地下连续墙接头质量。受到反力箱起拔困难的限制，目前国内地下连续墙十字钢板应用的深度一般不超过60m，超过60m的地下连续墙往往采用止水性能欠佳的工字钢接头和套铣接头，超深基坑渗漏风险大，设计通常在工字钢接头或套铣接头外侧再增加止水措施，往往造成工程造价增加。

2.技术内容

从改变反力箱取出方式入手，用侧向剥离取代顶拔的新型超深地下墙十字钢板接头，根据地下墙十字钢板接头每节长度、接头形状，计算侧向剥离地下墙接头需要的拉力和侧向剥离的难易程度，设置反力箱结构形式和内置千斤顶的顶力、行程、位置和数量等参数。千斤顶内置长度传感仪，动力箱设液压油流量观测仪，可以在工控机上观察、记录千斤顶实时工作状态。浇筑混凝土时，防止绕流的混凝土进入接头装置内，要保证接头装置的密封性。

3.主要技术性能和技术特点

新型十字钢板接头工艺，实现了三个维度的突破：

（1）安全度：侧向剥离避免应力集中，消除了顶拔风险；因为反力箱是后取出工艺，剥离后接缝干净，能够保证接头质量。

（2）深度：施工深度可突破75m。

（3）速度：传统顶拔至少需要3～5h，而侧向剥离只需10min就可以完成，效率提升90%。

4.适用范围或应用条件

适用范围：地下墙深度超过60m渗漏风险大的深基坑。

应用条件：在厂房内焊制新型反力箱，严格控制焊接质量，反力箱钢板须摆放整齐，平整度完好；现场布置千斤顶、油缸管路、密封圈等材料须符合国家质量标准。在施工场地预先拼接接头装置，动力箱就位，连接好油管，确保牢固可靠。启动内置千斤顶侧顶，待全部内置千斤顶顶出后收回，如遇到千斤顶不工作时，及时更换配件（图7.2.17）。

5.已应用情况

（1）应用于杨高北路站，通过在15m一节的反力箱内布置3个100t千斤顶，在相邻槽段清孔换浆完成后，使用内置千斤顶侧向剥离反力箱，避免了应力集中，降低了顶拔风险。杨高北路首开幅深度67m，在预挖区下部回填5m左右碎石，接头位置放置1套反力箱（1套两根），单根反力箱由5节拼装（3×15m+2×10m），现场应用见图7.2.18，目前杨高北路地下墙已经完成了50幅，所有反力箱均安全侧向剥离成功。

（2）应用于广兰路站，通过在15m一节的反力箱内布置3个100t千斤顶，

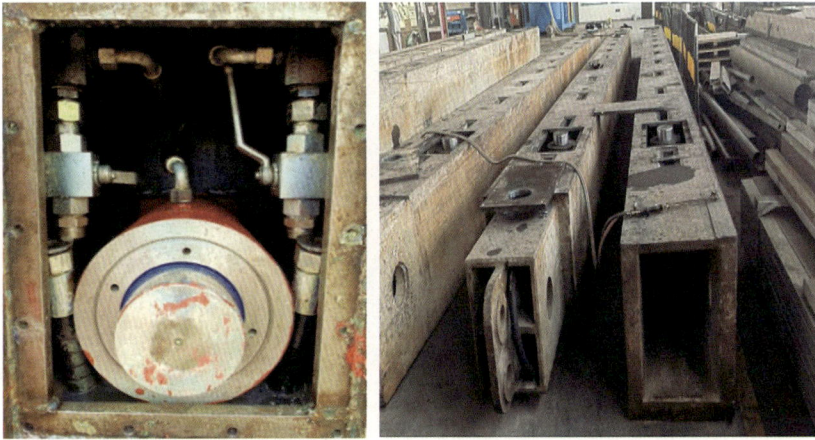

| （a）反力箱内部配件细图 | （b）反力箱现场布置图 |

图7.2.17　反力箱现场图

图7.2.18　现场应用示意图

在相邻槽段清孔换浆完成后，利用混凝土不抗拉的形式，使用内置千斤顶侧向剥离反力箱，避免了应力集中，降低了顶拔风险。广兰路站首开幅深度67m，在预挖区下部回填5m左右碎石，接头位置放置1套反力箱（1套两根），单根反力箱由5节拼（3×15m+2×10m），现场应用见图7.2.19。

图7.2.19　现场应用示意图

7.2.1.6 机场联络线高压走廊超低净空深基坑施工综合技术

1.技术背景

车站周边环境异常复杂，在地铁车站深基坑上方横跨三组220kV高压线，紧邻基坑1m及6m有房屋未拆，对本项目基坑（最深28m）施工造成极大影响（图7.2.20）。

图7.2.20　基坑位置平面图

三组高压线分别为：220kV惠申高压线、220kV机场高压线、220kV镇机高压线，三线并排南北向敷设，上跨车站中部，与车站线路夹角约85°，沿基坑纵向影响长度100m；高压线悬空高度最低点约为11.19m，净空无法满足车站深基坑施工要求；高压走廊影响区域为车站主体结构标准窄段，基坑最大开挖深度22.93m（见图7.2.21、图7.2.22）。

2.技术内容

（1）一种不抬升高压线增加施工净空的施工方法

由于前期选址原因，基坑上方有3组220kV高压线横跨基坑，沿基坑纵

图7.2.21　高压走廊所在位置区域图

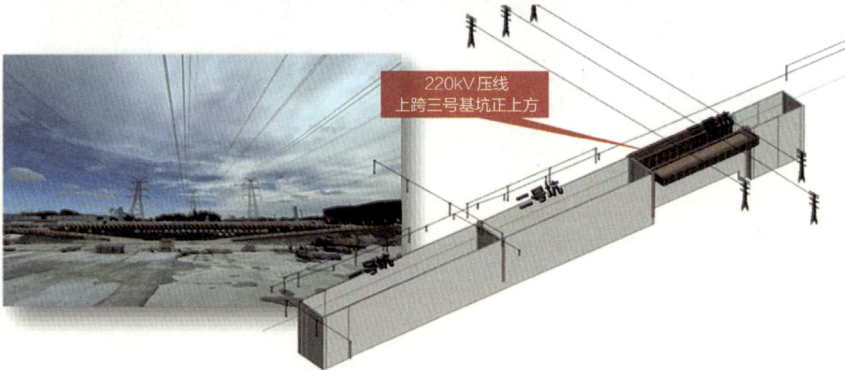

图7.2.22　高压走廊现场图

向影响范围约100m，对项目实施造成极大影响。由于传统的升塔方案工期长、成本高、社会影响大，必须形成一种新的方法增大施工净空。在结合地质条件、基坑位置、车站埋深、项目红线等诸多因素后，开创性地采用放坡开挖落低坑的方式有效地提升了施工净空，为后续施工创造条件。

（2）一种超低净空深基坑地下连续墙施工方法

为保持槽壁稳定性，控制沉渣厚度，对泥浆配比进行研究，并采用泥浆干化系统，对废旧泥浆进行干化处理，提升成槽质量，减小环境污染；为保障成槽垂直度，在成槽机工具架上增加自纠偏挡板，挡板可以抵住槽壁，当发生偏移时自动纠偏，有效提高地墙垂直度；利用BIM辅助完成净空分析，通过现场试验结果及时调整，形成安全科学的钢筋笼分节吊装方案，并对节点进行深化设计，保障钢筋笼对接精度。

（3）一种超低净空地下车站主体结构施工方法

采用大钢模工艺，有效地提高结构侧墙完整性，减小渗漏风险，有效地提升表面观感；将钢支撑留撑节点优化为钢支撑换撑作法，减少墙面后浇带，有效提升结构侧墙完整性，降低侧墙渗漏风险；由于超低净空工况下，混凝土泵车无法展开作业，对于窄长型的地下车站侧墙，必须采用新的工艺方法进行浇筑。结合龙门吊，采用溜槽＋串筒＋软管的方式，经济高效完成结构侧墙浇筑；采用自动喷淋系统对侧墙混凝土进行养护，有效提升结构侧墙质量。

（4）超低净空施工安全保障措施

通过如下方法保障高压线下土方开挖进行：①超低净空下土方施工机械选型；②大型机械升高限位方法研究；③大型机械防碰撞研究；④超低净空下土方车辆选型及改装；⑤直径800mm钢支撑长度14.4m，低净空超长超重构件吊装施工技术。同时结合：①红外线探测激光报警技术研究；②大型机械设备防碰撞系统研究；③高位视频监控+AI识别技术使用，采用各种监控系统监控使用BIM模拟施工。

3.主要技术性能和技术特点

（1）成立BIM应用管理小组，对施工各环节进行工况模拟：①对地下连续墙施工阶段的钢筋笼分节吊装进行净空分析，辅助吊装方案编制；②对于大型机械行走及吊装路线进行施工模拟，对于钢筋笼对接成功率及稳定性进行工况模拟，保障高压线下施工安全可靠；③模拟超低净空地下车站结构施工全过程，模拟留撑改换撑节点、结合大钢模应用的过程，对钢支撑节点施工工艺进行优化，有效提高整体质量；④对浇筑过程进行模拟，确保全过程在限高内完成，保障施工全过程安全。

（2）形成超低净空条件施工关键技术，保证作业安全，优化施工组织，提高施工工效，提升复杂边界条件下施工的项目管理水平，预计技术进步效益率2.2%。

4.适用范围或应用条件

适用于具有超低净空、施工周期长、持续高危险性等特点的在高压线下施工的工程。

5.已应用情况

上海机场联络线以高压走廊超低净空深基坑综合施工技术作为重点研究对象，细化研究内容，整理全套施工流程，从而形成一套切实可行、经济合理、质量保证、安全可靠的施工技术体系，进而可以推广应用，指导市域铁路等重大工程施工，减少管线搬迁、动迁腾地，缩短工期，节约成本。

7.2.1.7 城市轨道交通建筑光伏技术

1.技术背景

城市轨道交通建筑类型多样，车辆基地和车站建筑等均具备分布式光伏发电的良好条件。上海位于我国太阳能资源第Ⅲ类分区，太阳年总辐照量大约为4580MJ/（m²·a），年均日照时数1930h，太阳能资源较为丰富。因此，利用光伏发电进行用电替代，对满足节能需求、减少碳排放，实现城市轨道交通绿色低碳发展，具有重要意义。

2.技术内容

（1）系统容量

1）根据光伏组件的可安装面积和安装方式，预估光伏发电系统最大设计容量和发电量。

2）根据车辆基地负荷需求确定系统容量，深入了解用电负载的功率、工作电压、用电时间、特性（电阻性、电感性、电子性）和用电保证率要求等。

3）光伏并网点装机容量不宜超过上级变压器容量的25%。根据光伏安装位置及变电所确定并网压力，保证就近消纳，降低线路损耗。

（2）系统接入

当光伏发电系统装机容量＜1MW时，光伏发电量一般能就地消纳，并网电量较少，一般接入低压侧（0.4kV电压等级）。光伏发电系统装机容量＞1MW时，一般采用10～35kV并网电压等级，轨道交通变电所母线电压有10kV、35kV两种等级可供选择。此外，也可将光伏发电系统直接接入牵引侧，但由于直流牵引负荷的波动较大，需要同储能系统相结合。当前光伏发电多需要通过逆变器实现交流转换，若采用直流供电组网技术，可将光伏发电直接供给建筑内直流负载，最大程度实现光伏消纳。

（3）组件选型

光伏组件作为光伏发电系统的核心组成部分，其发电效率和使用寿命与光伏系统建设成本息息相关。目前国内太阳能光伏发电成本不断降低，效率不断提高，已具备平价上网条件。

（4）安装方式

光伏组件与轨道交通建筑结合方式分为BAPV（Building Attached Photovoltaic）和BIPV（Building Integrated Photovoltaic）两类。光伏组件不同安装方式性能对比如表7.2.3所示。

光伏组件不同安装方式性能对比表　　　　　　表7.2.3

分类	非一体化安装系统（BAPV）	一体化安装系统（BIPV）
示意		
特征	安装在建筑外围护结构或构架的外侧	与建筑外围护结构或构架融为一体

分类	非一体化安装系统（BAPV）	一体化安装系统（BIPV）
造价	光伏安装材料本身较便宜	光伏安装材料本身较贵，但可节省围护结构的建材
光电转换效率	较高	较低
通风降温	有自然通风降温，保障系统的正常使用	须另外设置通风降温，以保障系统的正常使用
设计与美观	与设计不够统一和谐	能与建筑的围护结构统一设计
适用范围	屋面、外墙	屋面、外墙、屋顶透明部分、玻璃幕墙、遮阳板

当前，光伏组件与轨道交通建筑结合方式多为BAPV。

（5）安装角度

车辆基地建筑屋面若采用轻质屋面瓦，建议光伏组件以顺坡铺设为主，以降低结构安全可靠性风险；建筑屋面若为混凝土屋面，可设置最佳倾角固定支架，按最佳倾角安装光伏组件。根据上海的经纬度，可算出光伏组件的最佳安装倾角为25°，基于79%的系统效率计算得到每瓦首年发电量，如表7.2.4所示。

上海光伏组件最佳安装倾角及发电量表 表7.2.4

安装角度/°	峰值日照小时数/h	每瓦首年发电量/(kWh)·W^{-1}	年有效利用小时数/h
25	4.09	1.179	1179.35

3.主要技术性能和技术特点

光伏发电量绝大部分逐时自发自用，而且光伏发电系统能有效减缓高架车站用电高峰。

4.适用范围或应用条件

车辆基地内建筑物类型多样，屋顶面积大，光伏发电可利用的建筑面积大，另一方面周围高层建筑物少，光伏组件被遮挡的可能性小，为光伏发电提供良好条件。

5.已应用情况

截至目前，上海市已在龙阳路、三林、富锦路、浦江镇等10个车辆基地完成了屋顶分布式光伏项目建设，装机容量合计约24MW，年均发电量约2300万kWh，"十三五"期间累计减少CO_2排放超3万吨。以川杨河车辆基地为例，其总装机容量为7.5803MW，2020年累计发电量约$7.3×10^6$kWh。目前上海地区建成车辆基地30余个，在建和规划车辆基地近10个，未来光伏应用潜力巨大。

7.2.1.8 轨道交通18号线综合联调技术

1.技术背景

上海市轨道交通18号线一期工程线路全长36.85km，全部为地下线。上海市轨道交通18号线一期工程分段开通，航头站至御桥站已于2020年12月开通试运营，御桥站（不含）～长江南路站（含后折返线）2021年底开通试运营。本期工程为御桥站（不含）～长江南路站（含后折返线）工程。

2.技术内容

综合联调是指在各设备系统完成单系统调试和接口调试的基础上，从满足运营开通使用的角度，完整、细致地测试城市轨道交通内部各系统的联动关系，验证在正常和故障等情况下的接口功能及系统性能，以达到检验各系统按设计要求协同运作的调试工作（表7.2.5）。其目的是：

（1）检验各系统设备和相关人员在地铁正常运营和事故应急情况下能否协调、有序地工作，实现轨道交通系统的综合集成。

（2）全面、系统地检验各系统的实际功能是否达到开通运营的策划标准，验证各系统间是否可按设计要求协同运作。

（3）充分发现各系统存在的问题，结合运营需要及时对各系统的技术参数进行调整与修改，要求相关责任单位组织整改，尽可能实现系统设计标准。

（4）提高运营人员对线路设备的技术参数、设计标准、操作方法、注意事项的进一步了解与熟悉。

上海轨道交通全自动运行线路运营专用技术条件测试项目 表7.2.5

序号	测试项目名称	备注
1	列车唤醒(含综合自检)功能测试	
2	列车蠕动模式功能测试	
3	列车站台自动发车功能测试	
4	列车自动开关门功能测试	
5	列车自动折返功能测试	
6	终点站自动清客功能测试	
7	列车工况模式自动转换功能测试	
8	列车工况模式人工设置功能测试	
9	列车自动出入库功能测试	
10	列车休眠功能测试	
11	列车远程在线检测功能测试	
12	车门/站台门对位隔离功能测试	
13	紧急制动自动缓解功能测试	

续表

序号	测试项目名称	备注
14	列车自动洗车功能测试	
15	FAM模式指示灯功能测试	
16	信号授权释放逃生门功能测试	
17	站台再次开关门功能测试	
18	列车与中心联动功能测试	
19	中心远程广播及乘客信息发布功能测试	
20	乘客紧急对讲功能测试	
21	列车障碍物检测功能测试	
22	远程限制模式驾驶列车功能测试	
23	中心远程停车功能测试	
24	工作人员防护开关功能测试	
25	车辆重要远程控制功能测试	优化功能
26	车载控制器远程重启功能测试	优化功能
27	车辆重要故障的自动扣车功能测试	优化功能
28	计轴自动确认有效功能测试	优化功能

3.已应用情况

经过综合联调，在莲溪路站至长江南路站及控制中心等地进行了车辆与关联系统、信号系统、通信系统、供电系统的相互关联系统联调联试，综合监控及车站机电设施设备联调。联调结论为：测试结果符合规范及设计相关要求。

7.2.1.9 全自动运行系统技术

1.技术背景

城市轨道交通系统是一个复杂而庞大的系统，对其控制系统的要求非常高，轨道交通列车高效率、高密度的运行是其控制系统的重点研究目标。列车全自动运行系统采用了许多重要的科学技术，它可以最大程度地确保列车运行安全，缩短行车间隔，提高运输效率，减轻运营人员的劳动强度，并已成为城市轨道交通运行控制系统中最重要的组成部分。

2.技术内容

（1）信号系统

根据申通地铁企标《上海轨道交通全自动运行运营场景及功能分配》规定，GOA3在GOA2基础上新增9个功能，分别为自动发车、自动开/关车门、全自动折返、列车自动出入库、远程重启车载控制器、自动驾驶区域设SPKS、司机室侧门防护、站台门与车门间防夹探测和站台中部增设站台门控制盘PSL，其中前6个与信号相关（表7.2.6）。

上海地铁全自动运行信号系统装备情况表　　　表7.2.6

线路	全自动运行等级	系统供应商	信号系统产品名称
10号线	GOA4	卡斯柯	Urbalis 888
15号线	GOA4	卡斯柯	Urbalis 888
18号线	GOA4	卡斯柯	Urbalis 888
17号线	GOA3	卡斯柯	TRANAVI
5号线	GOA3	上海电气泰雷兹	TSTCBTC®2.0
14号线	GOA4	上海电气泰雷兹	TSTCBTC®2.0
浦江线APM	GOA4	庞巴迪	Cityflo 650

申通地铁企标规定，GOA4信号系统相比GOA3新增以下功能（相对有人驾驶，新增功能40余项）：自动或远程休眠/唤醒、车门站台门对位隔离、停站自动对位调整、自动洗车、远程制动、自动清客、自动工况转换、乘客对讲直连中央、车辆故障远程旁路、蠕动模式、远程重启车载/轨旁信号设备、远程授权解锁车门/逃生门、远程联动开关车门/站台门、远程RM等。

（2）车辆系统

10号线车辆相较于GOA2车辆功能有以下提升：无司机室设计、障碍物检测、执行自动唤醒/综合自检、车辆问题向中央告警并联动显示、执行远程功能（对列车广播、PIS文字下发）等。

14、15、18号线车辆相较于10号线功能提升：远程旁路功能（机械制动缓解监控旁路等，待评估后启用）、脱轨检测、远程功能（控制空调温度及照明、升降弓、复位系统故障等）（表7.2.7）。

上海地铁全自动运行车辆系统装备情况表　　　表7.2.7

线路	车辆编组	车型	供电方式	整车供应商	牵引供应商
10号线	6节编组	A	接触网	中车浦镇	SATEE
14号线	8节编组	A	接触网	中车浦镇	庞巴迪
15号线	6节编组	A	接触网	中车长客	SATEE
18号线	6节编组	A	接触网	中车株机	西门子
5号线	6节编组	C	接触网	中车长客	阿尔斯通
17号线	6节编组	A	接触轨	中车长客	时代
浦江线	4节编组	APM	接触轨	浦镇庞巴迪	庞巴迪

（3）综合监控系统

GOA4线路综合监控相比传统有人驾驶线路新增以下功能：对指定供电区域自动停电/送电，对全线一键停送电、与信号等协同执行各类全自动场景相关联动功能、新增各类联动控制模式（早间启运、阻塞、列车区间火灾模式等）、突发事件应急处置预案管理、车辆与车载设备监视、设备维护管理、乘客疏散引导、节能管理等（表7.2.8）。

上海地铁全自动运行综合监控系统装备情况表　　　　表7.2.8

线路	系统供应商	集成与互联范围
10号线	国电南瑞	深度集成：电力监控、机电设备监控 操作集成：火灾自动报警、门禁、站台门、乘客信息、广播、视频监控 互联：自动售检票、列车自动监控、通信集中告警、时钟、车载机电
14号线 15号线 18号线	上海宝信 上海电科 上海电气自动化	深度集成：电力监控、机电设备监控 操作集成：能耗管理、火灾自动报警、门禁、站台门、自动售检票、乘客信息、广播、视频监控 互联：列车自动监控、通信集中告警、时钟、车地无线通信、车辆与车载机电
浦江线	国电南瑞	深度集成：电力监控、机电设备监控 操作集成：火灾自动报警、门禁、乘客信息、广播、视频监控、列车监控 互联：站台门、自动售检票、通信集中告警、时钟、气象站
5、17号线		无综合监控

（4）站台门系统

全自动线路相比传统有人驾驶线路新增功能：车门故障对位隔离站台门（GOA4特有）、站台门故障对位隔离车门（GOA4特有）、站台门与车门间隙防夹探测及旁路、每侧站台两端端门内及站台中部各设置一套站台门控制盘（PSL）（表7.2.9）。

上海地铁全自动运行站台门系统装备情况表　　　　表7.2.9

线路	站台门供应商	门体形式
10号线	西屋月台屏蔽门（广州）有限公司	全高站台门
14号线	上海嘉成轨道交通安全保障系统股份有限公司	全高站台门
15号线	上海轨道交通设备发展有限公司	全高站台门
18号线	今创集团股份有限公司	全高站台门
17号线	上海嘉成轨道交通安全保障系统股份有限公司	全高站台门
5号线	上海嘉成轨道交通安全保障系统股份有限公司	全高和半高站台门
浦江线	上海嘉成轨道交通安全保障系统股份有限公司	全高站台门

3.主要技术性能和技术特点

（1）信号系统性能提升：系统可用性指标≥99.999%，系统故障率≤0.2

次/万列公里。

（2）车辆系统性能提升：紧急制动等安全关键设备的安全完整度等级不低于SIL4；车门、牵引、TCMS等安全相关设备的安全完整度等级不低于SIL2。

（3）综合监控系统性能提升：系统可用性指标≥99.99%。

（4）站台门系统性能提升：系统与安全相关功能的安全完整度等级不低于SIL2；系统可用性指标≥99.99%；系统平均无故障运行次数：MCBF≥100万次；逻辑控制单元平均无故障时间：MTBF≥1×10⁶h；门控器平均无故障时间：MTBF≥1×10⁵h。

4. 适用范围或应用条件

（1）全国各地的地铁建设运营经验和水平存在较大差异，全自动运行等级和管理模式的选择应结合当地实际情况。

（2）全自动线路建设前应开展运营策划，明确顶层需求，并通过"建设有标准、过程有把控、成果有评估"等机制，确保需求的最终落地。

5. 已应用情况

上海地铁已开通5条GoA4级的全自动运行线路，运营里程总计167km；2条GoA3级的全自动运行线路，运营里程总计67km（表7.2.10）。

7.2.1.10 地铁车站连续沉井法预制装配技术

1. 技术背景

结合枫南线市域铁路的实际情况，城建设计集团开展基于低碳背景的地下车站关键技术研究，提出采用连续沉井法建造新型预制装配市域铁路地下车站。

2. 技术内容

连续沉井法车站——车站沿纵向分为若干单一沉井结构，沉井近距离、

上海地铁全自动运行线路情况表　　　　　　表7.2.10

自动化等级	线路	运营里程（km）	开通时间	全自动模式开通时间	列车值守方式	2023年3月高峰小时最高断面客流量（万人次/小时）	2023年3月日均客运量（万人次/日）	开通以来最高日客运量（万人次）
GoA4	10号线	45.03	2010.04.10	2014.08.09	有人	2.04	78.18	108.54
	18号线	36.11	2020.12.26	2020.12.26	有人	3.18	42.50	49.26
	15号线	41.73	2021.01.23	2021.01.23	有人	1.99	31.75	37.14
	14号线	38.20	2021.12.30	2021.12.30	有人	1.88	36.67	42.70
	浦江线（APM）	6.29	2018.03.31	2018.03.31	无人	0.69	3.26	4.17
GoA3	17号线	34.77	2017.12.30	2017.12.30	有人	2.52	18.26	21.43
	5号线	32.69	2003.11.25	2018.12.30	有人	1.86	16.91	23.53

连续下沉形成车站主体骨架，再贯通上述沉井间的连接段以形成整体车站。曹庄站为地下两层标准岛式车站，车站长283.4m，宽25.5m，覆土3～4m，沿纵向分为7节沉井（见图7.2.23）。

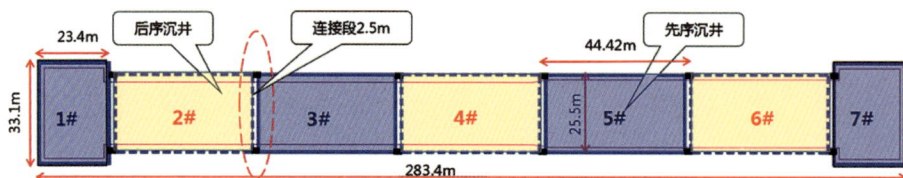

图7.2.23　曹庄站连续沉井法总体步骤示意图

3.主要技术性能和技术特点

连续沉井法车站具备"短""省""好""少"四大显著优势。

施工周期短：可实现土方开挖与结构制作同步进行、多施工段同时作业。

工程造价省：结构构件永临结合，传统基坑的地下连续墙、内支撑、钢立柱、立柱桩临时构件均无需实施。

环境保护好：施工全程无需抽降承压水，且微扰动压入下沉工艺配套的桩基可兼作地层变形隔离。

碳排放量少：通过大幅降低钢筋、水泥等高碳排放建筑材料用量，使工程碳排放量达到根本性改善。

4.适用范围或应用条件

适用于施工周期短，对环境保护要求高的基坑工程。

5.已应用情况

本工法在嘉兴至枫南市域铁路曹庄站成功应用。

7.2.2　福州地铁

福州4号线停车场型钢混凝土柱梁施工技术详解如下：

1.技术背景

为了解决型钢混凝土框架中的梁、柱节点处型钢与钢筋在空间上的矛盾，以实现柱中主筋自下而上连续、贯通，保证其整体性。

2.技术内容

通过设置变形缝分为若干个结构单元，采用结合型钢混凝土梁柱一体化施工（见图7.2.24）。

3.主要技术性能和技术特点

将原先分离式设计的8次工序转换减少到5次工序转换，减少工期约4个月。

图7.2.24 结合型钢混凝土梁柱一体化施工现场图

4.适用范围或应用条件

本工法适用于大跨度、重荷载的型钢混凝土框架结构体系。

5.已应用情况

该技术已应用于福州地铁4号线洪塘停车场项目。

7.2.3 济南地铁

地铁车站桩墙叠合结构建造技术详解如下：

1.技术背景

随着城市地铁建造技术的发展，绿色施工、节能环保成为建筑行业发展的一个主流。传统明挖法施工，存在围护结构施工周期长、对周边环境影响大、地铁结构渗漏水严重等问题。采用永临结合工艺降低了能耗，提高了工效，有效解决了明挖地铁车站渗漏水的技术难题，提高了工程施工质量。为今后类似明挖车站施工积累了经验，具有很好的指导意义。

2.技术内容

（1）结合工程实际，分析围护结构与车站主体结构的特点，按照永临结合、预制拼装的新思路，采用了预制叠合桩+防渗墙组合围护结构（见图7.2.25）。

（2）车站止水帷幕采用防渗墙新工艺，利用现场的原状土在槽段内制造水泥土浆液，降低水泥用量。

（3）采用预制叠合桩内预留钢筋连接器与侧墙连接技术。

（4）采用预制叠合桩+防渗墙组合围护结构。

3.主要技术性能和技术特点

（1）研究采用的预制叠合桩定位装置和水泥土浆液制浆系统，提高了工效，保证了桩墙叠合结构的施工质量。

（2）形成止水帷幕防渗墙渗透性系数小，强度高，绿色环保。

（3）预制叠合桩与车站主体结构侧墙连接形成叠合墙体系，连接可靠，结

（a）螺旋钻钻进图　　　　　　　　（b）预制叠合桩定位装置图

（c）水泥土浆液制浆系统图　　　　　（d）桩墙叠合结构图

图7.2.25　围护结构现场图

构安全。

（4）具有安全性高、防水性能好、施工周期短等特点。

4.适用范围或应用条件

适用存在围护结构施工周期长、对周边环境影响大、地铁结构渗漏水严重等问题的基坑工程。

5.已应用情况

以上技术成功应用于济南轨道交通R2号线9标段，通过该技术运用缩短了施工周期，减少了污染，降低了能耗，节约成本约1230万元。

7.2.4　南通地铁

7.2.4.1　盾构接收施工技术—盾尾割除

1.技术背景

区间工程地质条件复杂、周边建筑较多，在盾尾脱出洞门时，隧道口与洞门之间的间隙填充不密实，易发生渗漏水风险，应优先对通道进行封闭处理，封闭后可使用盾尾割除方法进行盾构接收。

2.技术内容

盾构机掘进至洞门时，打开隧道内注浆孔利用管片注浆孔进行洞门注浆，封闭盾尾后部水，同时打开盾构机超前注浆孔，进行超前洞门注浆，规避洞门凿除的风险。

洞门凿除完成后，立即将盾构机推上盾构接收架，进入盾构接收井。此时盾构机被橡胶帘幕板包裹，同时洞门内圈辅助弹簧钢板，形成双重止水防线，有效提高了洞门的密封性。盾构机继续缓慢推进，至盾尾脱出洞门钢环30cm（盾构机盾尾总长2.6m），洞内剩余2.3m盾尾。此时检查洞门注浆密封情况，洞门封堵效果好的情况下可直接盾构接收，出现渗漏风险时，利用L形钢板立即将盾尾整环与洞门钢环焊接，形成封闭（见图7.2.26、图7.2.27）。

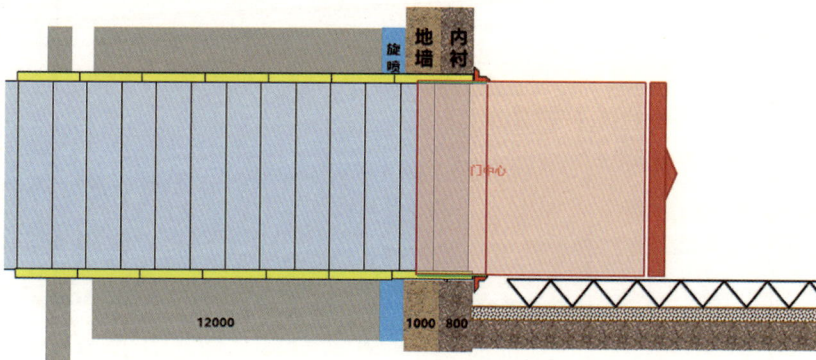

图7.2.26 盾尾脱出洞门图

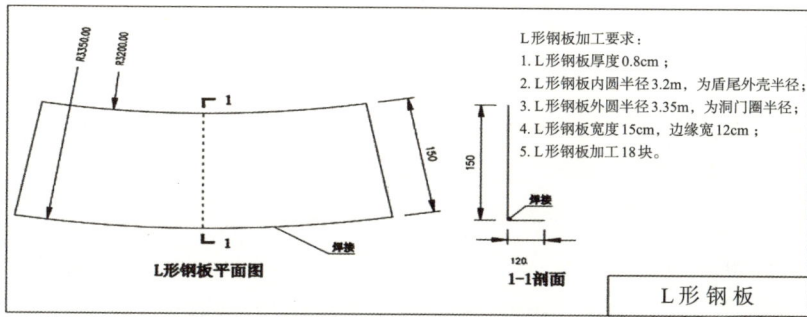

图7.2.27 L形钢板平面图

此外，在隧道内同时利用扇形钢板将接收环管片与盾尾焊接成整体，封闭存在的涌水通道，规避洞门发生渗漏水的风险（图7.2.28）。

盾尾与洞门及管片焊接形成整体后，盾构机后方来水（渗水通道1、渗水通道2）均被封闭。渗水通道1经过弹簧钢板、橡胶帘幕板、L形钢板三道阻截，可以有效避免泥水沿着盾构机与洞门间隙进入端头井。渗水通道2经过盾尾钢丝刷、扇形钢板两道阻截，可以有效避免泥水沿着管片与盾构机间隙进入端头井。确认风险排除后可进行盾尾割除处理，拆除盾构机（见图7.2.29）。

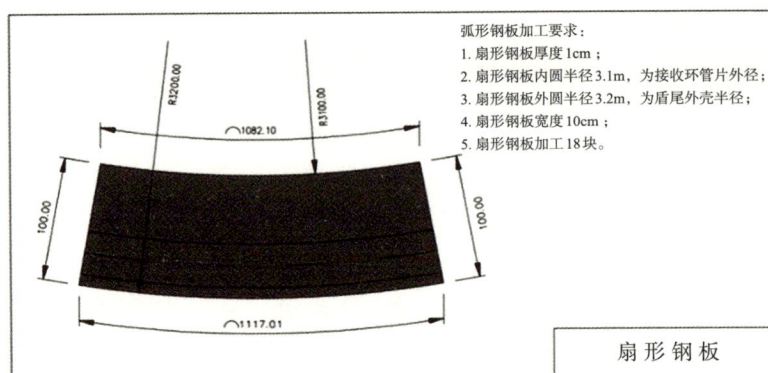

图7.2.28 扇形钢板图

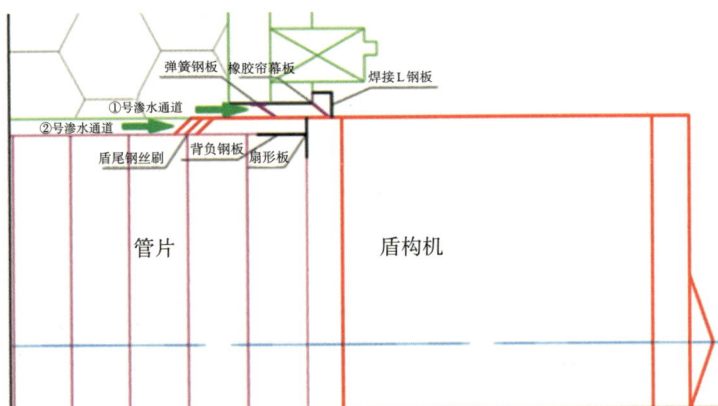

图7.2.29 封闭涌水通道设计图

3.主要技术性能和技术特点

有效降低洞门凿除过程中发生土体坍塌和涌沙涌水事故的风险。

4.适用范围或应用条件

适用于受地下水、渗透系数较大土层影响的区间施工工程。

5.已应用情况

已应用于南通地铁2号线五一路东站-青年路站区间。

7.2.4.2 短钢套箱和盾尾钢丝刷相结合的盾构始发工法

1.技术背景

在富水粉砂地层中盾构始发工况的施工方法区别于常规施工环境下的盾构始发工况的施工方法，往往此类地层更敏感、极易发生洞门渗漏、涌水涌沙、地面塌陷等事故，为确保盾构始发安全和高效，在富水粉砂地层中进行盾构始发，需采用特殊的施工工艺。

2.技术内容

短钢套箱和盾尾钢丝刷相结合的盾构始发工法是一种利用洞门钢环的原有

结构，通过在洞门钢环外侧安装一个短钢套箱，实现了洞门外侧直接注浆，并利用两道盾尾钢丝刷作为洞门钢环和盾构机之间的刚性防水装置，实现盾构机在复杂地质条件下安全始发的施工方法（见图7.2.30～图7.2.32）。

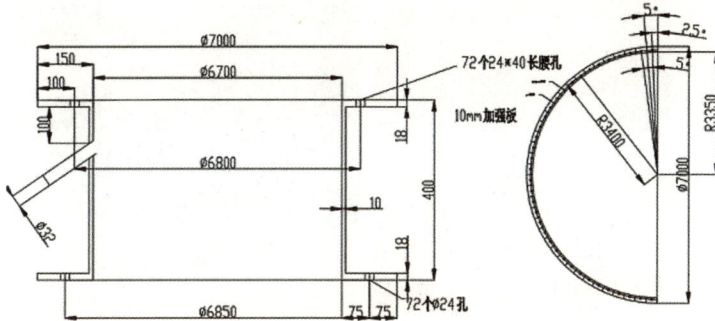

图7.2.30　洞门短钢套箱加工尺寸图

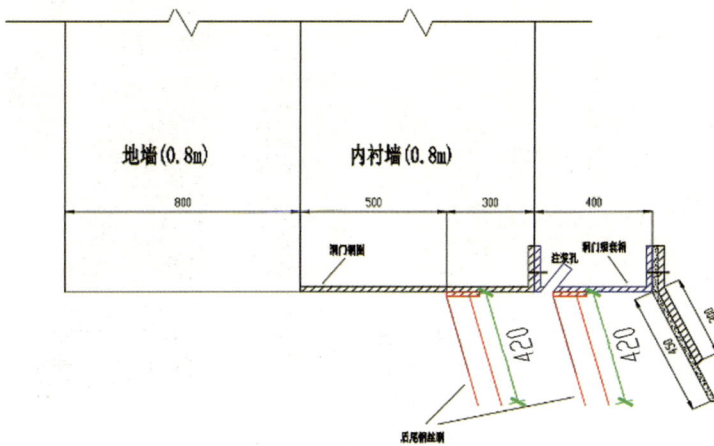

图7.2.31　短钢套箱和盾尾钢丝刷安装示意图

3.主要技术性能和技术特点

该工法安全、便捷、操作性强，利用已完成的洞门钢环，在其外侧再安装一个短钢套箱，进行洞外注浆，工法在不改变原有设计方案的前提下，大大提高了盾构始发的安全性，降低了工程风险。

4.适用范围或应用条件

本工法重点应用于富水砂性地层一种短钢套箱与盾尾钢丝刷相结合的盾构始发的工程。

5.已应用情况

已应用于南通地铁2号线五一路站——园林路站区间。

（a）安装0.5m宽短钢套箱　　　　　（b）预留12个注浆孔

（c）2道盾尾钢丝刷焊接　　　　　（d）盾尾钢丝刷手涂油脂

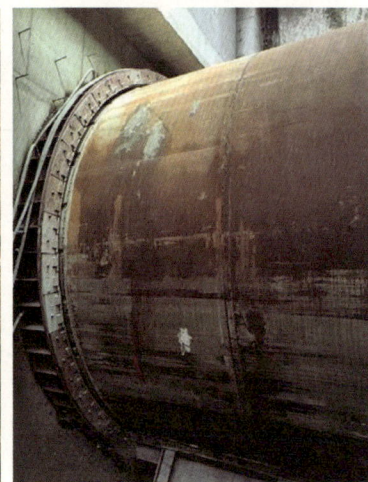

（e）洞门凿除完成　　　　　（f）盾构机刀盘进入短钢套箱

图7.2.32　盾构现场图

7.2.5　青岛地铁

7.2.5.1　地下大跨度无柱明挖车站拱形顶板施工工艺

1.技术背景

国内采用明挖法的地铁车站多采用单柱双跨或双柱三跨的地下多层岛式结构，站台层柱距为5～10m，空间紧，跨度小，建筑装饰没有新意，千篇一律，美观性、适用性与舒适度有待提高，离建设资源节约型、环境友好型、技术创新型和安全便捷型的新型轨道交通空间要求有一定的差距。

为解决此类问题，近年来国内开始实践大跨度无柱地铁车站。建成后，公共区视线无遮挡，后期装修风格灵活多变，空间效果开阔明亮，可成为所在城市的亮点建筑、"网红""最美车站"（图7.2.33）。

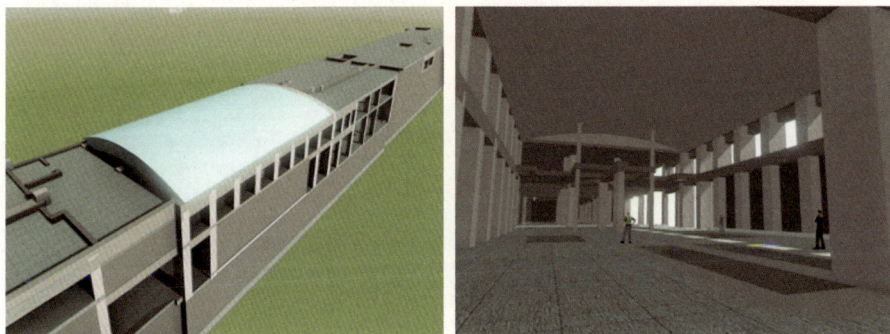

图7.2.33　大跨度无柱地铁车站模型图

2.技术内容

车站主体结构采用明挖法施工，基坑开挖宽度25.1～42m，开挖深度约17.42～32.35m。基坑支护结构主要采用上部钢管桩（钻孔桩）+锚索和下部钢管桩+锚索/锚杆组合及钻孔桩+锚索/混凝土撑形式（图7.2.34）。

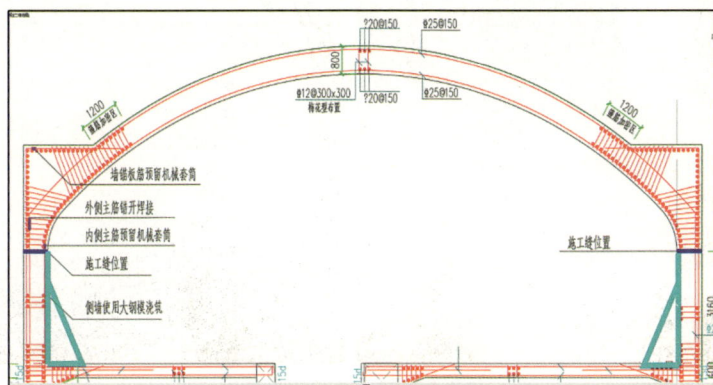

图7.2.34　车站断面设计图

（1）负一层侧墙与顶板施工的确定

根据设计配筋提前考虑侧墙与顶板纵向施工缝位置，合理规划侧墙与顶板钢筋预留长度，确定顶板与侧墙连接处钢筋连接方式（图7.2.35）。

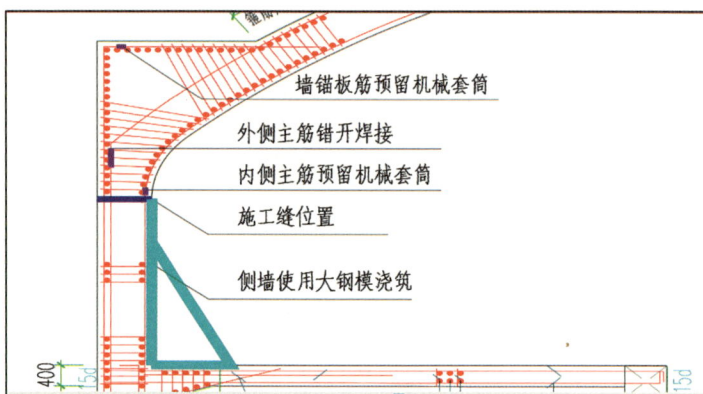

图7.2.35　侧墙设计详图

（2）顶板支架搭设

在侧墙施工完毕后，开始拱形顶板支架的施工，拱形顶板长21m，厚度为800mm。支架为满堂支架施工，支架采用Φ60×3.2钢管，中间段立杆布置为纵向间距900mm，横向间距900mm；侧墙边2400mm范围内立杆布置为纵向间距900mm，横向间距600mm。顶部采用可调托架。竖向斜杆应满布设置，水平杆的步距不得大于1.5m，沿高度每隔4-6个标准步距设置扣件钢管剪刀撑。另外，架体高度超过4个水平杆步距（6m）时，顶层设置扣件钢管剪刀撑（见图7.2.36、图7.2.37）。

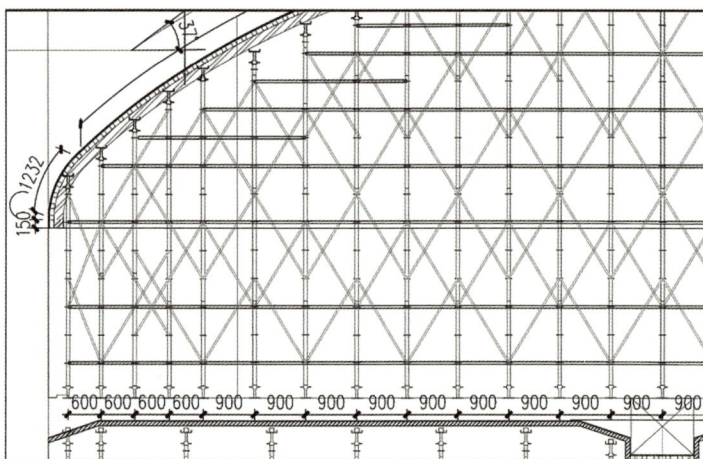

图7.2.36　顶板支架搭设设计图

图7.2.37 顶板现场施工图

（3）主、次楞安装

主梁为工字钢（尺寸：75×8×8×166mm），为预制拱形主梁，详细尺寸如图7.2.38，主梁沿拱长度方向布置，间距为1200mm，其上小梁为垂直放置80×40×3mm矩形钢管，间距130mm。

（4）面板安装

面板模板采用12mm厚可弯折覆膜板施工，该模板既具有一定变形性能，又拥有足够的强度，使得拱形顶板混凝土浇筑完成线形过度顺畅（见图7.2.39）。

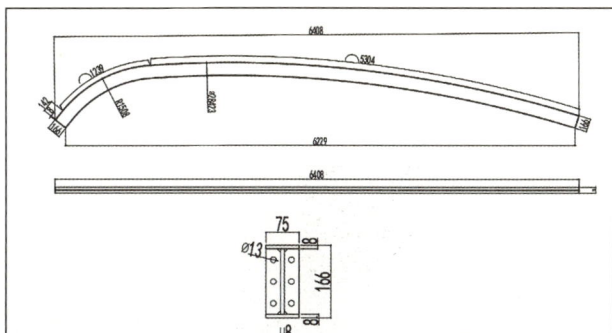

图7.2.38 拱形段主楞加工示意图

图7.2.39 面板安装图

（5）钢筋绑扎

由于车站顶板为弧形设置，钢筋从两边侧墙接出后的连接方式只能为焊接，焊接接头应设置在对整体结构受力影响最小处。

拱形段钢筋绑扎施工，作业人员操作较困难，应提前在模板上做好定位，确保钢筋间距符合设计要求（见图7.2.40）。

图7.2.40　拱形段钢筋绑扎现场图

（6）混凝土浇筑

优化混凝土配比，在不影响混凝土质量的情况下减少混凝土流动性和初凝时间，以便现场混凝土浇筑时更加充分的振捣。

增加机械和人工的投入，合理调配当地商混站供应资源，缩短混凝土一次浇筑完成的时间，降低因施工引起的冷缝数量（见图7.2.41）。

图7.2.41　拱形段现场混凝土浇筑图

3.主要技术性能和技术特点

从功能性上对比：相较于普通矩形框架车站，拱形无柱车站增大了空间利用率，提升了乘客空间感和舒适度（见图7.2.42）。

从投资成本上对比：相较于普通矩形框架车站，拱形无柱车站顶板配筋率小于矩形框架式顶板，降低车站整体造价。

从结构形式上对比：相较于普通矩形框架车站，拱形无柱车站整体受力系统优于矩形框架式结构，顶板覆土允许范围值更广，可设置于地形高差较大处。

（a）无柱结构　　　　　　　　　（b）有柱结构

图7.2.42　无柱结构和有柱结构空间效果对比图

4.适用范围或应用条件

相较传统的常规矩形截面，现浇拱形顶板在施工过程中会由于其异型、大跨度、大截面等特点，造成模板支架要求高、较大水平分力、梁柱节点复杂、钢筋安装困难、混凝土浇捣困难等施工难点。针对这些难点，施工过程中可采用盘扣式支架、应用BIM技术、优化混凝土施工方案等措施。

5.已应用情况

作为青岛地铁6号线唯一一座明挖基坑大跨度拱形无柱车站，辛屯路站的顺利封顶，得到了青岛地铁集团、市质监站和住建局的高度赞美与一致好评，为6号线二期以及青岛地铁后续大跨度拱形无柱明挖车站施工提供了宝贵的施工经验（图7.2.43）。

7.2.5.2　全预制装配式地铁车站建造一体机施工技术

1.技术背景

在建筑行业加速转型升级的今天，以绿色高效著称的装配式建造技术，已成为建筑业高质量可持续发展的重要方向，装配式地铁车站便成为衔接建筑产业升级与新型基础设施建设的一座桥梁（见图7.2.44）。

2.技术内容

根据全预制装配式建造技术工艺特点，采用全流程BIM辅助建造系统，

图7.2.43　现场施工完成效果图

图7.2.44　装配式地铁车站拼装一体机

以信息化智能化建造手段，为车站装配施工提供了强大技术支撑，实现了模块化划分施工阶段，全要素纳入信息集成、系统性推进建造施工，助力科学高效完成装配施工任务（见图7.2.45）。

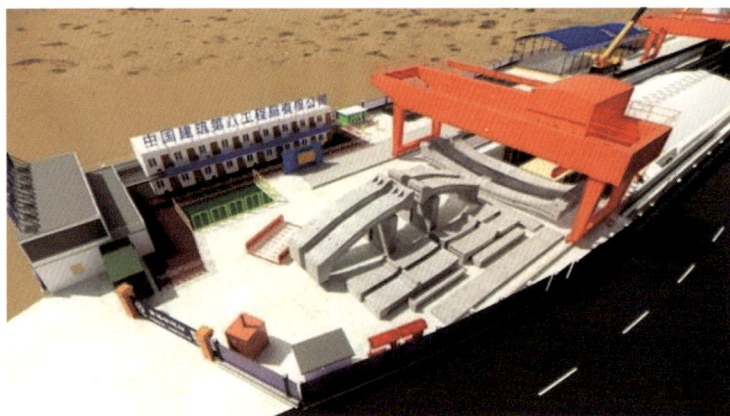

图7.2.45　BIM系统搭建

结合青岛独特施工环境特点，采用ME型智能门式起重机+分离式整体拼装台车，进行智能装配施工，并在ME型智能门式起重机上，配备先进的防摇摆系统、精确定位系统及智能监控系统（见图7.2.46）。

图7.2.46　吊装作业

通过在智能门吊与拼装台车间，设置统一数据接口，实现两大设备的一体化管控（见图7.2.47）。

图7.2.47　智能门吊

此外，引入数字孪生等新技术，打造拼装台车智能化管理系统，提高全周期建造安全水平。该系统由三维数字孪生平台和设备监控管理平台两大部分组成，三维数字孪生平台对现场施工状态及周边环境进行三维仿真，可对设备的运行数据进行远程监控，随时远程查看现场实时画面（见图7.2.48）。

3.主要技术性能和技术特点

（1）ME型智能门式起重机+分离式整体拼装台车，极大提升了吊装作业

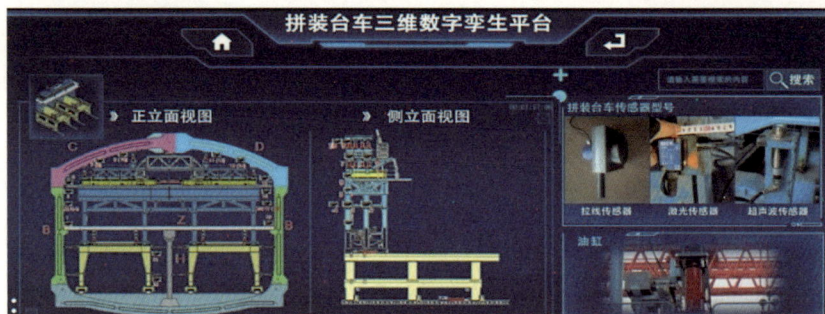

图7.2.48　拼装台车三维数字孪生平台

安全稳定。

（2）智能门式起重机运行速度提升150%，预制构件拼装效率提高50%以上，装配建造速度大幅提升。

（3）三维数字孪生平台可对设备的运行数据进行远程监控，随时远程查看现场实时画面。

4.适用范围或应用条件

适用于施工工期紧张，在结构质量、交通限制、噪声扬尘，以及运营维护等施工存在重难点的土建工程。

5.已应用情况

青岛地铁6号线黄海学院站通过采用全预制装配式施工，在质量提升的同时，可缩短30%左右的土建施工工期，极大助推高效建造。

7.2.5.3　明挖现浇车站抗渗防裂精做工法

1.技术背景

随着对地铁车站主体结构施工品质的要求不断提高，施工质量提升和渗漏病害防治成为施工企业关注的重点、难点，结构一旦出现渗漏，不仅治理周期长、难度大、成本高，更会造成运营体验差、企业品牌负面影响。

2.技术内容

（1）工前准备阶段

1）BIM建模：采用BIM技术建立样板结构施工模型，明确各项施工工艺要求。结构段划分避开结构薄弱位置（见图7.2.49）。

2）原材管控：混凝土原材采取专线专仓供应，并安装智慧监控系统，实时监控混凝土材料用量。添加高效抗裂剂，制备抗裂混凝土，降低混凝土开裂风险（见图7.2.50）。

3）模板优化：模板拼缝提前采用BIM进行排布绘制，合理调整模板拼缝位置，使楼板模板与侧墙模板拼缝一致，保证车站内部模板拼缝横向一条缝、纵向一条缝、环向一条缝（见图7.2.51）。

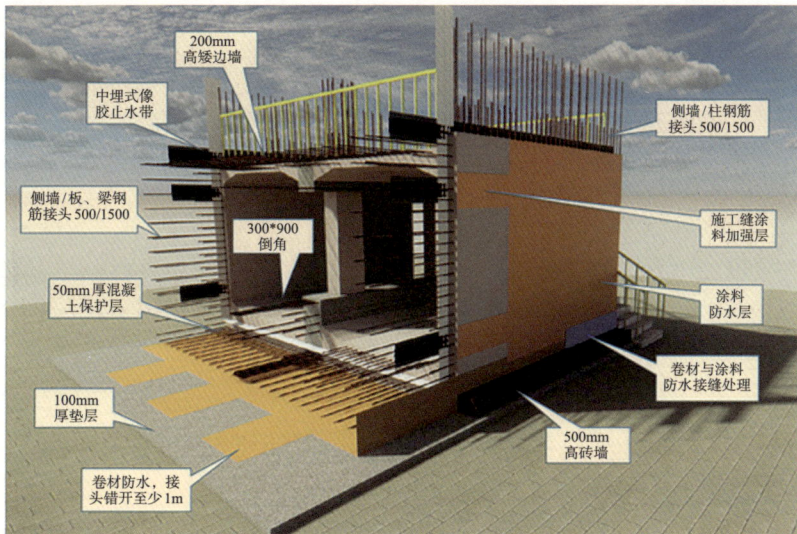

图 7.2.49　结构 BIM 模型图

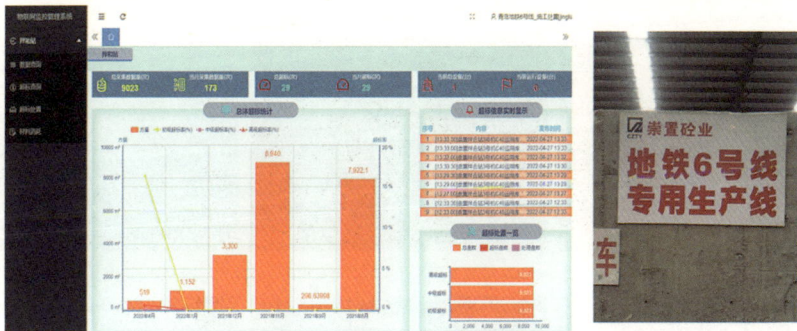

图 7.2.50　原材管控系统图

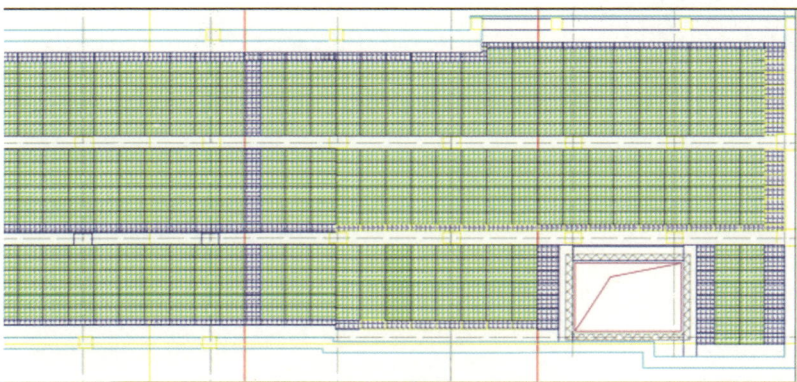

图 7.2.51　模板设计图

4）支架稳定：支架采用承插型盘扣式脚手架，平直段主次楞均采用方钢管，拱形段主楞采用预制工字钢，提高支架整体刚度，保证模板平整度，防止错台（见图 7.2.52）。

图7.2.52　现场支架图

（2）过程控制阶段

1）交叉互检：坚持交叉互检验收，对钢筋间距、混凝土保护层厚度及模板加固等工序进行验收，签字确认，并张贴"验收二维码"，增加质量管控溯源（见图7.2.53）。

（a）钢筋安装检查　　　　（b）钢筋间距控制　　　　（c）保护层厚度控制

（d）侧墙大钢模验收　　　　（e）板底模板验收　　　　（f）验收二维码

图7.2.53　交叉互检示意图

2）精算精控：侧墙混凝土分层分段施工，采用测绳测量，保证每层浇筑厚度在30～50cm。楼板混凝土浇筑时从两侧施工缝逐步向中部整体分层平铺，浇筑时进行网格化管理，由现场质检员、试验员分别对到场混凝土和易性、浇筑速率、振捣时间、收面质量等进行分区管控（图7.2.54）。

3）分层振捣：采用梅花型分层振捣方式，保证模板内各个部位混凝土密实、均匀。

4）增泵防析：优化侧墙拉钩布置，预留泵管插入空间，增加泵管长度，降低浇筑高度，避免混凝土离析（见图7.2.55）。

图7.2.54   施工现场混凝土厚度检查图

（a）优化侧墙拉钩

（b）增长泵管长度

图7.2.55   增泵防析示意图

5）细部处理：采用侧墙底部隐缝处理方式延长施工缝水流渗透路径，同时，将侧墙底部施工缝与车站结构的几何阴角合二为一，达到底部隐缝效果。在车站预留孔洞周边增设斜向配筋，减少应力损失，避免洞口周边裂纹产生（见图7.2.56）。

（a）隐缝处理

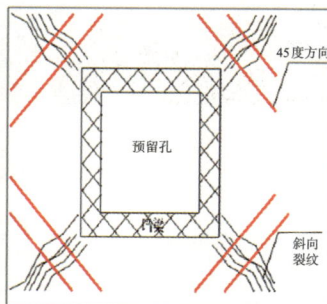

（b）洞口配筋

图7.2.56   细部处理图

6）一体防水：以混凝土结构自防水为根本、接缝防水为重点、附加防水为辅助，提高主体结构防水一体化水平（见图7.2.57）。

（a）阳角加强层　　　　　　（b）阴角加强层　　　　　　（c）抗拔桩防水

（d）防水涂料施工　　　　　（e）涂料厚度检测　　　　（f）不锈钢止水带安装

图7.2.57　一体防水图

（3）成品保护阶段

1）注重养护：夏季混凝土养护采用新型节水保湿养护膜，按季节采用不同养护方式并监测混凝土内外温度，避免因温差过大引起温度裂缝，为下一步混凝土配合比优化提供基础数据（见图7.2.58）。

（a）洒水养护　　　　　　　（b）铺土工布　　　　　（c）粘贴节水保湿养护膜

（d）篷布保温　　　　　　　（e）棉被保温　　　　　　（f）混凝土测温

图7.2.58　混凝土养护图

2）构件保护：竖向构件采用橡胶直角胶条保护，楼梯采用角钢进行保护（见图7.2.59、图7.2.60）。

3.主要技术性能和技术特点

在工前准备、过程控制、成品保护三个阶段采取一系列措施做好抗渗防裂的工作，提升工程质量，防治渗漏病害。

图7.2.59　楼梯结构保护　　　　图7.2.60　立柱棱角保护

4.适用范围或应用条件

适用于在工程质量和渗漏防治上存在重难点的工程。

5.已应用情况

本工法在青岛地铁朝阳山CBD站获得成功应用。

7.2.6　广州地铁

广州地铁绿色节能环保技术详解如下：

1.技术背景

在迈向绿色发展、碳中和的新时代背景下，轨道交通的绿色转型对城市的健康发展非常重要。城市轨道交通是构建绿色城市、发展都市圈绿色交通的重要组成部分。在高速发展的过程中，高质量和环境友好是确保可持续发展的重要基石。

2.技术内容

（1）光伏发电技术

鱼珠车辆段屋面光伏电站项目2019年开始运营，是当前规模最大、结合地铁交通的分布式光伏电站。鱼珠车辆段屋面面积76000m²，总装机容量5MWp，发电450万kWh/a，采用分块发电、集中并网方案，项目发电接入地铁线网。

14号线新和、钟落谭和21号线长平、山田、朱村、金坑6座高架车站光伏电站项目2019年底建成投用。总装机容量1.326MWp，发电450万kWh/a，车站光伏发电统分为两个低压并网点，接入用户侧低压电网并网运行，运行模式为自发自用方式（图7.2.61）。

（2）牵引节能技术

全面应用列车轻量化设计，自9号线后所有新建线路均应用列车牵引再生制动能量逆变回馈装置，回馈装置将列车再生制动产生的直流电能转换成交流

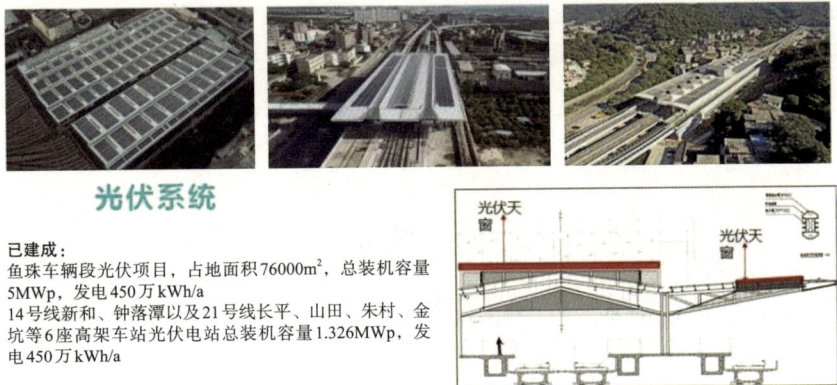

光伏系统

已建成：

鱼珠车辆段光伏项目，占地面积76000m²，总装机容量5MWp，发电450万kWh/a

14号线新和、钟落潭以及21号线长平、山田、朱村、金坑等6座高架车站光伏电站总装机容量1.326MWp，发电450万kWh/a

图7.2.61　光伏发电现场图

电能，并返送回馈至地铁33kV中压电网中，实现能源的回收再利用。通过限制接触网电压的抬升，取消车载电阻，减轻车辆自重，减少车载电阻吸收能量发热，实现节能。单线每日可节约8000～10000kWh，同时6号线应用牵引再生制动能量超级电容储能装置（见图7.2.62）。

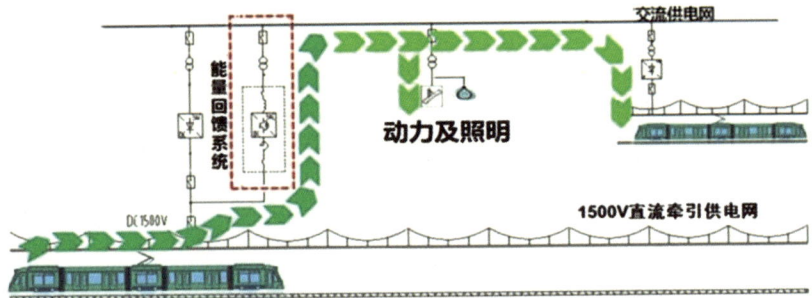

图7.2.62　逆变回馈装置图

（3）行车组织节能技术

采用降低巡航速度＋惰性的节能牵引模式：不增加上线列车的前提下，充分考虑平峰时段节能牵引曲线的使用，按照平峰节能模式考虑，可节能5%～10%。同时不断优化运营组织模式，提高列车满载率，减少列车空驶里程。

3. 已应用情况

结合地铁建筑的光伏发电技术在鱼珠车辆段，14号线新和、钟落谭和21号线长平、山田、朱村、金坑6座高架车站使用，后续新线的高架和地面车站将全面推广应用。

自9号线后所有新建线路均应用列车牵引再生制动能量逆变回馈装置。

广州地铁4号线全天开行大小交路，每日车公里节省约30%，后续广州十三五线路均采用大小交路运营模式。

7.2.7 深圳地铁

小盾构先行大盾构扩挖地铁车站技术详解如下：

1.技术背景

现阶段地铁修建的常规工序是"先站后隧"，即利用已完工的车站主体结构进行区间盾构施工，待盾构施工完成后再行封闭车站。在实际工程中，受车站未按期动工等不可控因素影响，容易出现盾构机站外停机，长时间停机等待对盾构施工安全及隧道贯通影响很大。因此，为减少"洞通"对工期的影响，采用了盾构区间隧道先行掘进通过，再施工车站的技术。

2.技术内容

深圳地铁14号线肿瘤医院站为增设车站，规划未在肿瘤医院设站。增设肿瘤医院站位于14号线大运站至宝荷站区间，设置两座区间风井。增设车站时风井主体结构已施工完成，2号风井往肿瘤医院方向已完成盾构施工220m（见图7.2.63）。

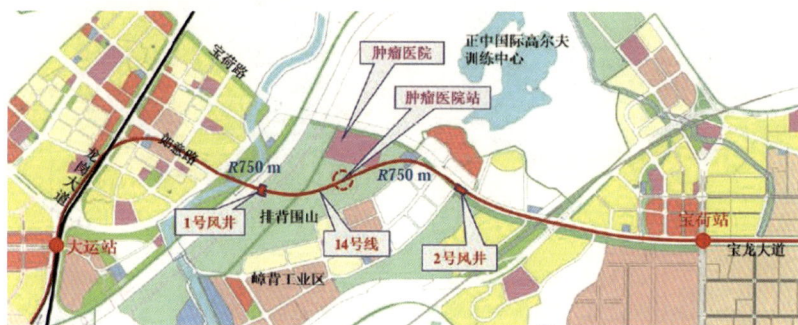

图7.2.63 肿瘤医院站线路规划图

肿瘤医院站采用地下一层盾构站台+地面厅建筑方案，由于近期周边客流主要集中在车站大里程端，小里程端预留远期地面厅及出入口的土建条件。车站地下一层为盾构侧式车站，每侧站台设置2处安全通道至地面站厅层。小里程端主要是设备用房及疏散楼梯间（图7.2.64）。

大盾构扩挖车站时，大盾构需切削小盾构管片，为避免大盾构掘进施工时小盾构管片主筋卡住螺旋机，缠绕刀盘，将小盾构管片主筋设置为玻璃纤维筋，保证大盾构掘进施工的切削效果。为保证大盾构扩挖车站安全掘进，用素混凝土对玻璃纤维管片内部进行分层分段回填（图7.2.65）。

3.已应用情况

深圳地铁14号线肿瘤医院站"先隧后站"的工程实践是大盾构扩挖车站工法首次应用于实际工程的范例，既是在技术层面上的突破，又带来了较高的

图7.2.64　车站大里程端地面厅景观图

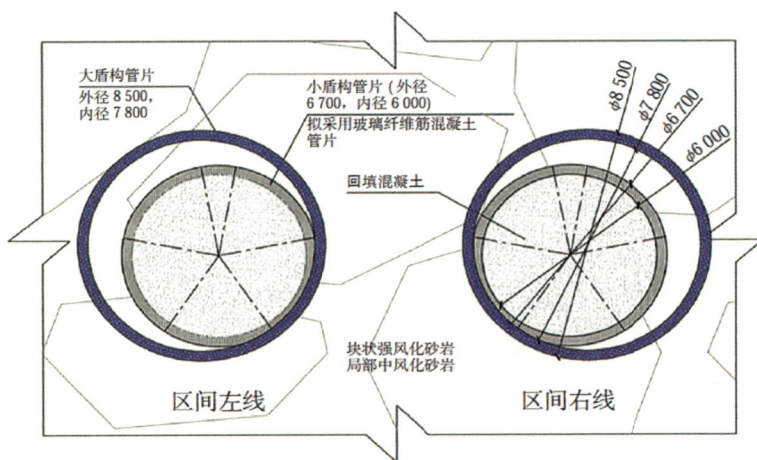

图7.2.65　小盾构先行大盾构扩挖车站方案图

经济效益，可为后续类似工程施工提供参考。

7.2.8　穗莞深城际

7.2.8.1　上墙下桩技术

1.技术背景

濒海城市地铁施工中常常遇到上软下硬地层，即中风化或微风化岩层埋深较小，上层覆土浅，下层岩石强度高，因此在这种情况下对于车站深基坑围护结构的持力要求很高。现有技术中，通常采用地下连续墙结构形式，即通过采用冲击锤类成槽或采用液压双轮铣成槽，建造出基坑的围护。然而采用此种方式仅能保证基坑围护在地面的上层（即软弱土层和强风化岩层），无法伸入到地下硬岩地层（$f_r > 60\text{MPa}$），由此导致基坑围护强度较低，且稳定性较差。

2.技术内容

上墙下桩结构，即在基岩浅埋区地层施工地下围护结构，上部土层及强风化岩层中采用地下连续墙结构，下部微风化岩层采用单排钻孔灌注桩结构形式。此组合支护结构形式关键工艺流程（图7.2.66）。

（a）全回转下护筒

（b）双动力引孔成桩

（c）成槽机取土

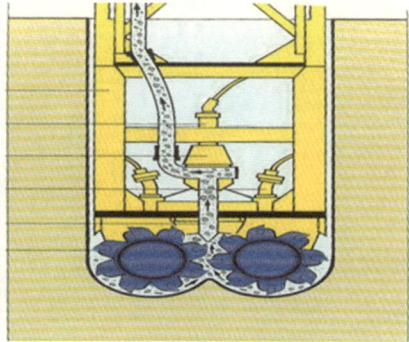
（d）双动力铣槽

（e）钢筋笼拼接入

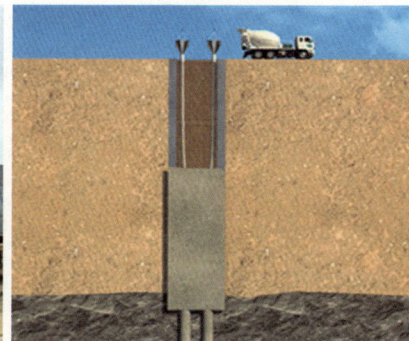
（f）混凝土浇筑

图7.2.66　关键工艺流程图

3.主要技术性能和技术特点

本工法利用微风化岩层自身具有强度高、自支撑能力较强的特点，因地制宜，减少对围岩扰动，充分发挥围岩自支撑能力，解决了基岩浅埋区深基坑支护结构施工工期长、开挖难度大、施工机械耗损过大等痛点，显著提高了施工工效。地下连续墙和上墙下桩结构示意如图7.2.67所示。

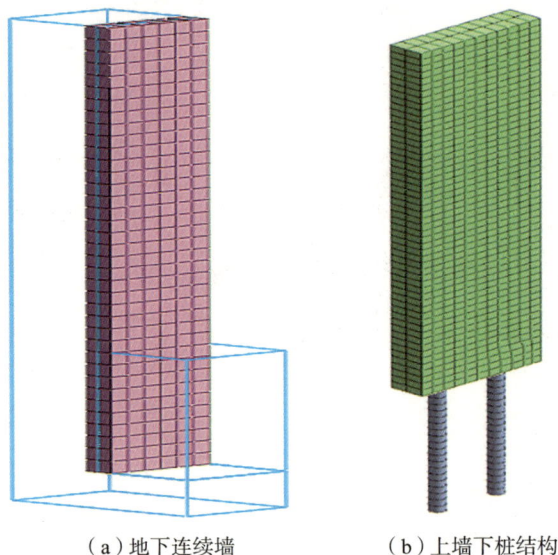

（a）地下连续墙　　　　（b）上墙下桩结构

图7.2.67　地下连续墙和上墙下桩结构示意图

相比于常规地下连续墙结构，具有入硬岩速度快、岩层扰动小、使用设备数量少、相互干扰小、节省设备租赁费用、施工工效高等特点（表7.2.11、表7.2.12）。

减少入岩量对比表　　　　　　　　　表7.2.11

	地连墙	上墙下桩
土层方量	201m³	201m³
岩层方量	108m³	34m³
减少比例	69%	

地连墙工效：单幅施工功效195h44min，每天工作13h，即成槽工效为15天/（幅•套）。

上墙下桩工效：单幅施工功效79h35min，每天工作13h，即成槽工效为6.5天/（幅•套）。

4.适用范围或应用条件

适用于面临开挖工期长、开挖难度大、施工机械损耗大等问题的基岩浅埋

工效对比表   表7.2.12

工序	地连墙方案		上墙下桩方案		对比
	时长	合计	时长	合计	
全回转及旋挖取土	18h15min		18h15min		
双动力引孔	36h49min		24h25min		单幅墙约节约116h9min，每天工作13h，节省约9天
成槽机	5h15min	195h44min	5h15min	79h35min	
双轮铣	129h35min		25h15min		
钢筋笼吊装、下放	1h30min		3h30min		
浇筑混凝土	4h20min		2h55min		

区超深基坑。

5.已应用情况

已用于穗莞深城际前海至皇岗口岸段工程。

皇岗口岸站为穗莞深城际铁路前海至皇岗口岸段工程终点站，皇岗口岸站框架逆作段（标准段）地层从上往下依次为：人工填块石、素填土、淤泥质土、粉质黏土、粉细砂、中粗砂、全风化花岗岩、强风化花岗岩、中风化花岗岩、微风化花岗岩层。坑底主要位于微风化花岗岩层。

7.3 问题与建议

尽管我国城市轨道交通工程施工技术在近年间取得了辉煌的成就，但是，随着工程建设需求不断增加，人们对周边环境的变形控制要求越来越高，所以未来对各项施工技术的要求必然更高。轨道交通施工方面可从以下方面考虑发展：

7.3.1 推广绿色低碳发展技术

绿色建筑是按照绿色发展的要求，通过科学管理和技术创新，采用有利于节约资源、保护环境、减少排放、提高效率、保障品质的技术，是实现人与自然和谐共生的工程建造活动。在绿色认证方面，主要城市城轨交通获得绿色建筑认证的案例偏少，仅在上海、广州等城市部分城轨线路车站获得绿色认证，认证数量占比较小。在装配式建造方面，目前仅有少数城市个别车站主体结构采用了装配式建造技术，如长春地铁2号线双丰站，青岛地铁6号线黄海学院站和富春江路站，无锡锡澄S1线南门站和3号线高浪东路站等，尚处于试点阶段。

开发绿色可再生能源：城轨线路高架、地面车站、停车场和车辆段等采光充足的场站，有大量屋面面积可进行太阳能资源的开发利用，目前开发利用率还很低，仅北京、上海、重庆等城市部分线路有开发利用。

健全城市轨道交通绿色低碳标准体系：应尽快建立如温室气体核算类、温室气体监测类、温室气体排放限额及绩效类、低碳技术类标准，低碳技术评价类标准，碳中和评价标准，碳排放专项法律法规及其他相关标准等。

加快工程建设节能减排：应对工程设计及施工方案进行基于全生命周期节能理念的优化，从规划设计、施工策划、施工组织、设备和材料采购、现场操作等各方面充分考虑绿色节能减排的要求。如建立全过程节能减排施工方案的综合评估体系；对不同施工条件和地层情况下的"四节一环保"进行系统化的梳理和总结。

7.3.2 推广数字化智能化发展技术

在城市轨道交通建设施工过程中，数字化和智能建造技术的应用已成为技术进步和业态发展的必然趋势，也是提高城市轨道交通自身施工效率和安全管理水平的必然要求。

1.利用BIM技术实现设计－建造－运营数字一体化平台

基于BIM技术的建造智能化是将城市轨道交通项目通过BIM技术转化为一个数字化模型，包含物理几何信息和功能特征，在项目整个建设周期过程中提供科学依据。同时，可满足各参与方在各自工作过程中的需求，在BIM数字化模型中输入、获取、自动分析和更新项目，实现项目信息化、精细化和智能化管控，提升城市轨道交通建设品质。

2.推动施工机械和工艺设备创新升级

采用机械化施工可极大地降低工程风险，推进工程标准化发展。如在大深度盾构技术方面，应关注高水压下的管片结构设计、防水结构设计和开挖面的稳定性等；在长距离盾构技术方面，应关注刀具磨损与更换刀具、通风、轴线控制和由两头向中间掘进的对接技术等；在大直径盾构技术方面，应关注复合地层盾构施工技术和开挖面稳定性等问题。

基于BIM、机械化、自动化技术的城市轨道交通智能建设方式，将使城市轨道交通的建设更安全、高效、绿色和智慧。

8 竣工验收篇

8.1 验收制度建设

2021年11月25日,《国务院关于开展营商环境创新试点工作的意见》(国发〔2021〕24号)(以下简称《意见》)部署在北京、上海、重庆、杭州、广州、深圳6个城市开展营商环境创新试点,并提出了百余项改革举措。其中明确要求对联合验收进行创新改革,共有开展联合验收"一口受理"、进一步优化工程建设项目联合验收方式、简化实行联合验收的工程建设项目竣工验收备案手续、试行对已满足使用功能的单位工程开展单独竣工验收等四项任务列入试点改革事项清单。

在国务院的《意见》指导背景下,各省市地区积极开展验收制度创新改革系列工作。

8.1.1 北京

8.1.1.1 北京市住房和城乡建设委员会等九部门关于印发《关于进一步规范建设工程竣工联合验收工作的有关规定》的通知

北京市为进一步促进联合验收改革落地实施,根据《北京市房屋建筑和市政基础设施工程竣工联合验收管理暂行办法》(京建法〔2020〕10号)和《关于进一步优化建设工程竣工联合验收的有关规定》(京建发〔2021〕363号)规定,进一步规范联合验收有关工作,提升企业申办联合验收效率和质量,打造更加便捷的联合验收办理环境,2023年1月19日北京市住房和城乡建设委员会联合北京市规划和自然资源委员会、北京市人民防空办公室、北京市水务局、北京市档案局、北京市交通委员会、北京市城市管理委员会、北京市通信管理局、北京市政务服务管理局印发《关于进一步规范建设工程竣工联合验收工作的有关规定》(下文简称《规定》)，本规定自2023年3月6日起施行。

《规定》确定关于专项验收不合格项目重新办理联合验收的程序：实施联合验收的项目，各专项验收事项如果有验收结论为"不通过"的，系统自动生成联合验收整改意见书，一次性告知企业需整改的事项。企业完成整改并重新组织工程竣工验收或自查全部合格后，可重新申请联合验收。

1.自联合验收整改意见书出具之日起15日内重新申请的

（1）企业申请

通过北京市投资项目在线审批监管平台（以下简称在线平台，网址：http：//tzxm.beijing.gov.cn/）填写联合验收综合申请表，选择需要重新验收的事项，上传共用材料及需要重新验收事项的材料。

1）对于已通过的验收事项，企业在《北京市建设工程竣工联合验收综合告知承诺书》中承诺自事项验收通过至重新申请联合验收期间资料和实体均无变化的，无需重新申报和验收。

2）需整改的验收事项，及自验收通过至重新申请联合验收期间资料或实体发生变化的验收事项，需重新申报和验收。

（2）部门受理

需重新验收的事项，相关主管部门按照现行规定对本部门的验收事项开展受理。

（3）审查决定

需重新验收的事项，相关主管部门按照现行规定开展资料审核和现场验收，并在系统中出具验收意见。

无需重新验收的事项，系统自动获取上次联合验收的审批时间、审批意见和验收结论，但事项有投诉、举报等特殊情况，相关主管部门认为有必要进行重新验收的，可与其他部门在联合验收期间一并进行，并在系统中出具验收意见。

（4）验收意见获取

联合验收全部事项办理完成后，系统自动生成带电子印章的联合验收通过/整改意见书，企业自行下载打印。其中：

各专项验收事项验收结论全部为"通过"的，项目竣工联合验收通过，系统即时自动生成联合验收通过意见通知书；如果有专项验收事项验收结论为"不通过"的，系统即时自动生成联合验收整改意见书，一次性告知企业需整改的事项。

2.自联合验收整改意见书出具之日起15日后重新申请的

办理程序与首次申请联合验收程序相同，按照《北京市房屋建筑和市政基础设施工程竣工联合验收管理暂行办法》《关于进一步优化建设工程竣工联合验收的有关规定》等有关规定执行。

8.1.1.2 北京市住房和城乡建设委员会关于进一步加强消防验收服务指导工作的通知

为进一步优化营商环境，助企纾困，激发市场主体活力，根据《建设工程消防设计审查验收管理暂行规定》(住房和城乡建设部令第51号)、《北京市关于深化城市更新中既有建筑改造消防设计审查验收改革的实施方案》(京建发〔2021〕386号) 等有关规定，北京市住房和城乡建设委员会出台了《关于进一步加强消防验收服务指导工作的通知》，要求各区住建委等有关单位在消防验收(含备案抽查，下同) 过程中进一步加强服务指导，统筹发展和安全，坚持分级分类守底线，坚持寓管理于服务理念，提高消防验收一次性通过率。提出以下"八条具体措施"：

1.进一步增强服务指导意识，提升审批服务水平

市区两级主管部门要依法依规履行建设工程消防验收职责，落实"放管服"改革和优化营商环境要求，主动靠前服务，加强全过程指导，优化验收管理，耐心答疑解惑，提高服务意识和服务质量，推动消防验收提速增效，更好地服务企业。

2.进一步加强施工过程指导，及时消除质量隐患

市区住建部门应将涉及消防的施工质量纳入建筑工程施工质量日常监督管理重点，召开首次监督工作会议或开展首次监督检查时，应当一并告知消防验收有关要求。日常监督检查过程中，加强对关键环节和高频问题监管，基础施工阶段应重点对建筑防火间距等总平面布局，消防控制室、消防泵房等的平面布置，消防安全疏散相关尺寸等进行监督抽查抽测；主体结构施工阶段应重点对墙、柱、梁、楼板、疏散楼梯等构件的燃烧性能及耐火极限，钢结构及木结构的防火保护，设备基础等实体质量，对涉及防火分隔、消防管路、电气线缆等隐蔽工程进行监督抽查抽测。通过进一步强化过程监管和指导，及时发现、查处违法违规行为，特别是发生频率高、整改难度大、整改成本高的问题，过程中的问题过程中解决，尽最大限度在消防验收前消除工程质量隐患。

3.进一步强化查验阶段服务，推动共建共治共享

市区住建部门应当积极提供前期咨询和技术服务，加强对消防设施功能测试、系统功能联调联试等的指导，帮助建设单位提前发现存在的问题，督促整改，提升现场评定一次性合格率。建设、施工、监理单位应当按照技术标准要求采取成品保护措施，做好消防给水及消火栓系统、自动灭火系统、火灾自动报警系统和防烟排烟系统等设备设施的成品保护，保证消防施工质量。建设单位组织竣工验收时，应当严格按照有关规定对建设工程进行消防查验，查验合

格后方可编制工程竣工验收报告。

4.进一步加强受理环节服务，切实提升服务效率

市区住建部门应在工程质量监督过程中提前服务，告知建设单位申请消防验收的办事指南，包括申请材料、受理标准、有关程序和办理时限等要点。收到申请后，对申请材料齐全的，应当出具受理凭证；对申请材料不齐全或者不符合法定要求的，应当一次性告知需要补正、更正的全部内容和期限，杜绝"进门难"问题。

5.进一步探索包容审慎监管，优化监管服务方式

市区住建部门应加大对新技术、新产业、新业态、新模式等新场景领域、"专精特新"、中小微企业的指导支持力度，提供发展服务保障。对于首次申请消防验收的，在消防验收现场评定中发现情节轻微、能及时改正并不会造成危害后果的消防工程质量问题，可依法给予限期整改机会，加强技术指导，督促问题整改。在审批期限内整改完成，经市区住建部门确认合格的，现场评定结论可认定为合格，不断提升监管服务效能。

6.进一步规范法律文书制作，提升规范服务水平

市区住建部门应规范消防验收、备案及抽查相关法律文书制作工作，严格落实三级审批制度，确保文书制作质量。出具消防验收不合格意见的，应在不合格消防验收意见书中详细说明主要存在的问题，不合格的原因、理由和法定依据等内容，并告知建设单位享有依法申请行政复议或者提起行政诉讼的权利。要加强业务指导，告知建设单位问题整改的要求，明确整改合格标准。

7.进一步提升专业服务能力，有序推进试点工作

市区住建部门应充分发挥利用首都地区高等院校、科研机构集中的优势和专家库、第三方技术服务机构的作用，及时应对消防验收重难点问题，要特别注重对"两区"建设、城市更新中遇到的新问题进行交流和研讨，提出解决问题的思路和举措。要定期统计分析本行政区域内消防验收不合格高频问题，提出解决问题的具体办法措施。鼓励有条件的区住建部门采用现场移动设备，提高现场执法服务效率。鼓励朝阳、经济技术开发等试点区和其他区住建部门根据住建部试点有关要求，充分考虑地域工程建设特点，结合工作实际，坚持问题导向，进一步优化创新消防验收管理，提升工作质量和效率。鼓励企业采用新技术，综合运用物防、技防、人防等措施保障建筑消防安全。

8.进一步严格验收审批管理，提升验收工作实效

市区住建部门应严格依法依规开展消防验收工作，不得增设条件、程序、环节，不得变相延长审批时间，严禁"隐性壁垒""体外循环"和"隐性审批"。遇到问题不得推诿、敷衍、拖延，应当尽快与企业沟通，主动治理、未诉先

办，依法依规解决问题，区住建部门遇到重大问题要及时向市住房城乡建设委报告。探索建立服务质量评价和消防验收不合格回访等制度，持续改进服务，提升公众满意度。教育引导工作人员坚守权力底线，不得吃拿卡要、玩忽职守、滥用职权、徇私舞弊，让权力在阳光下运行，一体推进不敢腐、不能腐、不想腐，打造良好的行业生态。

8.1.2　重庆

8.1.2.1　重庆市住房和城乡建设委员会关于明确轨道交通建设工程竣工联合验收有关事宜的通知（2022年3月11日）

根据《建设工程质量管理条例》、《房屋建筑和市政基础设施工程竣工验收规定》（建质〔2013〕171号）、《城市轨道交通建设工程验收管理暂行办法》（建质〔2014〕42号）、《重庆市房屋建筑和市政基础设施工程竣工联合验收管理办法》（渝建发〔2021〕14号）要求，结合重庆市轨道交通建设工程实际，轨道交通建设工程竣工联合验收有关事宜明确如下：

1.轨道交通建设工程单位工程验收、项目工程验收，由建设单位组织，按照《城市轨道交通建设工程验收管理暂行办法》（建质〔2014〕42号）规定实施，工程质量监督机构依法监督并出具监督意见。

2.在项目工程验收合格，暂时甩项的经相关部门同意后，由建设单位申请竣工联合验收，按照《重庆市房屋建筑和市政基础设施工程竣工联合验收管理办法》（渝建发〔2021〕14号）规定，由住房城乡建设主管部门作为主办部门，规划自然资源、人民防空等相关部门（机构）作为协办部门，采取"一口受理、联合勘验、并行推进、限时办结"的方式，对建设工程竣工规划核实、建设项目人防验收（建设项目防空地下室竣工验收备案）、建设工程消防验收、建设工程档案专项验收（可实行告知承诺制）等开展联合验收，在受理之日起7个工作日内出具验收意见。

3.轨道交通建设工程通过联合验收的形式，取得各相关专项验收认可文件后，由建设单位组织，按照《城市轨道交通建设工程验收管理暂行办法》（建质〔2014〕42号）规定开展竣工验收。

8.1.2.2《重庆市房屋建筑和市政基础设施工程竣工联合验收管理办法》（渝建发〔2021〕14号）

联合验收管理办法修订主要依据《中华人民共和国消防法》《中华人民共和国城乡规划法》《建设工程质量管理条例》《人民防空工程建设管理规定》（〔2003〕国人防办字第18号）《房屋建筑和市政基础设施工程质量监督管理规定》（住建部令第5号）《建设工程消防设计审查验收管理暂行规定》（住建部令第51号）

《重庆市城乡规划条例》《重庆市人民防空条例》《重庆市建筑节能条例》《重庆市城乡建设档案管理办法》(渝府令第240号)。

本次联合验收管理办法修订由重庆市住房城乡建委会同市规划自然资源局、市人民防空办起草,广泛征求了区县工程建设项目审批制度改革工作领导小组办公室和住房城乡建设、规划自然资源、人防等部门的意见,多次修改完善。

修订后的联合验收管理办法(以下简称新《联合验收管理办法》)包括总则、分类明确竣工联合验收事项、申请条件、办理程序、其他要求和附则,共6章、24条。主要修订内容如下:

1.分类明确竣工联合验收事项

修订内容:原《联合验收管理办法》未按项目类别分别确定纳入联合验收的事项,新《联合验收管理办法》新增第二章规定:

"第六条 根据工程项目类别,科学合理确定纳入竣工联合验收的事项。

1.房屋建筑和市政基础设施工程,纳入竣工联合验收的事项包括建设工程竣工规划核实、建设项目人防验收(建设项目防空地下室竣工验收备案)、建设工程消防验收(备案)、建设工程档案专项验收。

2.单独办理施工许可证的装饰装修工程,纳入竣工联合验收的事项包括建设工程消防验收(备案)、建设工程档案专项验收。

第七条 进一步简化验收事项、优化验收流程,社会投资小型低风险建设项目实行简易验收,仅保留建设工程竣工规划核实。"

2.调整验收时序

修订内容:原《联合验收管理办法》中纳入联合验收的事项包括建设工程质量竣工验收监督、建设工程消防验收(含竣工验收消防备案抽查)、结建人防工程验收、建设工程竣工规划核实、建筑能效(绿色建筑)测评、建设工程档案单项验收。新《联合验收管理办法》规定,建设工程质量竣工验收,由建设单位依法组织,并告知质量监督机构依法实施监督,不再作为联合验收事项,在申请竣工联合验收前完成即可;建筑能效(绿色建筑)测评调至施工过程开展,不再纳入竣工验收阶段。对应的条款分别为:

"第八条 建设工程满足《房屋建筑工程和市政基础设施工程竣工验收规定》(建质〔2013〕171号)的竣工验收条件,建设单位应当依法组织竣工验收,质量监督机构依法实施监督。竣工验收通过后,即可按项目分类申报竣工联合验收。"

"第十八条 能效测评不再纳入竣工联合验收,在建设单位组织的竣工验收前完成即可。"

3.进一步明确单位工程验收的条件

新《联合验收管理办法》针对办理了一张建设工程规划许可证但涉及多个单位工程的工程建设项目，进一步细化了单位工程开展联合验收的条件，增加了第九条：

"第九条　对办理了同一建设工程规划许可证但涉及多个单位工程的建设项目，符合项目整体质量安全要求，能单独投入使用的，可申请单位工程竣工联合验收，并应满足以下条件：

1.单位工程通过建设单位组织的竣工验收。

2.符合建设工程规划许可内容，且建设工程规划许可的同期配建公共服务设施按照建设时序同步建设完成。

3.完成单位工程消防设计和合同约定的各项内容，各项消防设施性能和系统功能联调联试等内容检测合格，消防车道能正常使用，与非投用区域有完整的符合消防技术标准要求的防火、防烟分隔。

4.涉及防空地下室建设的，应保持工程完整性，并满足人防验收要求。

5.道路、供水、电力、燃气、通信等市政公用服务设施满足接入条件，并能在投用前接入。

6.拟投用部分与其他部分之间应设立安全、可靠、美观的临时物理隔离，保证投用部分具有安全独立的使用空间"。

4.取消竣工验收备案手续

修订内容：新《联合验收管理办法》取消了竣工验收备案手续，并以《竣工联合验收意见书》取代《竣工验收备案证》，且不再需要企业另行申请，联合验收所有事项通过后，即可直接取得《竣工联合验收意见书》。增加了第十二条、第十三条、第十九条规定：

"第十二条　现场联合验收时，对于验收事项全部符合法定要求的，可现场出具竣工联合验收意见书；未能在现场出具竣工联合验收意见书的，各参与部门（机构）应在规定时限内将书面验收意见反馈至综合窗口。

验收事项通过的，各参与部门（机构）应在规定时限内出具相关法律文书；验收事项未通过的，应在规定时限内一次性书面告知理由和整改要求。

验收事项未通过的，建设单位应在符合验收条件后，重新申请，综合窗口按本办法第十条受理并转办，由未通过事项的竣工联合验收参与部门（机构）组织验收，限时办结。验收通过后，综合窗口直接出具竣工联合验收意见书。

第十三条　综合窗口汇总竣工联合验收各参与部门（机构）书面意见、法律文书等，统一发放给建设单位。

第十九条　实行联合验收的项目，取消竣工验收备案，并以竣工联合验收意见书取代竣工验收备案证。"

5.档案验收实行告知承诺制

修订内容：新《联合验收管理办法》第二十二条"建设工程档案专项验收通过后，应同步移交建设工程档案。一般政府投资市政工程建设项目和线性市政工程建设项目、装饰装修项目的建设工程档案专项验收可实行告知承诺制。逾期未履行承诺事项的，依法依规严肃处理，并列入不诚信信息，一年内该单位的所有建设项目不再适用告知承诺。"

8.1.3 广州

《广州市轨道交通工程质量监督与验收管理办法》

广州市为进一步规范轨道交通工程质量监督与验收工作，明确建设各方管理责任，保证轨道交通工程质量，2022年广州市交通运输局结合实际情况，组织对《广州市城市轨道交通工程质量监督与验收管理办法》（2011年，广州市住房和城乡建设局发布实施）进行修订，并广泛公开征求意见。

1.修订内容

（1）修订标题名称和适用范围。

现标题删除"城市轨道交通工程"中"城市"二字，修订为"广州市轨道交通工程质量监督与验收管理办法"，适用范围由原城市轨道交通工程扩大至轨道交通工程。

（2）删除工程划分具体内容，明确人防工程划分要求。

①《地下铁道工程施工质量验收标准》GB/T 50299—2018已对轨道交通工程按项目工程、单位工程、分部工程、分项工程、检验批进行了划分，删除原《办法》各层次工程划分的具体内容。②就轨道交通人防工程与土建工程共同建设、单独建设等不同情况的划分方式提出明确要求。

（3）进一步明确工程质量监督管理要求。

①依据《广州市交通运输局关于优化实施城市道路工程、城市轨道工程办理施工许可证的通知》，参照《广州市工程建设项目审批制度改革试点工作领导小组办公室关于优化实施房屋建筑工程办理施工许可证的通知》，删除原文《建筑工程施工许可证》核发的要求，删除工程办理监督登记所需具体资料要求。②删除应由企业和社会自我管理的事项。③对建筑材料、建筑构配件和设备的质量管理、检测要求及其对应的建设、施工、监理单位责任要求，根据当前政策进行调整。

（4）进一步明确工程验收要求。

①进一步明确分部工程、单位工程和竣工验收的规定。②进一步明确分阶

段验收工程的质量监督和验收管理要求。③将进一步明确工程质量监督机构对"单位工程、项目工程竣工质量验收"的监管职责。

（5）对相关附则进行修订。删除企业诚信评价指标体系相关描述。

2.文件内容

"（一）总则。

明确了本办法的适用范围为广州市管理权限范围内新建、扩建、改建的轨道交通工程质量监督与验收管理工作；明确了轨道交通建设主管部门和工程质量监督机构的职责。

（二）工程划分。

明确了轨道交通工程划分层次及参建单位职责；轨道交通人防工程在工程划分中，就其与土建工程共同建设、单独建设等不同情况的划分方式，提出明确要求。

（三）工程质量监督管理。

对建设、勘察、设计、施工、监理等单位及相关负责人的质量行为以及建筑材料、建筑构配件和设备的质量管理、检测要求等作出明确规定；对工程监督机构的质量监督职责作出规定；明确工程质量事故的报送及配合处理要求；明确建设单位处理工程质量相关问题的首要责任及相关程序。

（四）工程验收。

明确轨道交通工程根据工程划分或在不同阶段的质量验收规定；对参建各方在隐蔽工程、中间交接质量、重要使用功能检查、工程质量验收等验收时执行的程序作出明确规定；对检验批、分项工程、分部工程、单位工程、项目工程等质量验收时执行的程序作出明确规定；明确分阶段验收工程的质量监督和验收管理要求；明确了工程监督机构应对单位工程、项目工程竣工质量验收的组织形式和程序实施监督。

（五）附则。

鼓励轨道交通工程参与优良样板工程创建及业绩申报；明确了质量监督和验收工作应在满足本办法规定的同时，满足上位法的相关要求。"

8.1.4 深圳

8.1.4.1《深圳市建设工程竣工联合验收管理办法》（2022年4月27日）

为进一步优化营商环境，优化深圳市建设项目验收流程，提升建筑许可审批效率，推进深圳市工程建设领域审批制度改革，深圳市住房和建设局会同深圳市规划和自然资源局、深圳市交通运输局、深圳市水务局制定发布了《深圳市建设工程竣工联合验收管理办法》（以下简称《办法》）。本办法适用于在深圳市行政区域内开展的房屋建筑、市政基础设施（含水务、交通）等工程建设项目的竣工联合验收。主要内容包括：

（1）竣工联合验收、竣工验收的定义及验收范围

《办法》第三条，竣工联合验收是指房屋建筑、市政基础设施（含水务、交通）等工程建设项目具备竣工验收条件后，由建设单位提出申请，规划、消防、民用建筑节能等专项验收部门按照"一家牵头，一窗受理，限时办结，集中反馈"的方式，联合完成相关竣工专项验收的行为。包含三项现场验收内容：建设工程规划验收；建设工程消防验收或备案抽查；民用建筑节能专项验收。

《办法》第四条，建设工程完工后，在申请竣工联合验收前，建设单位应当依据基本建设程序规定组织勘察、设计、施工、监理等单位进行竣工验收（水务工程合同完工验收）。由建设单位组织的竣工验收包含人防、水保、环评、档案、防雷、节水、排水、海绵城市，通信及其他需要与建设项目同时交付使用的相关配套设施等验收事项。

（2）各部门职责

《办法》第七、八、九条，明确了各牵头单位及验收部门职责，具体如下：

第一，政府部门及行业部门负责组织项目竣工联合验收。《办法》第七条明确，市住房和建设部门负责制定、更新建设工程竣工联合验收办事指南，并通过省政务服务事项管理系统和市权责清单系统对外发布。各联合验收牵头单位负责牵头组织、协调所监管工程的竣工联合验收；制定本部门所监管工程的竣工联合验收指南（包括市区统一的受理条件、申请材料、法律法规依据等），作为不同情形纳入市住房和建设部门制定的建设工程竣工联合验收办事指南和权责清单；按照规定对建设单位组织的竣工验收实施监督。

第二，专项验收部门职责。《办法》第九条明确，各专项验收部门除了参与专项验收工作，还应制定、更新本部门验收（备案）指南；精简本部门验收事项的申报材料；加强服务指导；加强事中事后监管；成立验收工作组。

第三，市政数局负责平台建设。《办法》第十条明确，市政务服务数据主管部门会同市建设主管部门完善投资项目在线审批监管平台联合验收相关功能，统一联合验收案件的申报入口，并公布联合验收事项办事指南，发放文书结果原件等。

（3）竣工联合验收条件

《办法》第十一条，对申请竣工联合验收应具备的条件进行了明确，完成竣工测绘，临建已拆除，公共配套已移交，具备原规划验收条件；根据施工图消防设计要求建成，并具备原建设工程消防验收或备案抽查条件；已完成

工程设计和合同约定的各项内容，并按照已审核批准或建设单位告知承诺的各专项施工图纸设计要求施工完成；完成档案验收；电梯等特种设备安装工程完成施工，检验合格并出具报告；人防、水保、环评、档案、海绵城市、通信等专项验收或备案及其他法律法规要求完成的事项已完成；根据工程分类，其他应当满足条件详见办事指南情形分类。

（4）网上申报、现场验收程序

对于具备竣工验收条件的建设项目，由建设单位在投资项目在线审批监管平台进行申报并上传相关材料，各验收部门通过平台流转对资料进行审核，通过提出整改意见，建设单位补齐补正材料，并确认验收事项，以达到预约现场验收的条件。

建设行政主管部门根据建设单位的申请，结合实际，确定现场验收时间，并组织现场验收。各行政主管部门通过在线审批平台填写验收意见。经整改后项目在线审批平台即时自动生成联合验收意见书，验收结论为"合格"的联合验收意见书即为联合验收合格的统一确认文件，不再办理工程竣工验收备案。

8.1.4.2 深圳市住房和建设局关于全面运行建设工程竣工联合验收管理系统的通知（2022年8月12日）

为贯彻落实深圳市工程审批制度改革措施和《深圳市建设工程竣工联合验收管理办法》有关规定，进一步提高联合验收效率，提升市场主体满意度，深圳市建设工程竣工联合验收管理系统完成上线试运行，并新增与规划验收、竣工验收备案系统强制关联以及竣工报告提前录入等功能，已于2022年8月20日起全面运行。

8.2 成功经验

8.2.1 轨交工程全过程监管"青岛经验"

城市轨道交通工程不同于一般的房屋和市政工程，涉及工程专业多、参建单位多、质量要求高、验收环节多，是动态、线性工程。为确保工程建设质量，住房和城乡建设部发布了《城市轨道交通建设工程验收管理暂行办法》，明确要求城市轨道交通建设工程分为单位工程验收、项目工程验收和竣工验收三个阶段。主管部门（或委托的质量监督机构）应当加强对验收各环节的质量安全监管。青岛市结合当地工程实践特点，创新性贯彻落实政策规范要求，规范全流程验收监督，探索出了单位工程验收、项目工程验收和竣工验收的三阶段质量验收"青岛模式"，取得积极工作成效。

（1）结合实际出台实施细则

落实《城市轨道交通建设工程验收管理暂行办法》（建质〔2014〕42号）各项规定，结合青岛地铁实际，编制发布《青岛市城市轨道交通建设工程验收监督实施细则》，补充、细化、明确部分内容，进一步规范城市轨道交通工程验收工作。

（2）督促完善企业标准

指导建设单位编制《初期运营前安全评估汇报报告编制导则》《城市轨道交通试运行基本条件》《城市轨道交通三权移交（接管）管理办法》《项目工程验收、竣工验收工作规范》等企业标准，细化相关要求。

（3）完善三阶段验收监管工作体系

结合城市轨道交通工程特点和实际，对验收工作提出了"严格标准、关口前移、高效推进"的监管理念，形成了局、站、科三级验收监管组织体系，明确职责，建立制度，完善标准，为高质量完成验收监管工作打下基础。建立完善的三阶段验收体系，将验收监督的各项工作贯穿始终，确保验收工作有序、高效。

（4）规范各阶段验收程序和内容

细化完善（子）单位工程验收、项目工程验收和竣工验收程序和内容。按照规定程序，监督机构组织施工资料抽查和实体质量抽查，对存在问题下达整改意见，督促遗留问题整改落实。对验收组织形式、程序、执行标准等情况进行监督，宣读验收监督意见，或出具质量监督报告。

已经通车的青岛地铁3号线、2号线、8号线、13号线等工程先后荣获泰山杯奖、詹天佑奖、国家优质工程奖等10余项省级及国家级质量奖项。这些成绩都离不开贯穿工程建设始末的全过程质量监督，通过持续完善标准体系建设，突出落实建设单位首位责任，抓牢抓实参建各方主体责任，进而不断提升工程质量品质。

8.2.2 重庆房屋市政工程竣工联合验收提升竣工阶段审批效能

重庆市住房和城乡建设委员会出台了《房屋建筑和市政基础设施工程竣工联合验收管理办法》，将竣工备案、规划核实、人防验收、消防验收等多个环节从"串联"变为一站式"并联"，实现了竣工联合验收的高效办理。通过强化内部协作机制，达到减时间、减事项、提高服务质量的目的，提升工程建设项目竣工阶段的审批效能。

重庆市住房和城乡建设委员会在全国率先出台竣工联合验收创新试点改革制度并持续推动改革举措全面落地。多数项目由试点改革前的8项优化为4

项；办理时限由试点改革前的12个工作日压缩至7个工作日，压减时限42%，较并联验收前的累计法定时限（89个工作日），压减了92%。

房屋市政工程验收涉及住房和城乡建设、自然资源和规划、消防、人防等多个部门，建设单位以前需要在全部工程完工后多头申请、逐个办理，费时又费力。本项改革实施后，在联合验收通过后企业直接领取《竣工联合验收意见书》。

9　上盖物业开发篇

9.1 概述

9.1.1 TOD的概念

随着时代进程不断加快，城镇化速度也在加快，于是城市内拥堵、无序蔓延、资源浪费等弊端逐渐被暴露出来，让人们必须重新思考、优化城市建设模式。TOD（transit-oriented development，公共交通为导向的开发）作为城市建设概念的先进范例，通过在公共交通枢纽周边及沿线进行混合功能及高密度开发，实现集交通、商业、产业、文化、生活等多维一体的集中型综合城市功能聚合，从而疏解城市拥堵的状况。

自20世纪90年代起源于美国后，基于对城镇的快速扩张发展引起郊区蔓延的深刻反思，美国逐渐兴起了一个新的城市设计运动——新传统主义规划，即后来演变为更为人知的新城市主义。作为新城市主义倡导者之一的彼得·卡尔索尔普所提出的公共交通导向的土地使用开发策略逐渐被学术界认同，并在美国的一些城市得到推广应用。TOD的概念最早由彼得·卡尔索尔普在1992年提出，1993年，彼得·卡尔索尔普在其所著的《下一代美国大都市地区：生态、社区和美国之梦》一书中旗帜鲜明地提出了以TOD替代郊区蔓延的发展模式，并为基于TOD策略的各种城市土地利用制订了一套详尽而具体的准则。TOD模式逐渐在世界各国，诸如东京大都市圈、伦敦斯特拉特福德、香港西九龙等地，发挥着优化城市空间、重构城市形态、提升城市能级的作用，也一次次验证TOD就是更新城市的关键模式这一事实。

TOD模式即是指"以公共交通为导向的发展模式"。其中的公共交通主要是指火车站、机场、地铁、轻轨等轨道交通及巴士干线，然后以公交站点为中心、以400～800m（5～10min步行路程）为半径建立中心广场或城市中心。

其特点在于集工作、商业、文化、教育、居住等为一身的"混和用途"，使居民和雇员在不排斥小汽车的同时能方便地选用公交、自行车、步行等多种出行方式。城市重建地块、填充地块和新开发土地均可以TOD的理念来建造，TOD的主要方式是通过土地使用和交通政策来协调城市发展过程中产生的交通拥堵和用地不足的矛盾。公共交通有固定的线路和保持一定间距（通常公共汽车站距为500m左右，轨道交通站距为1000m左右）。这就为土地利用与开发提供了重要的依据，即在公交线路的沿线，尤其在站点周边土地高强度开发，公共使用优先。

随着我国城市轨道交通和高铁网络的飞速建设，轨道交通对于城市变革的推动力日益增大，TOD视角下的轨道站点及其周边开发，对城市功能和开发价值的提升获得广泛认可，迎来空前发展机遇。

9.1.2 中国香港TOD，为改变城市而生

港铁公司运用"轨道交通+土地综合利用"商业模式，成功在香港地区开拓多条轨道交通线路，积极综合利用开发沿线土地，为香港市民提供超过1200万平方米楼面的多种功能生活空间。同时通过东涌线、将军澳线等多条轨道线路，带动了香港地区多个新市（镇）的开发、建成、发展及兴起。在这一过程中，港铁公司积累了大量运用"轨道交通+土地综合利用"模式的成功经验，如以轨道交通为主导的城市规划与土地利用，住宅、商业、公共设施统筹协调发展，商品住房与政府公屋、廉租房有机融合，城市中心区与城市拓展区、郊区、新市（镇）协调发展，轨道交通投融资多样化等经验。这一模式通过轨道交通与土地综合利用的协同效应、集约用地，带动新市（镇）的形成，以轨道站点为中心形成交通枢纽和商业中心，推动新区建设、旧区改造，关注生态环境保护，减轻公共财政负担，从而使城市可持续发展，加快城镇化的步伐。

1998年，香港地区开通了机场快线和东涌线，将新机场引到了市中心；2002年开通了将军澳线，由此创造出一个新兴的住宅区；2005年开通迪士尼线，将大量的游客引领到这一世界级的休闲娱乐乐园。"人跟线走"的规划策略，让"轨道交通+土地综合利用"的模式绽放出新的活力，让香港出现了令人欣喜的城市化发展。

"轨道交通+土地综合利用"的模式是一种集地铁投资、建设、运营和沿线土地综合开发于一体的综合开发模式（见图9.1.1）。根据香港地区地铁三十年来的成功运营经验，其核心特征是：①政府可选择无需投资，仅需将地铁沿线一定规模的物业开发用地开发权授予给地铁公司，并按未规划建设地铁前的市场地价标准收取地价，而政府无需担保地铁公司的贷款。②政府可选择做

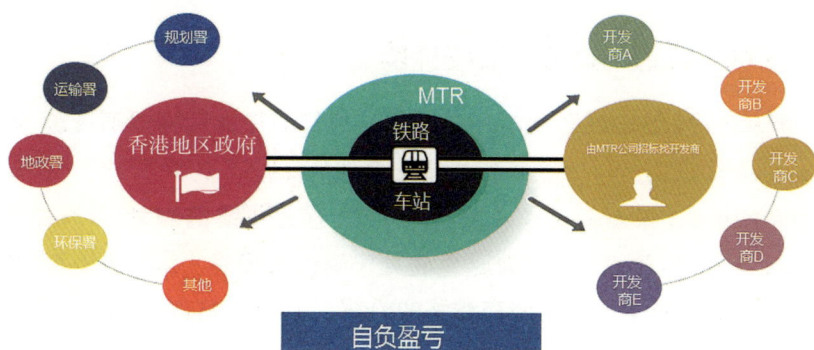

图9.1.1 "港铁模式"概念图

有限度投资从而减低开发物业补贴；港铁享有沿线一定规模土地在地铁开通后的增值收益，承担全部的地铁建设成本和运营成本，并统一规划物业与地铁的设计，提升客流，使项目能自负盈亏；港铁将地铁与物业统一规划、统筹管理，并通过公开、公平的方式招标选择沿线物业用地开发商，由开发商实施具体开发行为，地铁公司实施全程监管、协调，并与开发商分享物业开发收益。港铁在物业开发完毕前将所有土地使用权保留在自己名下，不抵押、不转让，以便在开发商无力完成开发或出现金融风险时，港铁仍能自己继续完成工程，确保物业及营运收益和地铁的正常运营。

借助"轨道交通＋土地综合利用"的发展模式，港府不但没有为轨道交通的建设和运营背上补贴的包袱，反而从出售给港铁的土地收益、公开招股收益、股息等方面获得了巨大利润。计算现在政府拥有的港铁公司的股份，合计从地铁的建设及运营商赚取了约2000亿港元的利润，而港铁造就的社会价值更是不言而喻。"轨道交通＋土地综合利用"模式的核心在于把轨道交通投资建设和沿线土地开发升值相紧扣，利用物业开发回收的增值部分填补轨道项目的资金缺口，达到合理回报。在这一模式下，大股东政府给予港铁公司土地发展权，对地块进行总体规划；港铁公司以该地区没有铁路前的地块价值估算，向政府支付地价；港铁公司兴建地铁，同时与开发商合作地上物业。物业价值因地铁发展而提升，港铁公司将物业升值所回收的利润"反哺"地铁建设、运营和维护。如今，物业发展及投资已经成为港铁除票务外的一大收入来源。

在中国，香港地区是TOD站城一体化模式的先行示范者。西九龙站，既是香港地区的中枢神经，也是香港首个TOD项目，其在地上地下共打造七个层次的立体空间，实现了交通枢纽功能与城市物业功能的有机立体结合。通过西九龙站的更新，吸引了众多国际一流的投行与金融机构，如摩根士丹利、瑞士信贷和德意志银行等汇聚于此，也造就了西九龙站"超级黄金岛"的美名。

9.1.3 深圳"轨道+物业"实践经验

深圳从2004年建成开通第一条地铁，到目前建成运营轨道交通一、二、三期工程总计368km、256个车站，在建线路14条（含延长线）、在建里程达到219.2km、137座车站。2035年全市轨道交通线网规划33条线路总长1335km，未来15年深圳轨道交通仍将处于建设高峰期。据初步测算，未来5年深圳市轨道交通建设投资规模接近6000亿元，平均每年投资超过1000亿元，资金压力巨大，因此有必要探索多元化的投融资方式，确保其轨道交通良性循环发展。深圳是一座土地资源紧缺的城市，2006年深圳率先提出发展面临"四个难以为继"，首个就是土地、空间难以为继。土地资源供给不足与轨道交通建设用地刚性需求矛盾日渐加剧，制约了轨道交通发展。

在市委市政府的大力支持下，深铁集团经过近二十年探索实践，通过模式、制度、机制、技术、开发和合作六大创新，形成了具有持续自我造血机制的深圳"轨道+物业"模式。目前，深铁集团共创造并获取30个轨道上盖物业开发项目，其中政府配置项目22个，市场化拓展项目8个，规划建筑面积合计约1716万平方米，在建建筑面积合计约1205万平方米，连续8年销售额超100亿元，连续7年名列深圳市房地产开发企业综合实力排行前3甲，推动地铁上盖住宅用地公共房建设比例超50%，配建学校、幼儿园共计34所。经过二十多年的发展，确立了国家铁路、城际铁路、城市轨道交通"三铁合一"的产业布局和轨道建设、轨道运营、站城开发、资源经营"四位一体"的核心价值链。依托"三铁合一"产业布局和站城一体化开发核心竞争力，构建从地下到地上、从交通到生活的面向未来的轨道城市，做轨道城市的缔造者。截至2023年6月底，深铁集团注册资本金466.2216亿元，总资产6616.10亿元。深铁集团积极践行"以公共交通为导向"的TOD发展模式，以地铁上盖及沿线物业的升值效益反哺轨道交通建设运营，"轨道+物业"模式日益与城市深度融合，以枢纽为代表的"站城一体化"项目逐步成为核心产品。深铁集团已构建写字楼、商业、酒店、广告传媒等多种产品体系，全面践行"先行示范"理念，坚定扛起"交通先行官"的发展使命。以基础设施高质量发展试点为契机，加快建设一流设施、一流技术、一流管理、一流服务、一流效益、可持续的轨道交通基础设施，有力支撑粤港澳大湾区和深圳都市圈建设，以实际行动彰显"厚德载运、深铁为民"的企业精神。同时，更好地统筹发展与安全，更加注重质量和效率，更加突出社会和经济"双价值"创造，更好地服务城市高质量发展和市民高品质出行"双需求"，实现"人享其行，物畅其流"。

"轨道+物业"模式的核心是土地资源的创造和获取。为此，深圳市在土地出让制度等方面进行了系列制度创新。①开创立体空间的分层出让。深圳通过逐步完善机制，理顺了轨道交通设施用地及上盖开发用地分层出让形式和用地出让方式。上盖物业与地铁设施在不同标高分层划分用地权属，实现了在轨道交通便利地段立体复合利用土地资源，利于车辆段上盖土地使用权的获取。2008年4月，原深圳市国土资源与房产管理局将三宗地发布挂牌出让公告，采取三块地捆绑的方式挂牌出让。②探索上盖物业作价出资的制度创新。2013年深圳出台了《深圳市国有土地使用权作价出资暂行办法》和《深圳市土地使用权作价出资实施流程》，在深铁集团等三家企业内先行先试，确保封闭运行，风险可控。将经策划而形成的轨道交通上盖物业使用权以注册资本金方式直接注入深铁集团，作为政府投入轨道交通工程建设的初期资金。作价出资方式获得土地更加简洁便利，也使轨道与上盖建设同步成为可能。深铁集团通过作价出资共获得了前海枢纽等8块土地。③适应土地配置方式政策调整。2016年12月31日，国土资源部、国家发展和改革委员会、财政部等八部委联合发布《关于扩大国有土地有偿使用范围的意见》（国土资规〔2016〕20号），提出能源、环境保护、保障性安居工程、养老、教育、文化等项目用地，可以土地使用权作价出资的方式供应土地。2017年3月7日，国务院办公厅发布了《关于进一步激发社会领域投资活力的意见》（国办发〔2017〕21号），在2016年八部委意见的基础上，将土地使用权作价出资的范围扩大到医疗用地。根据上述政策变化，市规资局明确表示住宅、商业、办公等经营性用地不得再以土地使用权作价出资的方式供应，市政府常务会审议轨道四期融资地块配置及开发方案中也明确提出不再采用作价出资的供地方式，改为采用公开市场招拍挂方式。根据土地配置方式的政策调整，深铁集团在2020年6月以62.56亿元获取长圳车辆段上盖用地，以市场化自筹资金方式支付地价。

在深圳市政府的支持和指导下，深铁集团不断探索资源拓展方式创新，协调推动车辆段上盖物业实施分层设权、分别供地，实现轨道交通便利地段立体复合利用土地资源；积极探索对轨道周边土地进行统筹规划和组局开发，全面创新站城一体城市更新模式；秉承"深铁为民"的企业精神，推动轨道上盖承载更多民生工程，拓宽公共住房供应渠道；强化TOD综合开发内部协同机制，全面提升站城一体开发水平。"十四五"期间，深圳市轨道交通投资规模巨大，面临很大的资金压力。"轨道＋物业"模式作为多元化投融资模式之一，打造以开发收益弥补轨道建设投入的投资性业务价值闭环，形成了良好的自我造血机制，确保轨道交通事业良性发展。深铁集团打造"两个1000"km，在建及运营服务的轨交线网规模超过2000km，加速深圳与惠州、东莞、汕头等地轨道联通。2035年全市轨道交通线网规划33条线路总长1335km，未来十余年，深圳轨道交通仍将处于建设高峰期。

"轨道＋物业"模式日益与城市深度融合，以枢纽为代表的"站城一体化"项目成为深铁站城一体经营业务的核心产品。深铁集团努力践行"以公共交通为导向"的TOD发展模式，一方面充分利用上盖空间再造土地资源，另一方面以地铁上盖及沿线物业的升值效益反哺轨道交通建设运营，实现城市轨道交通的可持续发展。

向空间要土地，是深圳解决土地资源短缺和空间发展格局受限的重要举措之一。"轨道＋物业"模式对轨道上盖空间高效开发，在轨道交通便利地段立体复合利用土地资源，为城市发展创造了大量土地资源，拓展了城市发展空间，完善了城市功能。主动联合国内科研机构和相关高校，突破轨道交通上盖物业和地下空间技术限制；主导编制上盖物业开发设计指南和标准体系，填补了轨道交通车辆基地上盖建筑结构设计的空白，将上盖建筑高度从50m提高到150m以上，既为城市实现更大规模的"造地"目标，又成倍提升了项目开发空间和经济效益。深铁集团充分发挥"轨道＋"的资源整合优势，逐步搭建"融资＋市场化"多元融合的开放平台，联合行业标杆企业，组局拓展市场化项目资源，借助"三铁合一"优势，提前研究都市圈轨道交通沿线土地，助力建设粤港澳大湾区轨道都市圈，打造产站城一体化标杆（见图9.1.2～图9.1.5）。

图9.1.2　2014年前海时代项目实景照片

图9.1.3　2018年前海时代项目实景照片

图9.1.4　2020年大运地铁枢纽实景照片

图9.1.5　大运枢纽"站城一体化"设计效果图示意

9.1.4　TOD国家监测评估平台建设探索

全球环境基金（GEF）"可持续城市综合方式示范项目"中国子项目中的国家层面项目，与北京、天津、深圳、贵阳、宁波、南昌和石家庄等7个试点的城市层面项目构成"1+7"的组织模式。探索我国TOD发展中面临的交通设施建设与城市发展缺乏统合、实施机制研究不足、TOD理念与规划难以落地实施、公众认知基础匮乏、城市规划建设管理各环节缺乏有效的协同机制等问题的有效解决路径。同时，TOD也是探索绿色低碳发展路径、推动治理模式转型和体制机制创新的重要领域。形成国家层面TOD监测评估平台，以探索我国城市TOD发展的监控和管理机制雏形；为城市提供可供学习推广的成功案例和操作范本；建立国内外相关部门间的长效沟通机制，并推广TOD发展理念，引导城市居民生活方式的改变为目标。限于项目周期及数据可获得性等因素，本项目在研究内容上以城市轨道交通涉及的相关TOD内容为主体，暂未扩展到对火车站、机场等节点区域的研究。

平台搭建了部、省、市三级联动的系统架构。其中，"中国城市TOD资源资讯系统"为部、省、市统一入口，通过账号密码进行权限管理；"中国城市TOD监测评估系统"为部、省、市独立入口，依各层级管理内容确定数据范围、数据精度及平台功能。该平台的数据库标准及平台建设标准与统筹城市规划建设管理的综合工作平台——城市体检评估信息平台，统一设计、同步开发。TOD作为重要专项之一，与城市安全平台、海绵城市评估监管平台、城市市政基础设施综合管理信息平台等一系列平台，共同构成城市规划建设管理的专项工作平台。"综合"+"专项"的工作平台，向下以城市CIM平台为基础，向上以城市运行管理服务平台为服务界面，形成统筹城市规划建设管理的数字化、网络化、智能化的平台体系。

在业务内容上，住房和城乡建设部2020年的城市体检工作中，在交通便捷维度上，考虑了绿色低碳发展的新要求，增设了轨道覆盖通勤人口情况、绿色交通出行情况、慢行交通设施情况等方面的评价指标，与其他7个维度共同构成对城市建设整体状况的综合评估；其评估结果将与本项目TOD视角的专项评估形成"综合"+"专项"模式的体系化的城市体检评估方法。该项目由中国城市规划设计研究院学术信息中心和交通研究分院共同承担。

9.2 政策与标准

9.2.1 土地政策创新

地铁上盖物业开发首先要解决的依然是"面粉"的问题，土地作为物业开发的生产资料，如何能第一时间合规合法的取得是轨道交通企业要解决的重要问题。轨道交通建设为城市的基础设施建设，而轨道交通物业发展涉及经营性用地建设，轨道交通物业的发展需要占用城市的建设用地指标，加上土地出让收益的分配机制等问题导致项目所在的主管政府对轨道交通物业开发积极性不高。此外，由于轨道交通物业开发的特殊性，物业项目须与轨道交通的建设同步实施，但该阶段轨道交通建设的投资审批不允许包含经营性项目，使得许多轨道交通物业项目无法取得立项，致使项目无法同期实施。很多城市政府有意向鼓励轨道交通公司参与轨道交通物业开发，但实际步伐较小，政策的执行与落实存在一定的过渡期，制约因素仍然较多，无法落实操作条件。使得轨道交通线路在实施时沿线的土地已经规划他用或已经批出，很难进行综合开发，相应弱化了上盖物业开发在拓展城市发展空间、提升城市效益空间、改善城市生态空间的主导作用。

我国土地的相关法律规定，经营性用地必须通过公开招拍挂程序进行出让。因此直接导致地铁公司在参与轨道交通物业开发过程中无法进行一二级的联动开发，如车辆段上盖综合利用项目，轨道交通公司在完成车辆段上盖建设后须进入土地储备中心入市交易。近年来，随着轨道交通物业开发兴起，发展逐渐成熟，国内外大中型房地产开发企业也开始关注并投入开发经营领域，市场竞争明显加剧。受现有轨道交通投融资体制的限制，无论轨道交通项目是否盈利，都有政府财政兜底，轨道交通企业经营业绩与经营者的收入并没有必然联系，企业经营者没有进行综合开发的积极性和主动性，难以进行上盖物业开发。

轨道交通物业开发前期准备和建设用地审批等复杂过程，涉及政府的部门较多。综观全国情况，绝大部分城市都尚未形成较为完善和统一的轨道交通物业开发审批流程，大多处于一事一议的阶段，事实上导致项目的审批流程较为繁琐和复杂，客观上不利于物业项目的推动和规模化发展。

轨道交通空间综合开发项目用途复杂，包括地下空间、市政道路、公园、销售经营性物业等多种用地类型，涉及供地方式、价格、手续、权属登记等各个环节。由于国内上盖物业开发尚处于起步阶段，为确保轨道交通综合开发项目顺利实施，加强地上地下空间、轨道交通场站与周边用地的统筹规划和协同建设，各地相继出台了相关政策文件。借助城市轨道交通物业发展蓬勃兴起的东风，国内城市也在土地政策方面取得了先行先试的宝贵经验，也助推所在城市的轨道交通企业取得了可观的社会与经济效益。

（1）北京市出台了《北京城市轨道交通场站与周边用地一体化规划建设实施细则（试行）》（京政办字〔2022〕11号）和《北京城市轨道交通车辆基地综合利用规划设计指南》（京规自发〔2020〕319号），规范车辆基地综合利用项目规划审批建设工作，为车辆基地综合利用提供了规划和审批依据，避免"一事一议"，保障规划落地实施，优化轨道交通周边用地程序审批和土地供应机制，明确投资分摊和收益分配机制，促进轨道交通建设与城市建设的有机融合。例如北京市五路车辆段项目依据上述指导意见，采用分层确权，创新三维立体方式以综合服务设备结构转换夹层底板防水层为界，合理划分轨道交通与二级开发使用功能，将结构预留阶段难以实施的融合性设计理念及轨道交通运营安全等相关要求，纳入土地招拍挂文件，由二级竞得人接续落实一体化相关事宜。

（2）上海市印发了《关于推进本市轨道交通场站及周边土地综合开发利用的实施意见》和《关于加快实施本市轨道交通车辆基地及周边土地综合开发利用的意见》，上海为首个专门针对轨道交通车辆基地综合开发颁布政策性文件的城市。在规划阶段加强前期设计控制，在轨道交通线网规划编制中，根据城市开发边界和地区功能布局，同步研究各车辆基地综合开发的总体要求。车辆基地选址原则上应有利于综合开发，在轨道交通选线专项规划编制前，由市规划资源局和市交通委牵头，轨道交通建设运营主体参与，先行研究各车辆基地及周边土地综合开发的选址、规划控制要求，符合开发条件的车辆基地规划方案，原则上应达到控制性详细规划深度，并明确各车辆基地的功能定位、开发范围、开发规模和相关控制要素等，作为轨道交通项目启动的条件。根据轨道交通车辆基地周边地区现状用地条件、地块规划功能及用地完整性等实际情况和轨道交通资金平衡需要，确定车辆基地周边综合开发范围。对轨道交通场站及周边土地综合开发的规划条件、开发方式、开发主体、收益管理作了积极探索。创新轨道交通综合开发土地利用方式，鼓励主体发挥自身优势，轨道交通建设主体、相关企业可以单独或联合设立开发主体，轨道交通场站综合建设用地可以采取协议方式出让给开发主体。

（3）广州市印发了《广州市轨道交通场站综合体建设及周边土地综合开发实施细则的通知》等政策，支持建设综合交通枢纽，打造绿色出行交通系统，推进土地集约高效利用。创新采用高程坐标方式，实现轨道交通上盖用地分层出让新模式，并根据轨道交通场站综合体用地的土地来源，同时结合城市更新政策，按不同类别确定不同的收储补偿标准及流程。

（4）深圳市印发了《深圳市地下空间开发利用管理办法》等政策，从规划管理、用地管理、建设管理、使用管理等方面予以明确规定，以促进地下空间综合、系统开发，集约节约利用城市空间资源。根据管理办法，地下空间优先用于建设交通、市政工程、防空防灾、环境保护等城市基础设施和公共服务设施；鼓励地下空间建设商业、工业、仓储、物流设施以及体育、文化等项目；禁止地下空间建设住宅、幼儿园（托儿所）生活用房、养老生活用房等项目以及中小学普通教室。在规划管理上，办法提出，在专项规划层面，明确地下空间开发利用专项规划应当符合国土空间总体规划，并与人民防空、轨道交通、建筑废弃物治理、环境保护等专项规划相衔接，地下空间开发利用专项规划应当划定重点地区范围，并对近岸海域的地下空间开发作出统筹安排；在控制性详细规划层面，实行重点地区地下空间详细规划和重点地区外规划指引的二元模式。在用地管理上，地下空间建设用地使用权的深度和范围按照满足必要的建筑功能和结构需要确定。地下空间建设用地使用权符合划拨规定的，按照划拨方式供应；商业等经营性项目，或者同一宗地下空间建设用地有两个以上意向用地者的，应当采用招标、拍卖、挂牌方式供应。符合规划并且满足特定情形的，可以协议出让地下空间建设用地使用权，其中需要穿越市政道路、公共绿地、公共广场等公共用地的地下连通空间或者连接两宗已设定产权地块的地下连通空间，全天候向公众开放的，可以按照公共通道用途出让，允许配建一定比例的经营性建筑，公共通道用途部分免收地价。在建设管理上，办法明确市政府可以在地下空间重点地区划定集中开发区域，集中开发区域应当对地上地下进行整体规划设计。地下空间开发建设中，建设单位在规划基础上增加城市基础设施、公共服务设施等情形的，可以给予容积转移或者奖励、地价优惠、财政奖补或者依法实施税收减免等，具体办法由相关部门制定后报市政府批准。在使用管理上，办法明确地下空间建（构）筑物和设施的所有权人为地下空间维护管理责任人。维护管理责任人应当建立地下空间安全使用和维护管理制度、突发事件应急预案，并按照规定配备报警装置和必要的应急救援设施、设备。

（5）杭州市出台了《杭州市城市轨道交通地上地下空间综合开发土地供应实施办法》《杭州市城市轨道交通上盖物业预留工程前期审批指导办法（试行）》，开展了地铁车辆段上盖综合开发专题城市设计，编制了《杭州市地下空间开发利用专项规划》，加强与轨道交通等专项规划的衔接协调，通过控制性详细规划明确重点地区开发利用等内容。杭州市采取差异化供地模式，将空间使用权进一步细化，符合《划拨用地目录》的非经营性地上、地下空间，以划拨方式供应；不具备单独规划建设条件的经营性地下空间，以协议方式供应；不具备单独规划建设条件的经营性地上空间，可带技术条件以招拍挂方式公开出让；具备单独规划建设条件或与地铁场站有地下连通要求的经营性地上、地下空间，以招拍挂方式公开出让。

（6）成都市在市级层面陆续出台了多项顶层实施政策支撑，出台了《关于轨道交通场站综合开发的实施意见》《成都市轨道交通场站综合开发专项规划》《成都市轨道交通场站一体化城市设计导则》《成都市轨道交通场站综合开发实施细则》《成都市轨道交通场站综合开发用地管理办法》等政策法规，采取整体规划、整体供地、分层登记，建立了在同一宗土地上划拨与出让方式相结合、地上与地下项目相结合、经营性用地与市政设施用地相结合的轨道交通上盖综合开发项目协议出让整体供地新模式。依据相关政策支持，成都市数十个站点开展了TOD综合开发一体化设计，14个示范站点逐步进入建设阶段，未来发展可期。

9.2.2 技术标准突破

　　轨道上盖物业和地下空间都属于新的物业开发形态，国内尚无明确的开发标准，而以往的建设标准又严重地限制了轨道上盖物业和地下空间的综合开发利用。为最大限度地利用轨道上盖物业和地下空间，针对轨道上盖物业的载重、限高以及防火等技术，要求行业和企业联合开展技术攻关，为新形态的轨道上盖物业及地下空间的综合开发解决了技术上的难题。包括突破规范创造车辆段特有的全框支转换结构体系，适用后期上盖开发各种户型的厚板转换体系，约成本的车辆段上盖减隔震技术，突破车辆段盖板分缝长度限制、减少漏水隐患的技术等。

9.3 "轨道+物业"开发模式的典型项目

　　国家自然资源部总结了各地在推动节约集约用地方面的典型经验，组织相关单位围绕轨道交通地上地下空间综合开发利用，编制形成了《轨道交通地上地下空间综合开发利用节地模式推荐目录》，引导各地提高土地利用效率。其中推荐了北京市五路车辆段上盖综合利用模式、上海市莲花路地铁站复合利用模式、广州万胜广场地上地下空间综合开发模式、深圳市前海综合交通枢纽站城一体化开发模式、杭州市七堡车辆段上盖综合体模式、成都市崔家店停车场综合开发模式等6个项目开发模式。项目介绍如下：

9.3.1 北京地铁——五路停车场上盖开发项目

　　10号线二期五路停车场位于海淀区西三环外玉渊潭乡五路居。项目四至：北至现状小区，南至玲珑路，西至五路居东路，东至蓝靛厂南路，规划占地23公顷。

　　五路停车场综合利用规划方案采取了从地下车站到停车场上盖多层次、多空间的一体化设计，整合了地铁办公区域，节约出了约6.89公顷的落地开发建设用地；覆盖了10号线运用库和咽喉区，在其上部8.5m高度又创造出了9.45公顷的上盖开发区，总开发规模约33万平方米（见图9.3.1）。

　　盖上9栋建筑，其中南侧一排10层为非住宅性建筑，中间一排为10层住宅，北侧一排为6层住宅。一级开发将施工至隔振垫下部，由于限高及隔振垫上部建筑采用剪力墙结构，且基础部分已经实施，因此建筑及管道夹层层数、管井、交通核、高度、位置、结构形式及荷载不能改变。

　　小汽车库位于地铁运用库上层，面积约53809m²，住宅机动车停车288辆

图9.3.1　五路停车场综合利用规划总图

（0.5辆/户），非住宅停车228（65辆/万平方米），总停车位中包含17辆无障碍车位。东南、西南各设一处自行车停车库，车库将随运用库同期建设，库内建筑布局不能改变。

　　与慈寿寺地铁站进行紧密结合，预留4个出入口需与开发部分合建，与开发建设一同完成。车站地下一层南段为地下商业功能，侧墙预留有6处可与开发部分相连的开洞条件（见图9.3.2）。

图9.3.2　五路停车场综合开发效果图

（1）规划设计理念

　　遵循"公共交通导向（TOD）原则、一地两用、提升城市公共环境"规划理念，在满足轨道交通车辆基地工艺和运营安全的前提下，编制综合利用规划方案和市政基础设施规划，根据规划管理部门批准规划设计条件有关荷载要求，依托轨道交通工程建设程序，利用车辆段上部空间进行综合开发建设。

（2）具体做法

采取从地下车站到停车场上盖多层次、多空间的一体化设计。综合利用部分建筑的首层为车辆段的运用库房，层高9m；二层为住宅配套使用的小汽车库和住宅配套设备用房，层高4.5m；小汽车库顶板上部为平均深度1.5m的覆土；盖上为9栋住宅；咽喉区层高6m，上部预留1.5m覆土，并综合景观设计打造约3万平方米的绿色公共活动空间。落地区紧邻地铁车站，其地下空间与地铁站厅层、公交首末站无缝接驳。

项目共设置三处上下汽车坡道和五处垂直交通核心筒，满足交通需求。

9.3.2 上海市莲花路地铁站综合开发项目

上海市轨道交通1号线莲花路站已运营超过20年。随着乘客数量大幅提升，现有站台存在建筑功能缺失、无法站内换乘、建筑老化等问题，已经不能满足运营需求。为缓解区域交通压力，上海地铁资产投资管理有限公司在取得该站点综合开发项目用地的土地使用权后，对莲花路地铁站开展复合利用改造工作。项目占地17617m²，其中包括4000m²地铁站房及附属设施，规划用地性质为商业、交通枢纽综合用地。

（1）规划设计理念

加强规划统筹和区域研究评估，体现公共交通导向（TOD）模式，以场站用地为基础，适当扩大规划编制范围。在轨道交通网络规划编制中同步研究各场站综合开发的总体要求，在轨道交通专项规划编制中同步研究各场站综合开发的规划控制要求。

（2）具体做法

在改造过程中，确保公共效益不影响，做到建设中地铁和公交在改造期全程不停运，并在建成后实现站内可换乘。将原地面二层侧式站台、展厅拆除，在本次供地范围的基础上，结合供地周边的原地铁站房、十三条公交首末站、社区配套用房和商业，建设综合性轨道交通上盖物业等业态共计建筑面积约50000m²，供地范围与周边保留轨道交通用地的综合容积率达到2.84。另外，在站台广场地下建设地下停车库约8620m²，拟设置约258个停车位，实现地表地上复合利用。

9.3.3 广州万胜广场地上地下空间综合开发项目

万胜广场位于广州地铁4号线和8号线换乘的万胜围站上盖。项目占地面积4.1万m²，总建筑面积32万m²（其中商业4.6万m²，办公17.7万m²，线网指挥中心6万m²，停车位1240个），定位为集地铁指挥中心、商业中心、商务办公、公交站场为一体的地铁上盖综合物业。

（1）规划设计理念

创新"出让＋配建"模式。在地块出让时，通过设置条件，使得万胜广场从地块最初选址到后期开发，全程由广州地铁公司担任开发主体。在建设地铁指挥中心时，广州地铁公司统筹规划物业开发与地铁功能，对地块进行整合开发，实现同步规划、同步开发、同步实施和一体化设计。

（2）具体做法

广州地铁公司对项目主体工程采用BT（政府利用非政府资金来建设某些基础设施项目）融资建设模式，通过公开招标的形式，选取在地铁建设中具备雄厚实力的建筑施工单位进行建设，全面保障项目实施。同时，将一部分资金风险转移到施工单位，减轻地铁公司资金压力。

9.3.4 深圳市前海综合交通枢纽站城一体化开发项目

前海综合交通枢纽及上盖项目由地下枢纽和上盖物业两部分构成。枢纽部分由地下五条轨道线路（已运营地铁1、5、11号地铁线，规划穗莞深城际线及深港西部快线）及口岸和公交、出租、旅游大巴等交通接驳场站构成。总用地面积约20公顷。前海综合交通枢纽由政府投资，深圳地铁集团建设。项目分为近期和远期两部分实施。近期建设用地面积116693m²，主要包括地下的地铁1、5、11号线车站改造工程，地下交通换乘大厅和社会车辆停车场，地面公交场站、出租车场站及集散广场以及五条市政道路。远期建设用地面积99092m²，主要包括地下的穗莞深城际线及港深西部快轨车站，地面旅游大巴场站、出入境口岸及集散广场、出租车场站、商业开发和T9塔楼等。目前地铁1、5、11号线前海湾站已经开通，穗莞深城际线预计年内将开工，港深西部快线正在规划中（见图9.3.3～图9.3.5）。

图9.3.3　前海综合交通枢纽站城一体化开发剖面图

图9.3.4 前海综合交通枢纽站城一体化开发效果图

图9.3.5 前海综合交通枢纽站城一体化开发效果图

（1）规划设计理念

项目充分体现"站城一体化开发"和构建国际化CBD的规划设计理念。轨道、交通接驳设施、上盖物业与周边街坊进行一体、复合、多功能、高效集约的规划设计，配合枢纽建设，实现车站与周边街区开发相结合的站城一体化开发建设，充分发挥枢纽的触媒效应和集聚效应，构建以公共交通为导向的国际化CBD新城区。

（2）具体做法

枢纽建筑地下六层，其中上面三层为轨道及交通换乘区，下三层为地下车库，设4900多个停车位。枢纽将设置深港过境口岸及公交、出租、社会车辆、旅游巴士等交通接驳场站，通过地下可直接连通市政道路的周边建筑，实现站城无缝对接。上盖开发部分定位为集枢纽立体商业、甲级办公、国际星级酒店及服务式公寓、商务公寓于一体的超级枢纽城市综合体，包括9栋超高层塔楼（含裙楼）、地铁11号线上盖独栋商业、远期枢纽上盖商业等。总建筑面积预估约215.9万 m²，其中枢纽地下空间建筑面积88.1万平方米，上盖物业建筑面积约127.8万 m²。人行交通方面，枢纽内部构建以地下一、二层换乘大厅为核心的四条主要人行通道，串联轨道车站、公交场站、出租车场站及上盖物业，实现内部的高效换乘；同时，通过地下、地面和二层人行系统与周边建筑或地块连接。车行交通方面，枢纽交通通过外围主、次干路及地下道路组织进出交通，物业交通通过内部支路解决进出交通，二者相对分离，实现枢纽与上盖物业车辆的有效集散。

9.3.5 杭州市七堡车辆段上盖综合体开发项目

七堡车辆段上盖综合体项目由杭州地铁1号线和4号线车辆运营库、检修库、综合维修大楼、控制中心等地铁功能建筑和住宅、商业、写字楼、学校、公园等开发建筑组成，总建筑103万平方米。

（1）规划设计理念

践行"轨道交通地上地下空间综合开发利用"的理念，在满足综合维修大楼，控制中心等建筑布置的情况下，对列车停放区、检修库等区域的土地进行分层利用。以《杭州市地下空间开发利用专项规划》为基础，突出地铁的引领作用，利用地铁线网建设带动城市地下空间开发利用，通过"线"（地铁网线），将"点与面"（地下空间、副中心、重点片区）进行有效连通，形成地下空间网络。

（2）具体做法

采用"高起点规划、高强度开发、高标准建设"。通过复合利用土地，分层设立土地使用权，建设了9m和13.5m两层板。其中落地区0m以下为地铁车站、地下公共过街通道和停车泊位等居住配套；上盖区0m到9m板之间为地铁功能区，设置了车辆运营、检修库；9m板至13.5m板之间设置有公共停车位，同时也为13.5m板以上的开发建筑设置了停车位；13.5m以上为绿化、教育、居住等多种用途。

9.3.6 成都市崔家店停车场综合开发项目

崔家店停车场综合开发项目地下为双层地铁停车场设施，用地面积约130.06亩，地上为综合开发项目，用地面积约236.9亩，可修建二类住宅、商业服务业设施、地铁线网控制中心、公园绿地及道路。项目用地通过协议出让方式整体供地给成都轨道集团，地铁停车场已于2017年建成并投入使用。项目所在区域为成都市老城区，以老旧建筑为主，配套等级较低，土地资源稀缺。

崔家店停车场综合开发项目是成都市第一宗地铁车辆基地综合开发用地项目，涉及地下空间使用权、地面市政道路、公园、住宅、商业等多种用地类型，在供地方式、供地范围、供地价格、规划手续、权属登记等各个环节均有不同创新，实现项目整体规划、整体供地、分层登记，建立了在同一宗土地上划拨与出让方式相结合，地上与地下项目相结合，经营性用地与市政设施用地相结合的轨道交通上盖综合开发项目协议出让整体供地新模式。

9.3.7 深圳市大运枢纽TOD开发项目

大运枢纽TOD开发项目位于深圳市龙岗区大运新城南部片区，龙岗大道以西，龙飞大道两侧，为深圳地铁3、14、16和33号线四条轨道线路的换乘枢纽，大运换乘枢纽站为深圳市东部中心唯一一个集城际、快线、普线于一体的核心门户枢纽。其中地铁3号线已于2011年投入运营，地铁14、16号线为在建地铁线路，地铁33号线为地下城际线路，45min可达机场及罗湖中心区。项目总用地面积约4.9公顷，项目用地功能规划为商业服务业用地＋二类居住用地，项目总开发量约50.02万m^2，其中住宅13.1万m^2，办公15.35万m^2，商业9.05万m^2（见图9.3.6、图9.3.7）。

在土地价值提升方面，按四大策略提升枢纽及周边地区土地价值。①缝合现状割裂的城市空间，整合既有分散独立功能资源（如大学城、阿波罗等）。以商业、商务、创新研发功能混合，形成创意展示、展览、研发、孵化等片区功能互动；②提高核心区总体开发量。由126万提高至250万m^2，打造以高科技产业为载体的人性化高效复合中心；③强化功能场所复合度，将枢纽500m周边商务、商业功能比例由12%提升至50%，激发枢纽区域活力；④

图9.3.6 大运核心门户枢纽站示意图

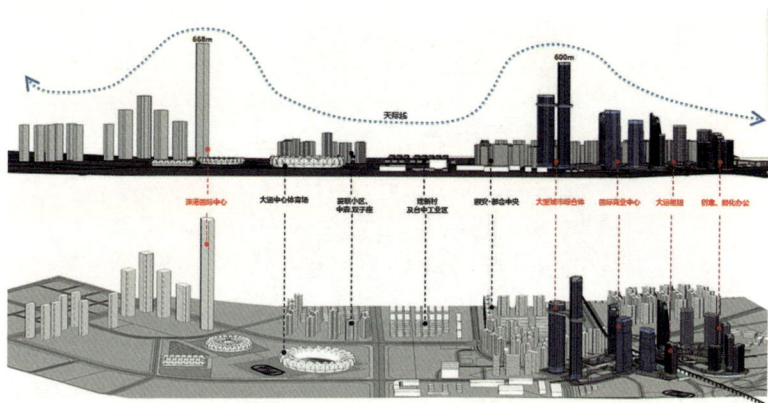

图9.3.7 大运枢纽片区开发量分析图

土地资源碎片整理，调整建设用地及功能布局，下活大运枢纽一盘棋。调整城市总体规划18.4公顷绿地、18.3公顷发展备用地、4.2公顷可建设用地为新型产业用地、商业用地及道路，满足大运枢纽未来的开发业态需求。

在交通组织方面，构建以"公共交通为主导"的"外快内慢"交通系统结构，将过境交通引流至核心区外围，谋划更适宜枢纽区域的交通体系；结合机荷高速改扩建的契机，优化荷坳立交，简化横岗至龙华、罗湖方向匝道，保留并优化调整3条匝道，释放用地10.8万平方米；调整爱联立交为灯控平交，便捷周边用地进出交通组织，改善慢行尺度空间，缝合城市空间，释放5万平方米，改善区域用地开发与周边的衔接条件；龙岗大道在枢纽核心区段（约780m）局部下沉疏解过境交通功能（对标上海外滩延安路），释放地面空间，提升交通效率；针对核心区内部，将进一步优化完善内部路网，形成尺度宜人的街道环境（见图9.3.8、图9.3.9）。

图9.3.8 大运枢纽TOD多维连接示意效果图

图9.3.9　大运枢纽TOD规划设计效果图

大运新城是深圳17个重点建设区域之一，在深圳"东进战略"中，大运新城将打造成为深圳东部中心核心区和"城市新客厅"。根据《"东部中心"规划及大运新城综合发展规划》，未来大运新城将形成"一核两轴六片区"的功能结构，作为属地街道的龙城街道，将重点塑造以大运新城为核心的大学城片区。大运枢纽在全市轨网地位举足轻重，成为带动东部城市、产业发展的强中芯，未来发展职能将融合科技创新、金融商务、文体娱乐、绿色生态等多方面内容，打造更多元、更活力、更生态、更人性化、更高质量的城市发展模式（见图9.3.10）。

项目整体鸟瞰图

图9.3.10　大运枢纽片区统筹示意效果图

大运枢纽综合开发项目作为龙岗中心城片区第一个轨道交通上盖物业，项目的建设有利于发挥区域环境、交通优势，为片区提供住宅、商业及办公配套。项目位于龙岗区大运站西侧，坐落于四线交汇的交通枢纽，快速路和主干道贯穿，4线地铁通行，建筑面积约51.86万平方米，充分利用地铁与周边地块的融合要求，打造集居住、商业、商务等多功能宜人开放的城市综合体。一直积极响应和践行国家高质量发展要求，从产品设计开始就精益求精，项目设计单位通过全球设计竞赛招标引入，根据规划要求建设为高水平、高质量的标志性建筑，在造型、设计和功能等方面形成龙岗新地标。深铁置业坚持"经营地铁、服务城市"，创新"轨道+物业"模式，践行TOD发展理念，推进"站城一体化"开发，推动城市出行、生活、购物、休闲无缝对接，提高人民生活的便利性和交通的人性化，为深圳的空间创新利用和城市高效管理贡献"深铁智慧"。

深铁集团顺应"以公共交通为导向"的TOD开发模式发展趋势，推动产城融合发展，多渠道拓展市场化土地资源，反哺轨道交通建设运营，实现城市轨道交通的可持续发展，彰显了国企在推进公益事业上的担当和作为。服务于全市发展大局，深铁秉承"厚德载运，深铁为民"的企业精神，一贯在社会服务、民生保障上一肩挑。本项目住宅包含50%人才保障房，通过上盖空间开发，可集约利用土地资源，拓展城市空间，实现空间再造，完善城市功能。以TOD发展模式，推进以枢纽为核心的站城一体化开发，力争成为全国一流的轨道物业服务商，敢高于行业标准，以品质建未来。使深铁置业成为真正的轨道城市缔造者，助力深圳"先行示范区"建设及大湾区高效高质城市发展（见图9.3.11、图9.3.12）。

图9.3.11　大运枢纽"站城一体化"城市节点效果示意图

图9.3.12 大运枢纽"站城一体化"城市节点效果示意图

9.3.8 深圳市平湖枢纽城市更新项目

平湖枢纽项目是深圳地铁10号线、18号线、广深四线交汇的TOD枢纽项目，项目位于龙岗区平湖街道平龙路与平湖大街交汇处西南角，平龙路以南、平湖大道以西、守珍街以北、广九线轨道以东围合处，与平湖枢纽紧密关联。根据专规批复，平湖更新单元用地面积216387.5m²，拆除范围用地面积202082.9m²，开发建设用地面积106622.3m²，其中3000m²国有未出让的零星用地按照城市更新办法及实施细则一并出让给项目实施主体。土地贡献率约47.24%。规划设计总建筑容面积862230m²，其中住宅463000m²，商业、办公及旅馆业建筑336930m²，公共配套设施（含地下）32830m²。截至2022年年底，已完成拆迁签约33.18万平方米，签约率约95%，大部分原建筑物已经实际完成拆除。预计2023年10月，本项目可完成更新实施主体确认，项目公司获取土地后进行开发建设（见图9.3.13、图9.3.14）。

《深圳建设交通强国城市范例行动方案（2019-2035年）》指出，"率先推动建设平湖商贸服务型国家物流枢纽，实施平湖南全国集装箱中心站建设项目，加快铁路线路改造和货场功能建设，推进铁路上盖开发综合物流枢纽规划建设，完善集疏运交通配套功能。"而该项目与平湖枢纽紧密相连，是典型的TOD项目，市属地铁公司参与该项目合作开发，将有助于统筹实施站城一体化设计和开发建设，提高城市空间的利用效率，增强环境友好性，推动城市价值提升，具有重要的政治意义和社会意义。

同时，深圳市土地供应方式中，存量土地的更新和利益统筹等方式日渐成为主流。该项目将是市场化拓展城市更新开发资源的有益探索和尝试，是投资

图9.3.13 平湖枢纽"站城一体化"城市设计效果示意图

图9.3.14 平湖枢纽周边现状发展轴分析

拓展模式的创新。这也符合中长期战略发展规划所提出的"选择性市场化拓展土地（土地整备利益统筹、城市更新等）"发展思路，有助于探索站城一体化开发"组局利益相关方和物业经营方成为利益共同体共同开发经营"的实施路径和商业模式。该项目实施过程中，可以探索实践"组局外部合作方共同拟定建设方案和开发时序，构建分工协同的合作机制/模式，明确各合作方价值主张，应合作伙伴投资收益需求和自身价值回流需求设计合理商业模式，清晰界定投资分担/收益分成比例和各方权责"，具有重要的现实和先行示范意义。

深铁集团积极探索统筹推进TOD站城一体综合开发，深度参与平湖更新项目合作开发，既有利于加快平湖枢纽这一重要交通设施的全面落实，也高度契合深铁集团"必须积极参与、力争主导所有枢纽开发建设项目"的发展战略和发展格局。是探索和尝试以市场化方式真正介入城市更新项目的重要举措，将通过市场化投资合作获取更多回报，履行反哺轨道建设运营的重大使命。

9.4 上盖综合开发设计指标要求和标准

2018年12月中国城市轨道协会资源经营专业委员会颁布实行《城市轨道交通物业综合开发建设导则》(中国城市轨道交通协会资源经营专业委员会、中国城市轨道交通协会工程建设专业委员会主编，中轨交通研究院承编)以及《城市轨道交通物业综合开发建设导则编制研究报告》。

(1)城市轨道交通物业综合开发迅速发展，编制全国《城市轨道交通物业综合开发建设导则》(以下简称《导则》)，提高土地综合开发利用和管理的能力，贯彻国家城市法规建设。

(2)城市轨道交通物业综合开发行业技术日益精进，相关规范、设计标准纷纷升级，全国《导则》的编制可为将来相关技术标准和规范的制定提供基础。

(3)各类规范和设计标准、导则内容中存在覆盖未全面、缺项遗漏等问题，全国《导则》的编制可更好地引导市场规避风险。

详见《城市轨道交通物业综合开发建设导则》《城市轨道交通物业综合开发建设导则编制研究报告》。

9.5 "轨道+物业"土地综合利用开发策略

近年来，随着"轨道+物业"的长足发展，全国各轨道交通企业都在积极探索和大力投入，上盖物业开发蒸蒸日上。但鉴于轨道交通的准公益性质，政府授权或者委托轨道公司统筹进行段场站或枢纽将影响片区的总体规划，需要通过市场化方式协调各利益相关方，因此合理的开发策略将大大提高上盖物业开发的价值。

9.5.1 总体规划策略

因轨道建设而引发的街区/片区的城市整治再造或者新规划城区的启动，在规划上应采取站城一体化的总体规划策略。如进行以下方式进行开发总体规划：

(1)城市综合体

车辆基地上盖的居住社区(深圳：前海时代、塘朗城、锦荟广场)

车辆基地上盖的产业园区（深圳：前海基金小镇、坪山新能源产业园区、松岗中车基地）

大型枢纽上盖的商办综合体（深圳：深圳北站、前海枢纽、大运枢纽）

（2）地铁城市更新片区统筹

依托地铁建设，对城市进行更新改造的片区统筹（深圳：平湖枢纽GX04、清水河项目）

（3）地铁特色街区/小镇引导启动

特殊规划区（深圳：深圳湾超总基地启动区——汇云中心；深圳北商务中心区启动区——汇隆中心、汇德中心）

特色街区（深圳：连城地下餐饮一条街；华强北地下商业街）

特色小镇（武汉：正在规划建设黄家湖等6个地铁小镇，1小时就可到市区；南京：正在建设的青龙地铁小镇，吸引了招商局、保利地产、新城地产等诸多知名房企拿地开发）

9.5.2 土地综合利用策略

结合市场策划情况，物业开发业态丰富多样，以市场为导向，有住宅、商业、公寓、办公、教育等多元化综合体。土地的用地性质以混合用地为主，合理利用轨道交通的工艺布局，提高土地利用率。轨道交通工艺布局与盖上开发有直接联系，遵循不同区域的跨度、高度等限制条件，合理设计盖上建筑结构与高度，保证其安全性且经济合理。

（1）业态分布策略

充分考虑轨道交通的特性，对开发业态进行合理分布能有效提高开发产品价值（见图9.5.1）。

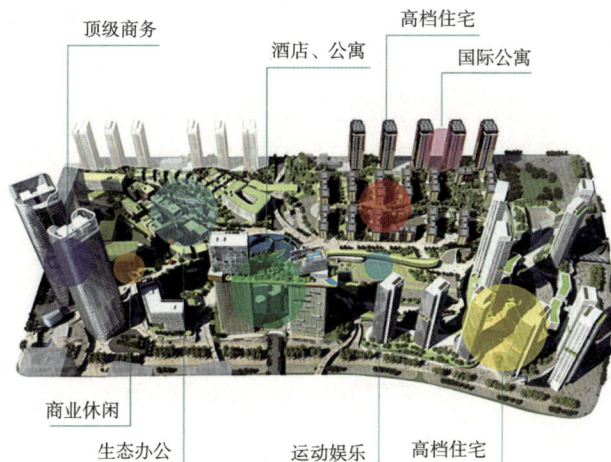

图9.5.1　业态分布示意

（2）建筑布局策略

地铁车辆基地各区域工艺不同，对应的空间结构和柱网布局也有较大差异，盖上开发须结合盖下工艺条件有针对性的利用规划和功能布局（见图9.5.2）。

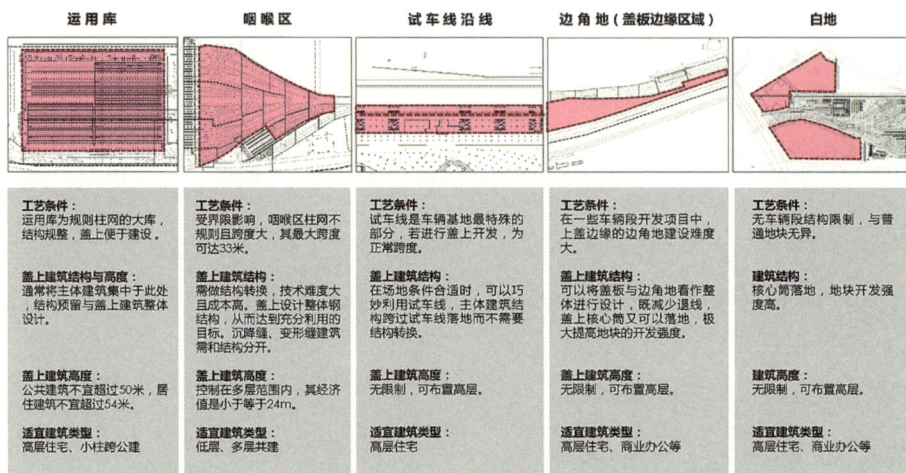

图9.5.2　建筑布局策略

根据不同区域的工艺，在车辆基地中，停车列检库、检修库、白地是开发设计难度较低的区域，而咽喉区和边角地，开发设计难度较大。

1）咽喉区——上盖物业开发的设计重点

咽喉区在总图中具有明显的特征，平面呈喇叭状且占地面积较大，其上盖的设计将会直接影响整个车辆基地物业开发最终的规划形态。

咽喉区从最初的做法为直接敞开，噪声和美观上对盖上物业品质影响较大；后来普遍在咽喉区盖板上布置休闲公园、运动场地，环境品质有较大提升；在前海车辆段中，有多层办公产品布置其上，进一步提升其利用价值。

2）边角地——土地综合利用的价值提升点

边角地即是车辆基地工艺布置完毕后，剩余的边角用地。一般有两种处理方式：①调整总体规划布局，使边角地面积扩大，形成具有一定大小、易于开发建设的白地。②通过合理的规划布局，使边角地与盖上物业形成整体的布局。

（3）开发强度提升策略

开发强度主要评价因素是容积率，深圳地铁车辆基地盖上部分整体开发强度接近，其平均容积率在1.1左右。前海车辆基地盖上开发容积率高出平均水平，主要是由于其对部分核心筒可落地区域的高强度开发，如出入线、试车线区域（表9.5.1）。